当年明月

人类从历史中学到的唯一教训，就是人类无法从历史中学到任何教训。

——黑格尔

明朝那些事儿

增补版

当年明月 著

第柒部

拐弯中的帝国

北京联合出版公司
Beijing United Publishing Co.,Ltd.

目录

目录

第一章

二次摊牌

○一个混混　不远千里　一不怕苦　二不怕死　专程跑来插足国家大事　在我看来　这就是最纯粹的掺和精神

◆ 烽火再起

沈惟敬是一个比较奇怪的人，作为一个局外人，他毅然决然搞起外交，且不怕坐牢，不怕杀头，义无反顾，实在让人费解。

一个混混，不远千里，一不怕苦，二不怕死，专程跑来插足国家大事，在我看来，这就是最纯粹的掺和精神。

但既然是掺和，一般说来总是有动机的，因为就算是混混，也得挣钱吃饭。可由始至终，这位仁兄似乎除了混过几顿饭外，还没有狮子大开口的记录，也没怎么趁机捞过钱，所以我们有理由相信，他是真想干点事的。

然而沈惟敬并不知道：虽然从某种意义上说，外交政治也是混，不过，绝不是他那个混法。如果胡混一气，是要掉脑袋的。

万历二十二年（1594）十二月七日，一个人的到来让沈惟敬明白了一个道理：说过的话，签过的字，不是说赖就能赖的。

小西飞来了，根据日本和谈的会议精神，他作为日本的使者，前来兑现之前明朝的承诺。

沈惟敬迎来了一生中最大的危机，因为小西飞并没有参与他的密谋，而日方使者到来，必定有明朝高级官员接待，到时双方一对质，事情穿帮，杀头打屁股之类的把戏是逃不了了。

人已经到京城了，杀人灭口没胆，逃跑没条件，就算冲出国门也没处去——日本、朝鲜也被他忽悠了，要冲出亚洲，估计还得再等个几百年。

在沈惟敬看来，他这辈子就算是活到头了，除非奇迹出现。

奇迹出现了。

万历二十二年（1594）十二月十九日，兵部尚书石星奉旨，与小西飞会谈。

在会谈中，石星提出了议和的三大条件——真正的条件：

一、日本必须限期全部撤军回国；

二、封丰臣秀吉为日本王，但不允许日本入贡；

三、日本必须盟誓，永不侵犯朝鲜。然后他告诉小西飞，如果同意，就有和平；如果拒绝，就接着打。

出发之前，小西飞被告知，明朝已经接受了日方提出的七大条件，他此来是拿走明朝承认割让朝鲜的文书，如果一切顺利，还要带走明朝的公主。

而现在他才知道，公主是没影的，割让朝鲜是没谱的，通商是没指望的，日本唯一的选择，是从明朝皇帝那里领几件衣服和公章，然后收拾行李，滚出朝鲜，发誓永不回来。

小西飞已经彻底蒙了，他终于明白，之前的一切全是虚幻，自己又被忽悠了。

然而接下来，他却做出了一个出人意料的举动。

参考消息　**内藤如安**

小西飞，其实不叫小西飞。其父因为是内藤家的上门女婿，所以他也就随母姓叫做内藤忠俊，基督教徒，教名Joan。为了好记，起了个音译名叫如安（じょあん）。跟了小西行长之后，官位为飞驒守，从五位，人称“小西飞驒守如安”。到了京城之后，由于当时的礼部把翻译官送来的称谓断错了句，是以成了史书上的“小西飞”。甚至连朝鲜也受到影响，一度将非姓亦非名的称呼写进了史书。

面对石星，小西飞说出了他的答复：同意。

所谓同意，代表的意思就是日本愿意无条件撤出朝鲜，不要公主，不要通商，不再提出任何要求。

当然，这是不可能的。

所以结论是，小西飞撒了谎。

而只要分析一下，就会发现，他的确有撒谎的理由。

首先，他是小西行长的亲信，这件事又是小西行长负责，事情办到这个地步，消息传回日本，小西行长注定是没好果子吃的。

其次，他毕竟是在明朝的地盘上，对方又是这个态度，如果再提出丰臣秀吉的“梦幻”七条，惹火了对方，来个“两国交兵，先斩来使”也不是不可能的。

所以当务之急，把事情忽悠过去，回家再说。

听到小西飞的回答，石星十分高兴，他急忙向明神宗上奏疏，报告这一外交的巨大胜利。

可他万万没有想到，明神宗竟然不信！

要知道，这位皇帝虽然懒，却不笨。他得知此事后，当即叫来石星询问此事：如此之条件，日本人怎么会轻易接受？

石星本来脑袋就不大好使，这么一问，算是彻底糊涂了，半天也不知怎么回答。

最后还是明神宗替他想出了办法：

“明日，你到兵部再次询问日使，不得有误。”

之后还跟上一句：

“赵志皋随你一同去！”

赵志皋，时任大学士，特意交代把他拉上，说明皇帝对石星的智商实在是缺乏信心。

万历二十二年（1594）十二月二十日，第二次询问开始。

这次询问，明朝方面来了很多人，除了石星和赵志皋外，六部的许多官员都到场旁听。

在众目睽睽之下，石星向小西飞提出了八个问题，而小西飞也一反常态，对答如流，说明日本的和平决心，听得在场观众频频点头。

经过商议，石星和赵志皋联合做出了结论：小西飞，是可以相信的。

然而石星并不知道，小西飞之所以回答得如此顺畅，是因为他所说的每一句话，都是不折不扣的胡扯。

具体说来，是想到哪儿说到哪儿，拣好听顺耳的讲，动不动就是“天朝神威”

参考消息 **军备羸弱的朝鲜**

朝鲜李氏从未考虑过自己练兵防倭。近年来，从李氏王族的家庭纠纷到平叛剿匪搞政变，全是明朝出钱出力。朝鲜百姓“民不知兵二百余年矣！”举国军人仅数万，还包括宫廷禁卫和大君、各贵族府内数量极多的专属护卫。每次明朝派兵，所费不少，历代皇帝对此都很伤脑筋。于是万历在战争结束之后，下令在朝官兵先在国外待一段时间，帮朝鲜征兵训练，把军备搞上去，并令其小事尽量自己处理。

之类的标志性口号，反正千穿万穿，马屁不穿。

虽然在场的官员大都饱读诗书，且不乏赵志皋之类的政治老油条，但毕竟当时条件有限，也没有出国考察的名额，日本到底是怎么回事，谁也不清楚。

于是，大家都相信了。

凭借着在明朝的优异表现，小西飞跻身成功外交家的行列，成为了堪与沈惟敬相比的大忽悠。

但正所谓长江后浪推前浪，虽然是后进之辈，在忽悠方面，小西飞却更进一步，将其发展到了一个新的境界——除了忽悠别人，还忽悠自己。

事情是这样的，和谈结束后按照外交惯例，明朝官员准备送小西飞回国，然而这位仁兄却意犹未尽，拿出了一份名单。

这份名单是丰臣秀吉授意，小西行长草拟的，上面列出了一些人名，大都是日军的将领。在出发之前，他交给了小西飞，并嘱托他在时机成熟时交出去，作为明朝封官赏钱的依据。

事已至此，小西飞十分清楚，所谓和谈，纯粹就是胡说八道，能保住脑袋回去就不容易了。可这位仁兄实在是异常执著，竟然还是把这份名单交给了明朝官员，并告诉他们：名单上的人都是日本的忠义之士，希望明朝全部册封，不要遗漏。

明明知道是忽悠，竟然还要糊弄到底，可谓意志坚定，当然，也有某些现实理由——小西飞的名字，也在那份名单上。

更为搞笑的是，在交出名单之前，根据小西行长之前的交代，小西飞还涂掉了两个名字，一个是加藤清正，另一个是黑田长政。

之所以这么干，那是有深厚的历史渊源的。虽然同为丰臣秀吉的亲信，小西行长和加藤清正、黑田长政的关系却很差，平时经常对骂，作战也不配合，现在正是下黑手的时候。

据说后来这事捅出去之后，加藤清正气得跳脚：明知册封不了的名单，你都不列我的名字？跟你拼了！

等到后来回了日本，这几位也不消停，继续打继续闹，最后在日本关原打了一仗，才算彻底了结。这都是日本内政，在此不予干涉。

综观整个谈判过程，从忽悠开始，以胡扯结束，经过开山祖师沈惟敬和后起之秀小西飞的不懈努力，丰臣秀吉、明神宗一干人等都被绕了进去，并最终达成了协议，实在是可喜可贺。

而更值得夸奖的，是日本人的执著，特别是小西行长，明知和谈就是胡扯，

互相忽悠

参考消息　日本关原之战

万历二十八年、日本庆长五年，德川家康以征讨石田三成为名义向丰臣家发起最后的冲击。关原之战德川家康的胜利，使他成功地从名义上及实际上取代了丰臣氏，成为日本的话事人，也奠定了德川幕府接下来长达二百六十五年的统治。身为丰臣秀吉亲戚的加藤清正，站在德川家康的队列中冲垮了丰臣氏的阵营，也成功洗退了在朝鲜杀平民、冒领军功的污点，作为正直的忠良重臣被后代仰望着。

册封就是做梦，仍然坚持从名单上划掉了自己政敌的名字，其认真精神应予以表扬。

虽然这是一件极其荒谬、极为可笑的事情，但至少到现在，并没有丝毫露馅的迹象，而且在双方共同的努力忽悠下，和平似乎已不再是个梦想。

这关终于过去了，沈惟敬总算是松了一口气，不过，这口气也就松了一个月。

明朝的办事效率明显比日本高得多。万历二十三年（1595）正月，明神宗便根据谈判的条款，对日本下发了谕旨，并命临淮侯李宗城为正使，都指挥杨方亨为副使，带沈惟敬一同前往日本宣旨。

沈惟敬无可奈何，只得上路，可还没等到日本，就出事了。

事情出在明朝正使李宗城的身上，应该说，这是一个有鲜明个性特点的人，具体说来，就是胆小。

此人虽然是世袭侯爵，但一向是大门不出，二门不入，每天只想在家混吃等死，突然摊上这么个出国的活儿，心里很不情愿，但不去又不行，只好一步三回头地上了路。

就这么一路走，一路磨，到了朝鲜釜山，他才从一个知情人那里得知了谈判的内情，当即大惊失色，汗如雨下。

其实这也没什么，反正没到日本，回头就是了，浪费点差旅费而已。

可这位兄弟胆子实在太小，竟然丢下印玺和国书，连夜就逃了。

消息传回北京，明神宗大怒，下令捉拿李宗城，并命令杨方亨接替正使，沈惟敬为副使，继续出访日本。

于是，什么都不知道的杨方亨和什么都知道的沈惟敬，在经历这场风波后，终

参考消息 **李宗城逃跑**

根据当时的相关资料，大抵是李宗城抵达日本后喝酒喝多了，跟一日本女子调情。接下来的故事就分了两种，第一种说法中，这名日本女子是某岛主之妻，或是某大名之爱妾，李宗城的调情引发了该女丈夫的仇恨，拔刀欲砍；第二种说法是，那名女子系日方派来服侍他的枕席女子，趁李宗城眼花耳热之时盗走了他的使节文符。总之不管是怕死，还是丢了文符，李宗城到底漂洋过海地给大明丢了把脸，从而引发了整个朝廷对他的怒火。

于在七月渡海，到达日本。

对于他们的来访，丰臣秀吉十分高兴。他安排了盛大的欢迎仪式，并决定，在日本最繁华的城市大阪招待明朝的使者。

九月，双方第一次见面，气氛十分融洽。在这一天，杨方亨代表明神宗，将冠服、印玺等送给了丰臣秀吉。

丰臣秀吉异常兴奋，在他看来，明神宗送来这些东西，是表示对他的妥协，而他真正想要的东西，也即将到手。

因为第二天，明朝的使者就将宣布大明皇帝的诏书，在那封诏书上，自己的所有愿望都将得到满足。

但沈惟敬很清楚，当明天来临，那封谕旨打开之时，一切都将结束。事情已经无可挽回，除非日本人全都变成文盲，不识字（当时的日本官方文书，几乎全部使用汉字），或者……奇迹再次出现。

想来想去，毫无办法，沈惟敬在辗转反侧中，度过了这个绝望的夜晚，迎来了第二天的早晨。

然而他并不知道，在那个夜晚，他并不是仅有的知情者，也不是唯一无法入睡的人。

在获知明朝使者到来的消息后，小西行长慌了手脚，因为在此之前，他已经从小西飞那里知道了事情的真相，却没有去报告丰臣秀吉。

不是不想说，而是不能说。

自和谈开始，丰臣秀吉就处于一种梦幻状态，总觉得人家欠他点什么，就该割地，就该和亲，如果这个时候把他摇醒，告诉他：其实你被忽悠了，人家根本没把你放在眼里，也不打算跟你谈判。其后果，是不堪设想的。

更为严重的是，这件事情是小西行长负责的，一旦出了事，背黑锅的都找不到。

那就忽悠吧，过一天是一天。

可现在明朝的使者已经来了，冠服也送了，诏书明天就读，无论如何是混不下去了。

为了自己的脑袋和前途，小西行长经过整夜的冥思苦熬，终于想出了一个办法。

于是，在那个夜晚，他去找了一个人。确切地说，是个和尚。

根据丰臣秀吉的习惯，但凡宣读重要文书，都要找僧人代劳，除了日本信佛的人多、和尚地位高之外，还有一个重要原因——和尚有文化，一般不说白字。

小西行长的目的很明确，他找到那位僧人，告诉他，如果明天你宣读文件时，发现与之前会谈条件不同，或是会触怒丰臣秀吉的地方，一律跳过，不要读出来。

当然某些嘱托，比如要是你读了，我就怎么怎么你，那也是免不了的。

安排好一切后，小西行长无奈地回了家，闹到这个地步，只能这么办了。

无论如何，把明天忽悠过去就好。

第二天，会议开始。

从参加人数和规模上说，这是一次空前团结的大会，因为除了丰臣秀吉和王公大臣、大小诸侯外，德川家康也来了。

作为丰臣秀吉的老对头，这位仁兄竟然也能到场，充分说明会务工作是积极的、到位的。

更为破天荒的是，丰臣秀吉同志为了显示自己对明朝的尊重，竟然亲自穿上了明朝的服装，并强迫手下全部换装参加会议（皆着明服相陪）。

然后他屏息静气，等待着那个激动人心的时刻到来。

依照程序，僧人缓慢地打开了那封诏书。

此刻，沈惟敬的神经已经绷到了顶点。他知道，奇迹不会再次发生。

参考消息　漂洋过海的朱程理学

嘉靖末年及后来的隆宗以后，日本在仰慕唐文化（中国文化在日本统称为唐文化）的德川家康治理下，运用教条性极重的理学思想对日本国民进行了忠君教育。这种理学教育一直维持到明治年间。清甲午之后，理学控民的思想被日本统治者改为愚忠的军国主义信仰教育。这才出现了所谓的“武士道精神”。明代的日本尚没有那么教条化，还懂得打不过就跑的圆滑变通，是以才做了倭寇，上岸抢劫。

小西行长也很慌张，虽然事先做过工作，心里有底，但难保丰臣秀吉兴奋之余，不会拿过来再读一遍。

总而言之，大家都很紧张。

但最紧张的，却是那个和尚。

昨夜小西行长来找他，让他跳读的时候，他已经知道事情不妙——要没问题，鬼才找你。

而在浏览诏书之后，他已然确定，捧在自己手上的，是一个不折不扣的火药桶。

全读吧，要被收拾；不读，不知什么时候被收拾。

激烈斗争之后，他终于做出了抉择，开始读这封诏书。

随着诵读声不断回荡在会场里，与会人员的表情也开始急剧变化。

小西行长死死地盯着和尚，他终于确信，忽悠这一行，是有报应的。

而德川家康那一拨人，表情却相当轻松，毕竟看敌人出丑，感觉是相当不错的。

沈惟敬倒是比较平静，因为这早在他的意料之中。

最失态的，是丰臣秀吉。

这位仁兄开始还一言不发地认真听，越听脸色越难看，等到和尚读到封日本王这段时，终于忍不住了。

他跳了起来，一把抢过诏书，摔在了地上，吐出了心中的怒火：

“我想当王就当王（吾欲王则王），还需要你们来封吗？！”

被人当傻子，忽悠了那么久，发泄一下，可以理解。

参考消息 **大明赐日本本光寺禅师**

相对于丰臣秀吉的极端排斥，作为亲信的和尚玄苏在完成了翻译的使命——宣读完大明诏书之后作出了一个与丰臣秀吉完全相反的举动：承认大明诏书对自己的册封，公开署名“大明赐日本本光寺禅师”，视此次封赏为相当的荣耀。其实对大明此次册封有所不满的，说起来人数还是较少的，绝大多数受封的日本官员还都接受了官服敕令，并在重大节日、祭奠等场合穿上了大明所赐的官服。

接下来的事情就顺理成章了，先算账。

第一个是沈惟敬，毕竟是外国人，丰臣秀吉还算够意思，训了他一顿，赶走了事。

第二个是小西行长，对这位亲信，自然是没什么客气讲了，手一挥，立马拉出去砍头。

好在小西同志平时人缘比较好，大家纷纷替他求饶，碍于情面，打了一顿后，也就放了。

除此二人外，参与忽悠的日方人员也都受到了惩处。

然后是宣战。

窝囊了这么久，不打一仗实在是说不过去，所以这一次，他再次押上了重注。万历二十四年（1596）九月，丰臣秀吉发布总动员令，组成八军：

第一军，指挥官加藤清正，一万人。

第二军，指挥官小西行长，一万四千人。

第三军，指挥官黑田长政，一万人。

第四军，锅岛植茂，一万两千人。

第五军，岛津义弘，一万人。

第六军，长宗我部元津，一万三千人。

第七军，蜂须贺家政，一万一千人。

第八军，毛利秀元，四万人。

基本都是老相识，就不一一介绍了。

以上人数共十二万，加上驻守釜山的预备队，日军总兵力约为十四万人。

相对而言，在朝的明军总数比较精确，合计六千四百五十三人。

在日军加紧准备之时，明朝正在搞清算。

杨方亨无疑是这次忽悠中最无辜的同志，本来是带兵的，被派去和谈，半路上领导竟然跑了，只好自己接班。临危受命跑到日本，刚好吃好住了几天，还没回过味来，对方又突然翻了脸，把自己扫地出门，算是窝囊透了。

当然了，杨方亨同志虽然是个粗人，也还不算迟钝，莫名其妙地被人赶出来，

中日人数对比

日军：八大军团，共计十二万人

军团	指挥官	所部兵员
第一军	加藤清正	10000人
第二军	小西行长	14000人
第三军	黑田长政	10000人
第四军	锅岛植茂	12000人
第五军	岛津义弘	10000人
第六军	长宗我部元津	13000人
第七军	蜂须贺家政	11000人
第八军	毛利秀元	40000人

明军：共计六千七百人

指挥官	所部兵员
吴惟忠	3700人
杨元	3000人

事情到底怎么回事，他还不大清楚，沈惟敬也不开口。但回来的路上一路琢磨，加上四处找人谈话，他终于明白，原来罪魁祸首，就在自己身边。

水落石出，他刚想找人去抓沈惟敬，却得知这位兄弟已经借口另有任务，开溜了。

普天之下莫非王土，反正也跑不出地球，杨方亨一气之下，直接回了北京，并向明神宗上了奏疏，说明了事情的来龙去脉。

这下皇帝也火了，立即下令捉拿沈惟敬，找来找去，才发现这兄弟跑到了朝鲜庆州。当年也没什么引渡手续，绳子套上就拉了回来，关进了诏狱，三年后经过刑部审查定了死罪，杀了。

沈惟敬这一生，是笔糊涂账，说他胆小，单身敢闯日军大营；说他混事吹牛，丰臣秀吉经常请他吃饭；说他误国，一没割地，二没赔款，还停了战。

无论如何，还是砍了。

从他的死中，我们大致可以得到这样一个启示：

有些事不能随便混，有些事不能混。

倒霉的不只沈惟敬，作为此事的直接负责人，石星也未能幸免。明神宗同志深感被人忽悠得紧，气急败坏之余，写就奇文，摘录如下：

“前兵部尚书石星，欺君误国，已至今日，好生可恶不忠，着锦衣卫拿去，法司从重拟罪来说！”

看这口气，那是真的急了眼了。

很快，石星就被逮捕入狱，老婆、孩子也发配边疆，在监狱里待了几个月后，不知是身体不好还是被人黑了，竟然死在了里面。

所谓皇帝一发火，部长亦白搭，不服不行。

既然谈也谈不拢，就只有打了。

但具体怎么打，就不好说了。要知道帮朝鲜打仗，那是个赔本的买卖，钱不出，粮也不出，要求又多，可谓是不厌其烦。所以在此之前，兵部曾给朝鲜下了个文书，其中有这样一句话：

参考消息 **陛下说话不作数**

尽管石星此时的罪名中有部分是上疏时得到过万历的首肯和批示的，但万历皇帝本身并没有君无戏言的觉悟。“上每夕必饮，每饮必醉，每醉必怒”，喝了就撒酒疯，而撤回旨意这种事儿更是时有发生。相传他身边的太监腿脚都非常利索，随便跑个几里路跟吃饭那么简单。“左右近侍，一言稍违，即毙杖下”，连外廷都无人不知。正因如此，才有了后来“千山鸟飞绝”的一代官场。

"宜自防，不得专恃天朝。"

这句话通俗一点说，就是自己的事自己办，不要老烦别人。

而且当时的明朝，并没有把日本放在眼里，觉得打死人家几万人，怎么说也该反思反思，懂点道理，谁知道这帮人的传统就是冥顽不灵、屡教不改，直到今天，似乎也没啥改进。

但无论如何，不管似乎也说不过去，于是经过综合考虑，明朝还是派出了自己的援军——吴惟忠，三千七百人。杨元，三千人。完毕。

看这架势，是把日军当游击队了。

虽然兵不多，将领还是配齐了，几张新面孔就此闪亮登场。

第一个人，叫杨镐，时任山东布政司右参政，后改任都察院右佥都御史，负责管理朝鲜军务。

这是一个对明代历史有重大影响的人，当然，不是什么好的影响。

杨镐这个人，实在有点搞。所谓搞，放在北京话里，就是混；放在上海话里，叫"拎不清"；放在周星驰的电影里，叫无厘头。

其实，杨镐是个不折不扣的好人，因为根据朝鲜史料记载，朝鲜人对他的印象极好，也留下了他的英勇事迹。相关史料上，是这样说的：

"所过地方，日食蔬菜，亦皆拨银留办。"

这意思是，杨镐兄的军纪很好，且买东西从来都付现款，从不拖欠，这么大方的主儿，印象不好，那才是怪事。但能不能打仗，那就另说了。

作为万历八年（1580）的进士，杨镐先后当过知县、御史、参议、参政，从政经验十分丰富。仗他倒也打过，原先跟着辽东总兵董一元，还曾立过功。不过这次到朝鲜，他的心情却并不怎么愉快。

因为就在不久前，他带着李如松的弟弟李如梅出击蒙古，结果打了败仗，死伤几百人。本来要处理他，结果正好朝鲜打仗，上面顺水推舟，让他戴罪立功，就这么过来了。

戴罪，本来就说明这人不怎么行，竟然又送到朝鲜立功，看来真把日本人当土匪了。

客观地讲，杨镐还是有些军事才能的，而且品行不错，做事细致，但他的优点，恰好正是他的缺点。

清朝名臣鄂尔泰曾经说过一句话：大事不糊涂，小事必然糊涂。

这是一句至理名言。因为人的精力是有限的，而世界上的折腾是无限的，把有限的精力投入到无限的折腾中去，是不可能的。

李如松是个明白人，他知道自己是军人，军人就该打仗，打赢了就是道德，其他的问题都是次要的。

杨镐是个搞人，而搞人，注定是要吃亏的。

幸好，明朝也派来了一个明白人。

万历二十一年（1593），送别了李如松后，麻贵来到了延绥，担任总兵，继续他的战争事业。在这里，他多次击败蒙古部落，立了无数大功，得了无数封赏。到了万历二十四年（1596），终于腻了，于是他向朝廷提出了退休。

考虑到他劳苦功高，兵部同意了他的申请，麻贵高兴地收拾包袱回家休养去了。

但工作注定是干不完的，万历二十五年（1597），第二次朝鲜战争爆发，麻贵起复。

而他被委任的职务，是备倭大将军总兵官，兼任朝鲜提督。

接到命令后，麻贵立即上路，没有丝毫推迟。他很清楚，几年前，那个无与伦比的人，曾担任过这个职务，并创建了辉煌而伟大的成就。

四年前，我跟随着你，爬上了城楼。现在，你未竟的事业，将由我来完成。

麻贵的行动十分迅速，万历二十五年七月七日，他已抵达王京，开始筹备作战。因为根据多年的军事经验，他判定，日军很快就会发动进攻，时间已经不多了。

但事实上，他的判断是错误的，时间并非不多，而是根本没有。

万历二十五年七月二十五日，全面进攻开始。

日军十万余人，分为左右两路。

麻贵的事迹

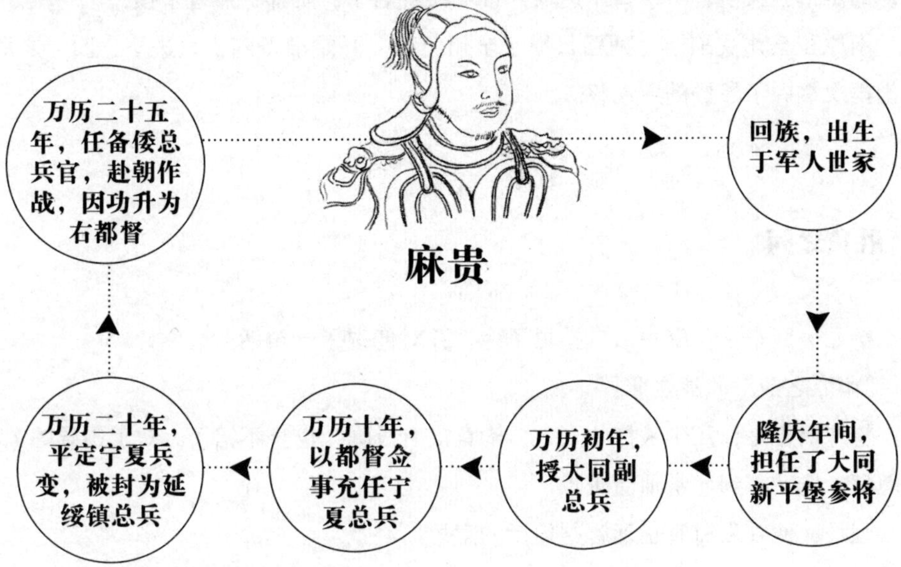

左路军统帅小西行长，率四万九千人，进攻全罗道重镇南原。

右路军统帅加藤清正，统军六万五千人，进攻全州。

从军事计划看，日军的野心并不大，他们不再奢求占领全朝鲜，只求稳扎稳打，先占领全罗道，以此处为基地，逼近王京。

而要说明军毫无准备，那也不对，因为在南原和全州，也有军队驻守：

比如南原，守将杨元，守军三千人。

比如全州，守将陈愚衷，守军两千五百人。

经过计算，结果如下：攻击南原的日军，约为守军的16.3倍；而攻击全州的日军，约为守军的26倍。

大致就是这么回事。算起来，估计只有神仙，才能守住。

杨元不是神仙，但也不是孬种，所以南原虽然失守，却一点也不丢人。面对十几倍于自己的敌人，杨元拼死抵抗，并亲自上阵与敌军厮杀，身负重伤，身中数枪率十余人突围而出，其余部队全部阵亡。

相对而言，全州的陈愚衷就灵活得多了。这位仁兄明显名不副实，一点也不愚忠，倒是相当灵活，听说日军进攻，带着兵就溜了，所部一点也未损失。

南原和全州失陷了，两路日军于全州会师，开始准备向王京进军，四年之后，他们再次掌握了战场的主动权。

◆ 胜负之间

杨元逃回来了，麻贵亲自接见了他，并对他说了一句话:

“南原之败，非战之罪。”

想想倒也是，几千人打几万人，毕竟没有投降，也算不错了。对于领导的关心和理解，杨元感到异常地温暖。

但是，他并没有真正理解这句话的意思。

事实上，就在他倍感安慰的时候，麻贵在给兵部的上疏中写下了这样几个字——“按军法，败军则诛。”

所谓“非战之罪”，并不代表“非你之罪”，虽然杨元很能打，也很能逃，但城池毕竟还是丢了，丢了就要负责任。数月之后，他被押到辽阳，于众军之前被斩首示众。

麻贵很理解杨元，却仍然杀掉了他，因为他要用这个人的脑袋，去告诉所有人:不胜，即死！

现在，摆在麻贵眼前的，是一个极端的危局。

攻陷全州后，日军主力会师，总兵力已达十余万，士气大振，正向王京进军。

此时，另一个坏消息传来，朝鲜水军于闲山大败，全军覆没。

虽然朝鲜打仗不怎么样，但必须承认，搞起政治斗争来，他们还是很有点水平的，第一次战争刚刚结束，就马不停蹄地干起了老本行。

这次遭殃的，是李舜臣。击退日军后，李舜臣被任命为水军统制使，统帅忠清、全罗、庆尚三道水军，大权在握，十分风光。

十分风光的结果，是十分倒霉，还没得意几天，就有人不高兴了。同为水军将

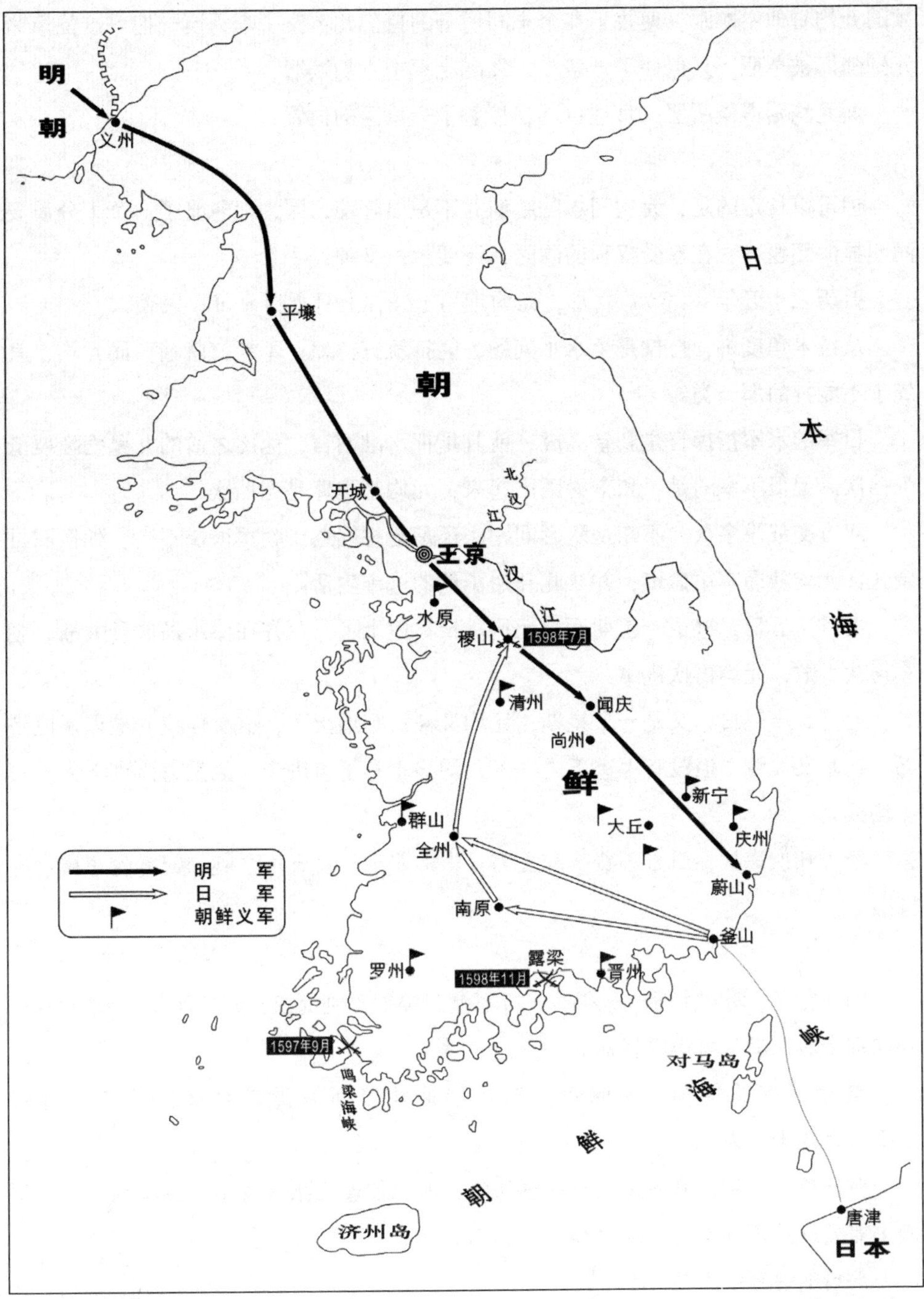

★书内地图中日期皆为阴历

↑ 第二次朝鲜战争局势

领的元均看他不顺眼，便找了几个志同道合的哥们儿，整了李舜臣一把。这位革命元勋随即被革职，只保住了一条命，发配至军中立功赎罪。

而元均则得偿所愿，官运亨通，接替了李舜臣的位置。

但可以肯定的是，元均同志的脑筋并不是很好使，因为他忽略了一个十分重要而明显的问题——在享受权利的同时，还要承担义务。

万历二十五年（1597）六月，元均走马上任，七月七日，日军来袭。

从技术角度讲，打仗是个水平问题，能打就打得赢，不能打就输，而元均，就属于不能打的那一类。

日军的水军指挥官是藤堂高虎，就其指挥水准而言，他比之前的九鬼嘉隆要低个档次。但很不幸的是，和李舜臣比起来，元均基本算是无档次。

双方交战没多久，不知是队形问题，还是指挥问题，朝军很快不支，死伤四百余人。元均随即率军撤退，并从此开始了他的逃窜生活。

七月十五日，逃了一星期后，元均被日军追上了，双方在漆川岛展开大战，朝军再次大败，元均再次逃窜。

七月二十三日，又是一个星期，元均又被日军追上了，这次作战的地点是巨济岛，朝军又大败，但没有再逃下去——元均终于有了点进步，他没有再逃下去——当场战死。

经过几次海战，日方不费吹灰之力，击沉船只一百五十余艘，朝鲜海军被彻底摧毁。

朝军完了，明朝水师人数很少，日军就此控制了制海权，十二万大军水陆并进，扑向那个看似唾手可得的目标——王京。

镇守王京的将领，是麻贵，他已经调集了所有能够抽调的兵力，共计七千八百四十三人。

对于这个数字，麻贵是很有些想法的，所以他连夜派人找到了直属领导、兵部尚书兼蓟辽总督邢玠，请求放弃王京后撤。

邢玠的答复很简单：不行。

既然领导说不行，那就只有死磕了，毕竟杨元的例子摆在前面，自己可以杀杨元，邢玠就能杀自己。

但手下就这么点人，全带出去死拼，拼未必有效果，死倒是肯定的。琢磨来琢磨去，麻贵决定：打埋伏。

经过仔细筹划，埋伏的地点设在王京附近的稷山，此地不但地势险要，而且丛林众多，藏个几千人不成问题。

九月六日夜，麻贵亲自选派两千精兵，深夜出城，前往稷山设伏。

他很清楚，这已是他的全部家底，如伏击不能成功，待日军前来，就只能成仁了。

生死成败，一切都在冥冥之中。

九月七日，日军先锋部队一万两千人到达稷山。

在日军指挥官看来，眼前形势很好，不是小好，是大好，十几万大军对几千人，无论如何是赢定了。

上级领导的乐观也感染了广大日军，他们纷纷表示，在进入王京时，要全心全意地烧杀抢掠，绝不辜负此行。在这种情绪的指导下，日军各部队奋勇争先，力求先抢，军队的队列极其混乱。

这正是明军所期待的。

拂晓，日军进入伏击圈，明军指挥、副总兵解生发动了攻击。

没有思想准备的日军顿时大乱，明军又极狡猾，他们并没有立即冲出来肉搏，而是躲在丛林中发射火枪、火炮，所以虽然杀声震天，人却是一个皆无。挨了打又找不着主，日军越发慌乱。

第三军军长黑田长政闻讯，当即带领三千人前来支援，可慌乱之间毫无作用，自己的军队反而被败退的前军冲乱，只得落荒而逃。

眼看时机成熟，解生随即下令发动总攻，两千明军全线出击，奋勇追击日军。

这是日军的又一次崩溃，简单说来，是两千明军追击一万五千日军，且穷追不舍。这一景象给日军留下了深刻印象，所以在相关的日本史料中，留下这样的记载：稷山之战，明军投入了数万大军，布满山林，不见首尾（遍山盈野）。

只有鬼才知道，那多余的几万人，是从哪里寻来的。

就这样，日军大队被两千明军追着跑，损失极为惨重，追赶鸭子的游戏一直进行到下午四点，直到日军右路军主力到达，才告结束。

此战，日军大败，阵亡八百余人，伤者不计其数，史称“稷山大捷”。

这是极为关键的一战，虽然日军仍占有绝对优势，但麻贵的冒险迷惑了对手，几乎所有的日军指挥官都认定，在王京等待着他们的，是一个更大的陷阱。

于是他们停下了脚步。

这是一个极为错误的军事判断，此后，他们再也未能前进一步。

稷山大捷

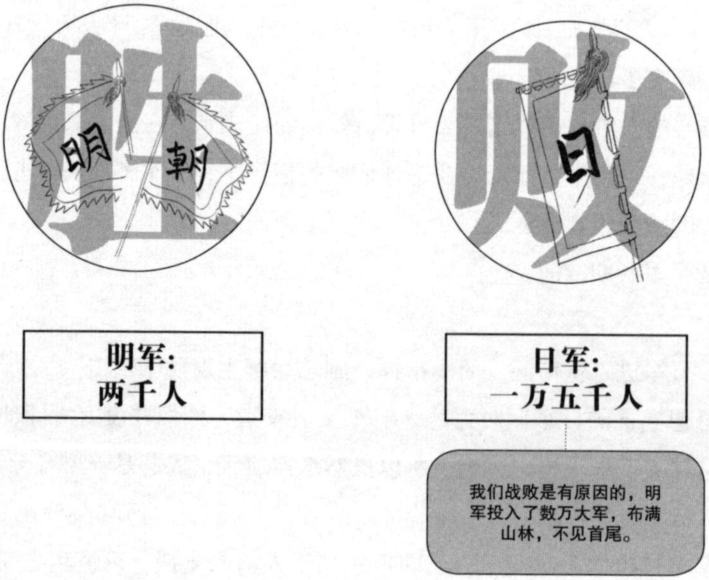

参考消息 **侵朝的收获——陶文化**

日本的这次侵朝战争，经侵朝、议和、再侵朝、战败之前后长达七年的历程，给朝鲜的国土物资带来严重的伤害，也在朝鲜人民心中留下了永久的伤疤。而日本由于补给线过长、物质资源匮乏，也受到了很大的影响，唯一得到的好处，该算是掳掠了不少朝鲜百姓，而这些人中，很大一部分是从事制陶工作的，从而使日本摆脱了旧陶土工艺的制约，飞速发展。

虚张声势的麻贵赢得了时间，而不许后退的邢玠也没有让他失望。在短短两个月时间内，他已完成了部署，并抽调两万余人进入朝鲜作战，加上之前陆续赶到的部队，此时在朝明军的数量，已经达到五万。

错失良机的日军这才恍然大悟，但已于事无补，随即全军撤退，龟缩至南部沿海釜山一带，离下海只差一步。

战争的主动权再次回到明军的手中，麻贵知道，该轮到自己了。

为了让日军毫无顾虑，放心大胆地下海，麻贵制订了一个全新的作战计划。

四万明军随即分为如下三路:

左路军，统帅李如梅、杨镐，一万六千人，进军忠州。

中路军，统帅高策，一万一千人，进军宜宁。

右路军，由麻贵亲率，一万四千人，进军安东。

此外，朝军一万余人，进军全州。

这是一个很有趣的阵形，因为各路大军的进军方向，正是日军的集结地，而他们，将面对各自不同的敌人。

中路军的前方，是泗川，这里驻扎的，是日军岛津义弘部。

朝军的前方，是顺天，待在此地的，是日军小西行长部。

两路大军气势汹汹地向着目标挺进，然而，他们是不会进攻的。

派出这两支部队，只为一个缘由——迷惑敌人。

日军有十二万人，明军只有四万，所以分别击破，是明军的唯一选择。

而麻贵选中的最后目标，是蔚山。

蔚山，是釜山的最后屏障，战略位置极为重要，交通便利且可直达大海，是日军的重要据点。

麻贵据此判定，只要攻占蔚山，就能断绝日军的后勤，阻其退路，全歼日军。

驻守蔚山的，是加藤清正，兵力约为两万，就人数而言，并不算多，看上去，是一个再理想不过的下手对象。

但事情并不那么简单，日军明显吸取了四年前的教训，在布阵上很有一套，顺天、泗川、蔚山各部日军，摆出了“品”字形阵形，形成了一个十分坚固、互相呼应的防御体系。

所以麻贵决定要阴招。他先后派出两路部队进逼顺天、泗川，造成假象，使其无法判断进攻方向。此后，他将主力明军三万余人分成左右两路，分别向不同的目的地挺进，以降低日军的警觉。

一切都按计划进行，万历二十五年（1597）十二月二十日，左右两军突然改变方向，在距离蔚山不到百里的庆州会师，麻贵的最后一层面纱终于揭开。

明军即将亮出屠刀，敌人却还在摸黑。相对而言，日军的将领都是比较实诚的，接到敌情通报后，小西行长和岛津义弘立刻加紧自己防区的戒备，严防死守。而没有敌情的加藤清正，由于没有任务，竟然离开了蔚山，跑到附近的西生浦出差去了。

将领水平如此低下，当兵的还不挨打，那就没天理了。万历二十五年十二月二十二日夜，明军从庆州出发，黎明到达蔚山，进攻正式开始。

先锋李如梅率先出击，带领三千骑兵直插日军城外大营。对于这群不速之客，日军毫无思想准备，当场被斩杀一千余人，损失惨重。明军乘胜追击，彻底击溃了城外敌军，日军全线退守城内。

明军进攻之时，加藤清正正在西生浦扛砖头修工事，而他也用自己的实际行动，证明了这样一个道理——没有最慢，只有更慢。

这位仁兄实在是迟钝到了极点，之前毫无准备不说，仗打了一天，日军快马来报，他竟然还不相信，等败退日军前来现身说法，他才大惊失色，直到晚上才赶回蔚山。

二十三日夜，各路明军陆续到齐，除左路杨镐、右路麻贵外，中路军高策一部也已赶到，共四万余人，成功实现合围。

对麻贵而言，一切都很顺利。三个月前，他仅凭七千余人，就吓退了十余万日军。两个月后，他得到了增援，并成功地分割了日军，包围了敌城。现在，他相信，最终的胜利即将到来。

实在太顺利了，顺利得超出了想象。

古语云：反常者必不久。

第二天，事情出现了变化。

明军没有丝毫松懈，于凌晨再次发起了猛攻，而战局的发展与麻贵设想的一模一样。日军虽顽强抵抗，但在明军的火炮猛攻下，逐渐不支。而更出奇的是，就在双方僵持不下时，城内突起大火，乱上加乱的日军再也扛不住了，随即撤往内城高地。

到目前为止，命运之神始终在对麻贵微笑，现在，他准备哭了。

日军盘踞的地方，叫做岛山营。此地建于陡坡上，城墙由石块筑成，极其坚固，是加藤清正的杰作。

虽然这位仁兄在日本国内被称为名将，但就其战场表现来看，实在是惨不忍睹。不过此人倒也并非一无是处，在某些方面，他还是很有水准的，比如说——搞工程。

在修筑工事和城楼方面，加藤清正是个十分合格的包工头，工作认真细致，日本国内的许多坚固城池，都出自他的手笔。而岛山营，正是他的得意之作。

在这个世界上，有些事情是不能勉强的，战争的结局就是其中之一。

明军士气旺盛，人多势众，火炮齐发；日军士气低落，人少势孤，枪炮很少。无论怎么分析，明军都是稳赢的。

但现实是残酷的，明军的攻击失败了，只有一个原因——地形。

日军城池依山而建，不但高，而且陡，云梯架不上，弓箭也射不到，火炮虽有效果，但面对石头城，杀伤力有限，加上敌军防守严密，明军仰攻一天，毫无建树，只能收兵回营。

弓箭火炮都不顶用，云梯又太短，想来想去，也只有爬了。

于是自十二月二十五日开始，在炮火的掩护下，明军开始爬山。

二十六日，明军休息，朝军奉命爬山，被击退。

二十七日，明军继续爬山，未果。

二十七日夜，经过商议，明军决定改变策略，以炮火掩护，准备柴草，借火箭射入城，发动火攻。

二十八日，大雨。

从天堂到地狱，这大概就是麻贵现在的感觉。攻击不利，好不容易想了个招，又被天气搅乱了。但事实上，一切才刚开始，因为据说地狱有十八层，而他刚进门。

就在二十八日下午，麻贵得知了另一个消息——小西行长就要来了。

作为兵力最多、脑袋最好使的日军将领，小西行长轻易摆脱了朝军的纠缠，率领船队日夜兼程，向蔚山赶来。加藤清正可以死，但蔚山不能丢，虽说平时势不两立，但现在同乘一条破船，只能拉兄弟一把了。

形势越来越严峻了，目前久攻不下，士气不振，如果让敌军成功会师，明军就有被分割包围的危险。

敌人越来越多，没有预备队，没有援军，打到这个份儿上，如稍有不慎，后果将不堪设想。许多将领纷纷建议，应尽早撤退。

经过慎重考虑，麻贵终于做出了决定——围城。

这是一个让所有人都吃惊不已的抉择，但麻贵坚信，自己是正确的。

他敏锐地意识到，如果就此撤退，敌军将趁势追击，大败不可避免，虽然日军援军已到，但决定战斗成败的，却是城内的敌人。只要残敌覆灭，胜利仍将属于自己。

于是他调整了作战部署，派部将卢继忠率军三千堵住江口，组织火炮弓箭，加强防御。高策则带兵监视釜山及泗川日军，其余部队集结于城下，断绝敌人的一切补给，总之一句话：打不死，就围死！

麻贵的决定是明智的，因为此时明军处境不佳，日军却更惨，基本上算是山穷水尽。城内没有水源，只能喝雨水，粮食吃光了，石头又不能啃，打仗还能提提神，不打就真没办法了。

于是在明军围困两天后，加藤清正主动派人送信给杨镐，表示希望讲和。杨镐倒也实在，说你出来吧，出来我和你谈判。

加藤清正回复，你们明朝人不守信，我不出来。

在我看来，这就是随意忽悠的恶果。

日军的境况持续恶化，之前日军有两万余人，战斗死伤已达四五千人，躲入城的，由于没有粮食衣被，许多都冻饿而死。到万历二十六年（1598）正月初一，城内仅余四千余人。

麻贵已经确定，敌人，只剩下最后一口气。

可这一口气，终究让他们挺了过去。

到目前为止，麻贵的判断一直是正确且周密的，从假象、兵力部署、战略战术、计划变更，都无一失误。

综观整个战役，他只犯了两个错误，两个看似微不足道的错误。

然而成败，正是由细节决定的。

第一个错误的名字，叫做心态。

虽然麻贵准确地判断出了日军的现状，做出了继续围困的决定，但他却忽视了这样一点：城内的日军固然要比明军艰苦，但双方的心态是不同的，日军如果丢失蔚山，就会失去退路，除了下海喂鱼，估计没有第二条路走。所以他们唯一的选择，就是顽抗到底。

而明军作为进攻方，占据优势，就算战败，回家睡一觉再来还能打，毕竟是公家的事儿，犯不着玩命。而在战役的最后阶段，这一看似微小的差别，将成为决定成败的关键。

正月初二，外海的日本援军发起了潮水般的进攻，明军拼死作战，终于遏制了日军，暂时。

正月初三，日军发动猛攻，明军在付出重大伤亡后，再次抵挡了进攻，但士气已极度低落，开始收缩阵地。

正月初四，麻贵作出决定，撤退。

事情已经很明显，敌人异常顽强，此战已无胜利可能，如不立即撤退，必将全军覆灭。在随后的军事会议上，麻贵作出了具体的撤退部署——城北右路明军先行撤退，其他部队随后跟上，部将茅国器率军殿后。

而统领城北明军的任务，他交给了杨镐。

这是他犯的第二个错误。

在接到撤退命令后，杨镐带队先行，开始一切都很顺利，部队有条不紊地行进着。但随着部队的行进，越来越多的明军得知了撤退的消息，特别是受伤及患病的士兵，唯恐被丢下，开始喧哗起来。

应该说，在撤退中，这种事情是难免的，如能及时控制，就能平息风波，退一步讲，就算杨镐没能力，控制不住，毕竟有人殿后，也不至于出大事。

然而在蜂拥的士兵里，嘈杂的叫喊声中，杨镐慌乱了。

这个厚道的老好人，这个连买棵白菜都要付现钱的统帅，终于在最关键的时刻，暴露出了他最致命的弱点。

面对眼前的乱局，惊慌失措的杨镐作出了毁灭性的决定——逃跑。

局势再也无法挽回。

从某种意义上讲，撤退就是逃跑，但两者间是有区别的。撤退是慢慢地跑，有组织地跑，而逃跑的主要内容，只有跑。

杨镐毫无顾忌地带头逃跑了，领导有跑的权利，下属自然没有不跑的义务。一个跟着一个，明军很快大乱，四散奔逃。

沿海日军趁机登岸追击，明军大败，伤亡惨重，余部退回庆州。蔚山之战就此失败。

此战，明军伤亡共计两万余人，进攻受挫，战线收缩至王京。而日军损失也高达一万余人，无力发动反击，朝鲜战局再度进入了僵持状态。

战争最残酷的地方，其实并不在于死了多少人，有多少财产损失，而是它一旦开始，就很难停止。

开打前可以随便嚷嚷，可要真打起来，那就痛苦了。双方各出奇谋，什么阴招、狠招都用出来，全都往死里掐。如果双方实力差距大，当场掐死了还好，赔款割地，该干吗就干吗。最恶心人的，就是死掐偏掐不死，你能打，我也不差。

但凡遇到这种情况，双方都头疼，要不打吧，死了那么多人，花了那么多钱，这笔账找谁算？更何况，还有一个面子问题。

麻贵面临的，就是这种状况。

蔚山战役之后，明军开始收拾残局。

第一件事是整军队，麻贵亲自出马，把战败的士兵重新集结起来，并向朝廷打报告，要求增兵。

第二件事是整人，也就是追究责任，首当其冲的就是杨镐。这位仁兄自然没个跑，仗打成这样，作为主要责任人，处罚是免不了的。被言官狠狠地参了一本，搞得皇帝也怒了，本打算劈他，大臣求情，这才罢官免职，没挨那一刀。这位兄弟的事还没完，后面再说。

善后处理圆满结束，可是接下来就难办了。

日本方面力不从心，很想和谈，打到今天，独占朝鲜是不敢想了，可毕竟投入本钱太多，还是希望多少捞点好处，挽回面子，才好走人。

然而明朝却是死硬派，根本就没想过谈判，别说割地赔款，连路费都不打算出，

中日双方的尴尬局面

且毫无妥协退让的意思。

谈是谈不拢了，可要打也打不起来。日军虽然人多，但之前被打怕了，只是龟缩在沿海地区，不敢进犯，估计是学精了，占多少是多少，死赖着不走。

明军倒是很有进取精神，总想赶人下海，无奈兵力实在太少，有心而无力，只能在原地打转。

总而言之，谁也奈何不了谁，于是大家只能坐在原地，继续等待。

等着等着，日军开始吃不消了。因为他们部队太多，且长期出差在外，国内供养不起，又没人种田，只能陆续往回拉人，在朝日军人数随即减至八万。

与此同时，明朝军队却源源不断地开入朝鲜，加上麻贵之前整顿的新军，总数已达七万。

明军从未如此强大，日军也从未如此弱小，于是麻贵认为，行动的时候到了。

万历二十六年（1598）七月，麻贵再次作出了部署:

东路军，由麻贵亲率，所部三万人，攻击蔚山。

中路军，统帅董一元，所部两万六千人，攻击泗川。

西路军，统帅刘綎，所部两万人，攻击顺天。

九月七日，三路明军正式出征。这一次，没有假象，不用转弯，所有的军队，都将直奔他们的对手。

在当时的麻贵看来，选择这个时候出征，实在是再好不过了。此时距上次出征已有半年，各部休整完毕，而在此期间，锦衣卫也来凑了次热闹。事实证明，这帮人除了当特务，干间谍也有一套，探明了日军的虚实和实际兵力，并提供了

参考消息 **一二三四五，朝鲜打老虎**

这次征朝的战败，让丰臣秀吉在日本国内的威信一落千丈，从日本皇室到部下臣僚都认为他选择的侵朝时机不对，而或多或少地表现出了不满。在巨大的压力下，原本就身体衰弱、连续尿炕的丰臣秀吉，终于连吃老虎肉（丰臣秀吉开始尿炕之后，发现了自己的身体老化严重，听人说吃什么补什么，于是下令在朝部队每隔一段时间就要进贡给他吃）也撑不住，死在了病榻上。

大量情报。

出于对特务同志们的信任，加上手里有了兵，麻贵相信，最后的胜利即将到来。

但是他又错了。

麻贵不知道的是，锦衣卫的工作虽然卓有成效，却绝非尽善尽美，因为有一条最为重要的情报，他们并未探知：

万历二十六年八月，丰臣秀吉病死于日本，年六十三。

这位日本历史上的一代枭雄终于死了，他的野心也随之逝去，归于梦幻，但他亲手挑起的这场战争，却还远未结束。

丰臣秀吉死后，日本方面封锁了消息，并指派专人前往朝鲜，传达了这样一道命令：

极力争取议和，如议和不成，即全线撤退。

撤军日期为万历二十六年（1598）十一月五日。此日之前，各军应严加布防，死守营垒，逃兵格杀勿论，并应誓死击退明军之一切进攻。

为保证撤退成功，当时知道这一消息的，仅有小西行长、加藤清正等寥寥数人，连许多日军高级将领也不知道。

但世上没有不透风的墙，丰臣秀吉的死讯竟然还是传到了朝鲜。然而没有人相信，因为根据以往的传闻计算，丰臣秀吉至少已经死掉了十多次。

于是，在前方等待着麻贵的，是日军最后的疯狂。

第二章

胜算

○ 但无论怎样　赢了就是赢了　输了就是输了　而输了的结果　是很严重的

◆ 刘大刀

第一个到达目的地的，是西路军，主帅刘綎。

刘綎，字子绅，江西洪都（今南昌）人。应该说，他是一个名副其实的猛人。

刘綎的父亲叫做刘显，是明军的高级军官，而且经常领兵出战，基本上没怎么在家待过。但值得夸奖的是，虽然他长期不在家，对刘綎的教育辅导工作却一点也没耽误——刘显打仗，是带着儿子去的。

自幼出入军营，吟诗作对基本上是不可能的，每天见惯砍砍杀杀，有这样优良的家庭教育打底，刘綎很早就体现出了武将的天赋。他不但勇猛善战，而且力大无穷，用的兵器也很特别——镔铁大刀。

所谓镔铁，到底是啥成分，已经无人知晓，但它的重量，史料上是有记载的：一百二十斤。

当然了，一百二十斤的大刀也不算太重，只要身体还行，练一练也还举得起来。不过刘綎同志不光举，而且用，其具体用法，史料上是这样形容的——轮转如飞。

每次见此四字，顿感不寒而栗。

在战场上用这种兵器，那真是想低调都不行，所以很快刘綎就出名了，而且还有一个响亮的外号——刘大刀。

刘大刀不但手里的家伙实在，人也很实在，说砍就砍，从不含糊。万历初年，刘显奉命去西南讨伐蛮族，大刀兄虽然才二十多岁，也跟着去了，并且在战场上表现活跃，勇猛无畏，立下了战功。

从此他就再也没有消停过。

刘綎的一生

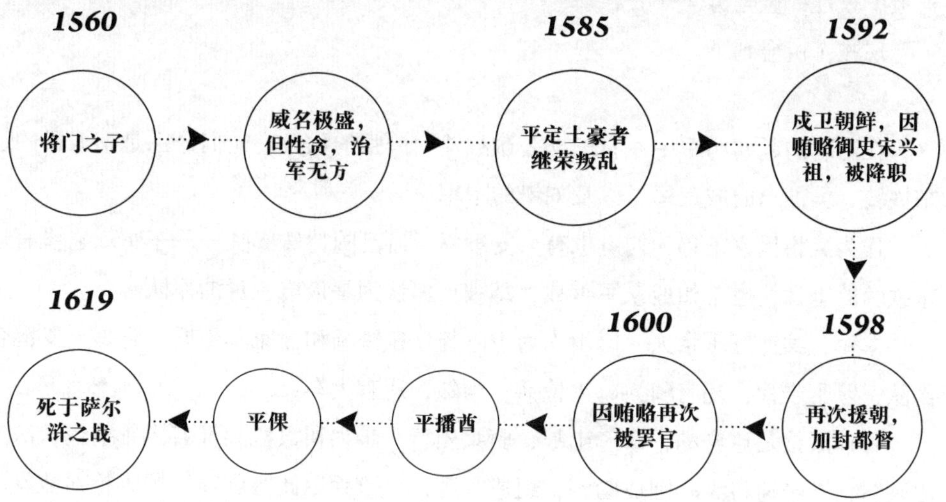

参考消息 **镔铁**

“镔铁”一词，最早现于隋代的天竺经书译本中，史书最早出现于初唐《周史》。一般认为镔铁是指坩埚矿。中国生铁锻造开始甚早，在与西域的交界处融合了各地锻冶技术后，又重新作为“镔铁”，传入中国，继续发展。宋以后，“镔铁”主要指质量好的铁，等级跨度很大，可能是陨石矿，可能是铁精，也可能仅仅是锻造得好一些的铁物。镔铁的含义，也被广为引申，比如管理全国铁匠的“镔铁司”“镔铁局”等。

万历十年（1582），他又跑到了缅甸，把敌人打了个落花流水，并被升为游击。之后他挥舞大刀，听从祖国召唤，哪里需要就往哪里砍，全国各地都留下过他的身影。到朝鲜战役前夕，他已升任参将。

仗虽然打起来了，却没他什么事，也没人想用他，于是大刀兄坐不住了，自己提出申请，希望带兵去朝鲜打仗。朝廷一想，反正这人闲着也是闲着，就派他去了。

刘綎的运气不错，刚到朝鲜没多久就升了官，当上了副总兵。但在这次战争中，他却并非主角，因为他资历太浅，而且上面还有一个更猛的李如松，所以在朝鲜的这几年，他很少承担主战任务，基本上是配合吴惟忠、查大受等人作战。

到万历二十三年（1595），明军撤军时，他奉命留守朝鲜，帮助朝军训练部队，当上了教官，直至再次开战。

现在，机会到了。

在当时的赴朝明军中，有三支公认战斗力最强的队伍，他们分别是李如松的辽东铁骑、吴惟忠的戚家军，以及刘綎的车军。

作为武将世家子弟，刘綎也有一支隶属于自己的特殊部队——车军。它没有辽东铁骑的迅猛，也不如戚家军善战，却被日军认为是最难应付的军队。

车军，共计五千余人，以川人为主。与辽东铁骑和戚家军不同，它是一支混合部队，除了步兵，还有骑兵、火枪兵，当然，还有大车。

具体战法是这样的，每逢出战，骑兵先行，步兵和火枪兵推着大车前进，敌人出现时，即迅速将大车围成圆圈，组成车阵，火枪兵以此为屏障，用火枪对敌发动齐射，完成第一波攻击。

待敌军锐气已尽时，便发动骑兵由车阵内冲出，击垮敌阵，然后步兵出击，追

参考消息 **缅甸莽氏进犯云南**

万历十一年（1583）闰二月，缅甸莽应礼率众进犯云南，杀掠无数，又攻顺宁。神宗斟酌之后，命刘綎为游击将军、邓子龙为参将，各统兵五千，调配土司兵，合力剿灭莽应礼。缅甸虽是中国属国，但并不像朝鲜一般，是由同一王朝延续下来，各家族姓氏之间争斗异常复杂。几乎每位国王继任都会引发一场旧王遗子奏请袭爵、新王申请封号、旧王遗子申请归位、新王明刺暗杀的动乱。

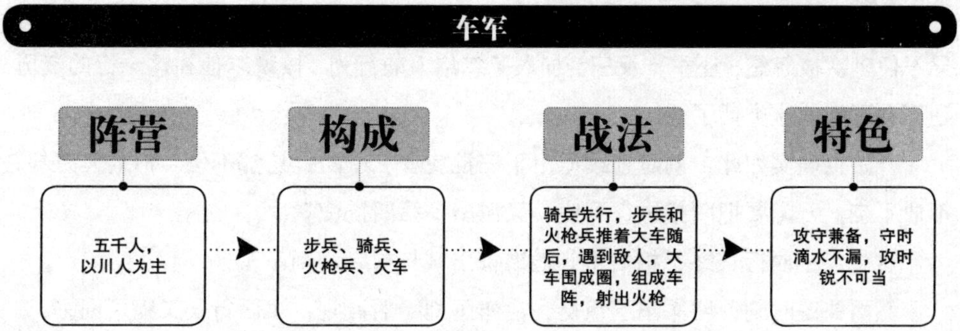

歼敌军。

很明显，这是一种攻守兼备的战法，守时滴水不漏，攻时锐不可当，凭借这支部队，刘綎赢得了无数次战斗的胜利。

所以他一直坚信，在自己的大刀和车军面前，所有的敌人都将崩溃，小西行长也不例外。

自从入朝以来，小西行长的大部分时间都待在顺天。与其他人不同，他的脑袋十分清醒，所谓侵朝灭明，不过是痴人说梦，跟着混事就行，现在痴人已经死了，梦也结束了，就等着收拾包袱回家。

可这事八字还没一撇，就来了送行的，而且看架势，是要把自己直接送进海里。

万历二十六年（1598）九月十九日，刘綎部逼近顺天。

小西行长和刘綎交过手，也知道车军的厉害，但此时此刻，面对这个可怕的对手，他却并不慌张，因为他已经找到了克制车军的方法。

其实这个方法并不神秘，简单说来就两个字：不打。

反正打不赢，索性不理你，看你还能怎么办？

敌人死不出头，这下刘綎也没招了，只得命令部队强攻，但大车毕竟不是坦克，又不能撞墙，而小西行长坚守营垒，凭借有利地形，多次击退明军。刘綎进攻受挫，只得暂停攻击。

既然攻不下来，刘綎决定，与小西行长和谈，当然，和以往一样，这次也不是真谈。

如果评选被忽悠次数最多的将领，小西行长排第二，没有人敢排第一。这位仁兄不但多次被忽悠，还举一反三，加入了忽悠人的行列，按说以他在这一行的资历，是不会再相信这类话了。

开始也确实如此，刘綎连续派出了三批使者，小西行长都不信。但刘大刀却是不依不饶，一定要把阴招进行到底，又派出了第四批使者。

这次，小西行长终于相信了。他准备出城与刘綎谈判。

然而关键时刻，明军出了叛徒，泄露了刘綎的计划，小西行长又缩了回去。

从沈惟敬开始，再到李如松、刘綎，谈了无数次，被骗了无数次，我相信，即便打死他，下辈子再投胎，他也不会搞谈判了。

刘綎正确地认识到了这一点，所以他改变了策略，全力监督部下攻城。但日军防守严密，多次进攻毫无进展，刘綎毫不气馁，亲自上阵指挥战斗。

然而，十月三日，他却突然停止了攻击。

因为在这一天，他得到了中路军的战报。

董一元到达泗川的时间，是九月二十日。而他的对手，是岛津义弘。

三年前，当丰臣秀吉听到僧人宣读的诏书，明白自己已经上当，怒火中烧之时，曾对沈惟敬和杨方亨说过这样一句话：

“且留石曼子兵于彼，候天朝处分！”

联系上下文，这句话的真实含义是，我把石曼子和他的兵留在那里（朝鲜），看你们（明朝）怎么办！

石曼子，就是岛津义弘。

作为日本九州地区的诸侯武将，岛津义弘绝非丰臣秀吉的嫡系。恰恰相反，在

参考消息 **将门虎子**

董一元的父亲叫做董旸，是大明的一员武将。因为嘉靖二十八年与俺答在滴水崖接战，正面对冲而力竭战死。他的儿子继承了他的遗志。在朝鲜打完了，又奉命跑到辽东打。董一元有位兄长董一奎，也先后镇守过山西、延绥、宁夏三省边防，兄弟二人都以生猛著称。董一元因为军功卓著而进封世袭二品，与麻贵、张臣、杜桐、达云并称边关五虎将。

丰臣秀吉统一日本的过程中，他是一个极其顽固的死硬派，硬到全国基本都被打服，他还硬挺着。

然而，丰臣秀吉却对其十分欣赏，多次重用，原因很简单——好用。

日本人的性格特点是一根筋，而九州地区则将此传统精神发扬到了登峰造极的地步，无论是做买卖还是打仗，都很实诚，绝不偷奸耍滑。作战时一定在前，撤退时必定垫背，其勇猛顽强连丰臣秀吉也望而生畏。

更值得称道的是，直到今天，这里依然是民风犹存。比如说黑社会，经过多年改良，而今在东京干这行的，全都是西装革履，讲究秩序，遵纪守法，连收保护费都讲纪律，从不随意捣乱。

九州萨摩地区的就没谱了，时代不同了，传统一点没丢，但凡遇上抢地盘、谈判之类的事，经常二话不说，拿着刀赤膊上阵，往死里砍，在日本黑社会组织中极具威望，向来无人敢惹。

岛津义弘和他的第五军就属于这一类型，其作战特点是勇猛、凶残、不怕死，即使寡不敌众也敢打，是日军的战斗主力。

而岛津义弘除陆上作战勇猛外，还精通水军指挥，也算是两栖人才，虽然脑筋不太灵活，但贵在敢玩命，而且他还有一项独门绝技——突围。

所谓突围，其实就是逃跑。岛津义弘最绝的地方就是，他打仗不含糊，逃跑也很厉害，不但逃得准，而且逃得快，专往敌军接合部跑，一眨眼就没影了。在后来的日本关原之战中，他所隶属的西军全线溃败，剩下他带着一千多人，面对德川家康几万大军的重重包围，竟然还是逃了出去，实在是很有两把刷子。

总而言之，此人能攻善守，经验丰富，可算是朝鲜战场上的日军名将。

相对而言，中路军指挥董一元就低调得多了，此人名气一般，才能一般，连兵力都一般。日军有两万人，他也只有两万六千。

但这位一般的人，有个不一般的先锋——李宁。

这位仁兄的脾气可谓是尽人皆知，每天喊打喊杀，见到日本人就拔刀，连使者都砍，差点坏了李如松的大事。

现在，他表演的时候到了。九月二十七日，明军刚刚到达泗川，他就等不及了，二十八日夜便率军一千，连夜冲入了泗川城内。日军准备不足，被冲得七零八落，但毕竟人多势众，随即组织反击，李宁由于过于靠前，被日军围攻，战死。

但他的死是值得的，董一元带领大军随后赶到，一顿猛砍猛杀，全歼守军，击毙日军大将相良丰赖，主将川上忠实身负重伤，率领一百余人逃进内城。

内城的守备者，正是岛津义弘，他倒不怎么慌张，因为城内还驻扎着第五军主力一万余人，且地势险要，三面环水，易守难攻。所以他打定算盘，在此坚守，等候援军到来。

话虽这么说，但当明军进攻之时，他才发现，自己的算盘估计是打错了。

董一元虽然才能平平，却也不是善茬，他压根儿就没想过要派人去硬攻，地形如此险要，还是用炮合算。

十月初一，总攻击正式开始。

明军在离城百米处布下阵地，架设大量佛郎机炮，对准城内猛烈轰击。城内日军死伤甚多，且火光四起，顾此失彼，一向镇定自若的岛津义弘也不镇定了，当即集合部队，准备发挥他的逃跑绝技。

事实上，他的判断是很正确的。明军的炮火已扫清了外围，城门也被攻破，大批明军已集结待命，只等一声令下冲入城内。此时的日军已毫无斗志，即将完全崩溃。

俗话说：三分天注定，七分靠打拼。现在打拼已过，七分到手，接下来的是三分。

前方已经没有阻拦，董一元下达了总攻令。

正当他准备拿下最后三分的时候，一阵猛烈的巨响却轰鸣而起——在他的身后。

爆炸发生在明军部将彭信古的大营中，并引发了营中火药连锁效应，许多明军士兵被当场炸死，火光冲天而起，军心顿时大乱。

事后调查证实，引发此事的，不是日军的伏兵，更不是什么忍者之类的玩意儿，而是安全工作疏漏——失火。

这就真没办法了，命苦不能怨政府。

混乱之中，明军不知所措，皆以为是被人抄了后路，纷纷逃窜，眼看到手的泗川城就此落空。原本打算溜号的岛津义弘立即来了精神，出城发动攻击，明军大败。

泗川之战以失败告终，明军损失惨重退守晋州。日军侥幸取胜不敢追击，依旧固守原地。

因为此战，岛津义弘名声大振，在日本国内被捧上了天，称为“鬼石曼子”，其实说穿了，这位仁兄的胜利秘诀只有一条——运气好。

但无论如何，赢了就是赢了，输了就是输了，而输了的结果，是很严重的。

因为除西路军刘綎外，此时的麻贵，也正处于进退两难之际。

他的东路军于九月底到达蔚山，却无事可干。因为自从上次吃了亏后，加藤清正每天都待在蔚山，一动都不动，打死也不出头。麻贵攻，他就守，麻贵不攻，他还是守。总而言之，不打，只拖。

就这么拖到十月份，泗川战败的消息传来，无论是麻贵，还是加藤清正，大家都松了一口气——解脱了。

在麻贵的统一调配下，东西两路军分别撤退，返回出发地，九月攻势宣告结束。

在这次进攻中，明军立功心切，日军保命要紧，拼了半个多月，战局却无丝毫改变，大家都白忙活了。

最郁闷的人是麻贵，他尽心竭力策划的进攻方案，却无任何效果，实在是比较窝囊。但更让他绝望的是，经过此役，他已经确定，凭借目前明军的实力，是不可能打破战场僵局的，绞尽脑汁也无济于事。

麻贵并不知道，此时距离日军撤退，仅剩一个月时间。如无意外，十一月五日，日军将带着抢掠的无数战利品从容地退回国内。而那时，明军只能望洋兴叹，目送日军安然撤退。

但一个人的到来，终究还是改变了这一切。

◆ 等候

这个人的名字叫陈璘，字朝爵，广东翁源人。

这是一个名副其实的老油条，嘉靖末年就当上了指挥佥事，此后又东征西讨，几十年下来，到万历年间，终于当上了总兵。

但他的仕途并不顺利，破格提拔从来无份，领导赏识一直无缘，游击、参将、副将、副总兵一级级地升，做官做得那真叫艰苦。据说是因为他是广东人，且只会讲粤语，官话（即当时的普通话）讲不好，也听不懂，总不招人待见，所以进步很慢。

而且这人还有个缺点——贪，且不是一般的贪，方式是多种多样，层出不穷。派他去管兵，就放纵手下抢掠民财；派他去镇守地方，就大兴土木，贪污工程款；派去打仗，竟然又克扣军饷。在贪污这行当里，可谓相当之牛。

可就是这么个人物，偏偏极会打仗，而且什么仗都打过。开头在山区打土匪地痞，后来到地方，又管过治安，抓过强盗小偷，还曾跟着一代名将（兼贪污犯）殷正茂混过（物以类聚，人以群分），剿灭了许多叛乱军。

算起来，不听招呼的各类人等，只要在陆地上，他都灭过了。

更为难能可贵的是，连海上的品种，他也没有放过，海贼、海盗乃至于倭寇，都在他的消灭范围之内。

可是这位水陆两用人才，实在是毛病太多，谁沾上谁倒霉，所以一直以来，既没人用，也没人举荐（朝士惜其才，但不敢荐）。

和平年代，大家不想惹事，这种人就不能用，但战争一来，自然就变成不能不用了。

万历二十年（1592），陈璘出山，前往朝鲜。

按照朝廷的原意，把这个爱惹麻烦的家伙放出来，自然是要他卖命打仗。可不知为什么，这位兄弟去了一年，竟然什么也没干，官却升得极快，刚去的时候只是个参将，很快就升为副将。万历二十一年（1593），他已经当上了副总兵。

参考消息 **殷正茂的贪污史**

张居正去世后，众言官对张居正的弹劾也跟殷正茂有一点牵连。曾有人举出明证，证明他曾经贿赂过谁谁谁什么什么东西，其中就包括送给张居正两个金盆种珊瑚，还有其他金玉、玛瑙、翡翠，各种玩意儿不胜枚举，连张居正的随从都有一份大礼。不过由于殷正茂的赫赫军功，虽然遭弹，也还是过了八九年才病故于自己家中。

陈璘的功绩

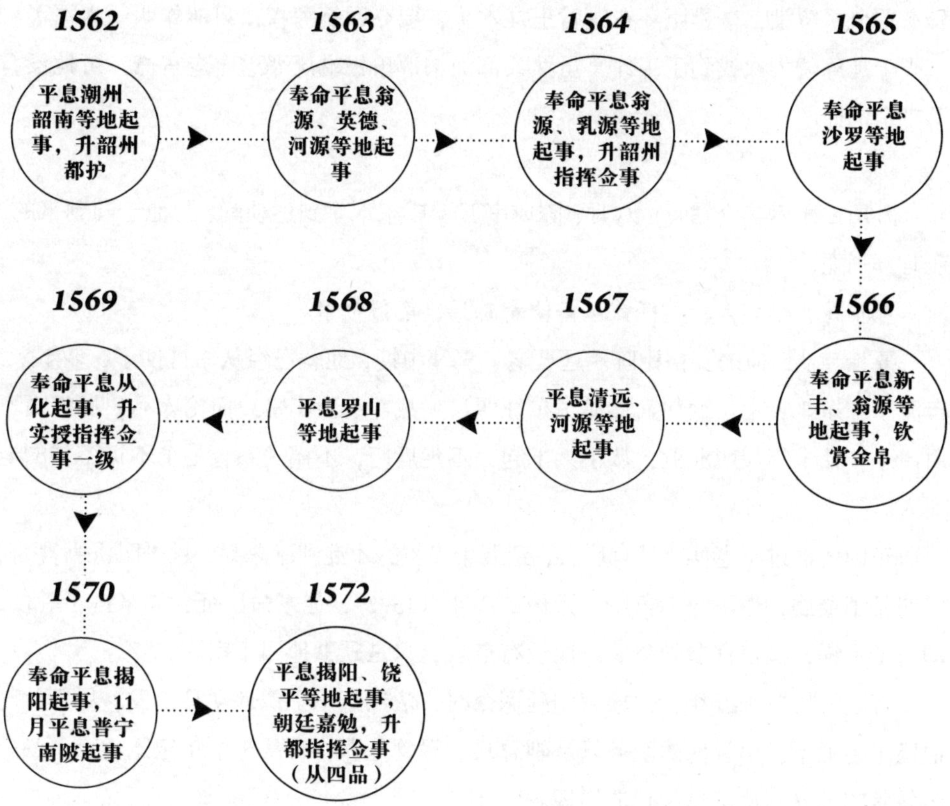

一仗没打就混到这个地步，几乎所有人都莫名其妙。

当然，陈璘除外。战争结束后，他怀揣着升官的秘密，高高兴兴地收拾行李去了福建，并就任总兵，凭借他多年累积的捞钱经验，发财致富指日可待。

但纸包不住火，三年后，中日和谈失败，沈惟敬的忽悠被识破，石星被判下狱，而另一个秘密也就此曝光。

原来陈璘兄并非只进不出，他除了能贪外，还很能送。石星收了他的钱，自然要帮他办事，陈璘同志这才得以一路春风，扶摇直上。

可是现在石星倒了，官自然是没法当了，去监狱找他退钱估计也不成，亏了本的陈璘只好再次回了老家。

但人只要有本事，就不怕没活干。万历二十五年（1597），中日再次开战，朝鲜水军全军覆没，李舜臣还在军营里扛木头，要夺回制海权，只能靠明朝水军了。

于是陈璘再次找到了工作，虽然兵部尚书邢玠极端厌恶这个老官僚，可他没有第二个选择。

万历二十六年（1598）六月，陈璘率五千广东水军到达朝鲜，与他一同到来的，还有邓子龙。

邓子龙，丰城人，时任钦差备倭副总兵，都督佥事。

要论年头，他的资格比陈璘还要老，嘉靖中期，他就已经从军打仗了，多年来，奔波于广东、云南、缅甸、福建，东征西讨，战斗经验丰富；而论人品，那就更不用说了，几十年兢兢业业，从小兵干起，不走后门，不搞关系，是个不折不扣的老实人。

正因为他过于老实，没有后台，到五十多岁，才混到副总兵，且平时沉默寡言，即使受了委屈，也不与人争辩。万历二十年（1592），他奉命出征，本来打了胜仗，却背了黑锅，被言官参劾免职。他没有辩解，只是默默地回了家。

但当万历二十五年，他接到朝廷调令时，依然毫不犹豫地动身出发，尽管此时他已年逾七十，尽管他的职务只是副总兵，尽管他即将听从一个年纪比他小、品行比他差的人（陈璘是总兵）的指挥。

就这样，两个性格截然不同的人终于走到了一起，他们的出现，将彻底改变无数日军的命运。

安置邓子龙后，故地重游的陈璘见到了他的另一个下属——李舜臣。

此时的李舜臣刚刚得到解脱，元均战死后，他奉命重新组建朝鲜水军，虽然朝中还有很多人看他不顺眼，但眼下局势危急，这个烂摊子也只能指望他了。

李舜臣之所以不招人待见，和他本人的性格有关。此人虽才具甚高，为人处世却不行，不善与人相处，碰谁得罪谁，作为下属，是十分难搞的。

但陈璘干净利落地搞定了他，虽然他在国内一口粤语，官话讲得鬼都听不懂，但到了国外，也就无所谓了，反正无论官话、粤语，人家都分不出来，一概不懂。

而陈璘也充分发挥了他搞关系的特长，用一种特殊的方式，与李舜臣进行了良好的沟通。

这种方式就是写诗。

一到朝鲜，陈璘就写了这样一首诗给李舜臣：

不有将军在，谁扶国势危？
逆胡驱襄日，妖氛倦今时。
大节千人仰，高名万国知。
圣皇求如切，超去岂容辞！

就文学水平而言，这首诗大致可以划入打油体或是薛蟠体，还不是一般的差劲，但如果细细分析，就会发现，其中的政治水平十分高超。

前四句是捧人，作为李舜臣的上级，对下属如此称赞，也真算是下了血本。

第五六句继承风范，大肆夸奖李舜臣同志众望所归，威名远扬。但这只是铺垫，核心部分在最后两句，所谓圣皇求如切，隐含的意思就是劝人跳槽，建议李舜臣别在朝鲜干了，到明朝去另谋高就。

综观全诗，捧人是为了挖墙脚，挖墙脚也就是捧人，浑然天成，前后呼应，足可作为关系学的指定教材，写入教科书。

李舜臣被感动了，于是他连夜写了几首和诗回复陈璘，表达自己的感慨。并同时表示，愿意听从陈璘的指挥，齐心协力，驱逐倭奴。

我一直认为，像陈璘这样的人，即使跑到火星上，都是饿不死的。

参考消息 **爱民贪官陈先生**

陈将军虽被言官弹为贪官，却在民间留下了相当不错的声望和爱民如子的诸般轶事。就连朝鲜民间也相当敬重他，给他立碑塑像来纪念。朝廷文臣曾在朝宴上想借机以武将不通文墨来羞辱他，结果被他一首“绝发结绳拉战马，拆袍抽线补军旗”的打油诗给震了回去。于是渐渐地，针对他的声音就不是那么活跃了。

成功实现团结后，经过麻贵鼓动，陈璘率军参加了顺天战役。然而由于战局不利，麻贵率陆军先行撤退，水军失去支援，只得铩羽而归。

麻贵告诉陈璘：我军作战计划已定，自即日起，你所属之明军，应全部开赴海上。

陈璘问：所往何事？

麻贵答：无定事，来回巡视即可。

陈璘再问：那你准备干什么？

麻贵回答：我哪里也不去，驻守原地。

看着一头雾水、满腔怒火的陈璘，麻贵终于说出了谜题的答案。

三路攻击失败之后，麻贵已经确定，强攻是不可行的，即使攻下，明军的损失也会极其惨重。而事情到了这步田地，谈判也是不可信的。进退两难之际，他想到了陈璘，想到了一个不战而胜的方法。

麻贵下令，所有明军立即停火，中路军董一元、西路军刘綎派出使者，与对峙日军协商停战。总而言之，大家都不要动了。

唯一活动的人，是陈璘。而他的任务，是率舰队沿朝鲜海岸巡航，并击沉所有敢于靠近海岸的日本船队。

这一军事部署，在今天的军事教科书里，叫做囚笼战术，在街头大婶的口中，叫关门打狗。

经过无数次试探与挫折，麻贵终于找到了日军的最大弱点——粮食。

无论日军多敢玩命，毕竟都是人，是人就要吃饭，而这些后勤补给必须由日本国内海运而来，所以只要封锁海岸线，打击日本船队，敌军必定不战而溃。

事实证明，麻贵的判断是正确的。自十月中旬起，陈璘开始改行，干起了海盗，率军多次扫荡，见船就抢，抢完就烧，把朝鲜沿海搞成了无人区。他干得相当彻底，以至于某些朝鲜船队由此经过，也被抢了。

无奈之下，日军只得派藤堂高虎率水军迎战。但陈璘同志实在是多才多艺，不但能抢，也能打，几次交锋下来，藤堂高虎落荒而逃，再也不敢出来逞能（见璘舟师，惧不敢往来海中）。

躲不过也抢不过，日军叫苦不迭，特别是小西行长，因为三路日军中，他的处境最惨。加藤清正占据蔚山，岛津义弘驻扎泗川，这两个地方离海很近，只要躲过陈璘，靠岸把粮食卸下来就能跑。

可是小西行长所处的顺天，不但离海远，而且水路复杂，千回百转，进去了就出不来，陈璘最喜欢在这里劫道，许多日本船打死都不愿去。

半个月下来，日军饿得半死不活，小西行长没辙了，竟然主动派人找到陈璘，希望他能让条道出来，而作为代价，小西行长提出了一个耸人听闻的交换条件——一千二百个人头。

这意思是，如果你放条生路给我走，我就留一千二百人给你，请功也好，杀头也罢，你自己看着办。

话说到这个地步，也是真没办法了。当然，陈璘并没有答应，因为他要的，绝不仅仅是一千两百人。

日军就此陷入绝境，但小西行长并不慌张，因为那个约定的日期，已经近在眼前。

十一月五日，只要等到那天，一切都将结束。

在期盼和忐忑之中，这一天终究还是到来了。

依照之前的约定，日军加藤清正、岛津义弘、小西行长三部开始有条不紊地收拾战利品，准备撤退。而对峙的明军，却依然毫无动静，仍旧被蒙在鼓里。

如无意外，日军将携带其抢掠成果，背负着杀戮的血债，安然撤回日本。

然而意外发生了。

就在此前不久，日本五大老（丰臣秀吉五位托孤大臣）向明军派出使者，表示如果朝鲜派出王子作为人质，并每年交纳贡米、虎皮、人参，日方出于宽宏，将会考虑撤军。

今时今日，还敢如此狂妄，似乎有点不合情理，但事实上，这是日军的一个策略。为了掩护即将到来的撤退，必须麻痹敌军。

可是他们万万没有料到，这个所谓的计策，却起了完全相反的作用。

因为麻贵同志虽然姓麻，却很难被麻痹。毕竟在明朝政府混了几十年，什么阴谋诡计都见过了，日本人在这方面，还处于小学生水平。

所以麻贵立即判定了日军的真实意图——逃跑。

此时是十一月七日，麻贵命令，全军动员，密切注意日军动向，随时准备出击。

十一月八日，驻扎在古今岛的陈璘接到密报，确认丰臣秀吉已经死亡，日军即将撤退。他随即下令，水军戒备，准备作战。

明军知道，日军不知道明军知道。在千钧一发的局势中，战场迎来了最后的宁静。

无论如何，双方都已确定，生死成败，只在顷刻之间。

十天之后，最后摊牌。

万历二十六年（1598）十一月十八日，加藤清正突然自蔚山撤退，然而，出人意料的事情发生了——明军并未阻拦。

随后，驻扎泗川的岛津义弘也率第五军撤退，明军仍然未动。

五大老一片欢腾，在他们看来，撤军行动十分成功，明军毫不知情。

然而接下来，一个消息打断了他们的欢呼——小西行长被拦住了。

作为脑筋最灵活的日军将领，小西行长的反应极快，获准撤退后，他立即带兵，日夜兼程赶赴海边，却看到了等待已久的明军水师。

但小西行长并不惊慌，因为这一切早在他预料之中。

顺天离海较远，不利逃跑，而沿海地区水路复杂，易于封锁，如果明军不来，那才是怪事。

为了实现胜利大逃亡，他已想出了对策，并付诸实施，而到目前为止，事情进行得十分顺利，顺利脱身指日可待。

但事实上，五大老错了，小西行长也错了。

明军放任加藤清正和岛津义弘逃走，并非疏忽，而是一个圈套的开始。

在之前的十天里，麻贵对局势进行了认真分析，他清醒地意识到，日军有意撤退，但凭借明军目前的兵力，是很难全歼敌军的，恰恰相反，对方已有了充足的撤军准备，如果逼狗跳墙，后果将很难预料。

唯一的方法，就是逐个击破。

但日军是同时撤退的，明军兵力有限，鱼与熊掌不可兼得，如何做到这一点呢？

十一月四日，他终于找到了那个方法。

就在这一天，陈璘出海巡视，突然发现自顺天方向驶出一条日军小船，行踪隐蔽，速度极快。

要换在以往，陈璘会立即下令向此船开炮。

但这一次，他犹豫了，因为几十年战场经验告诉他，不能攻击这条船。

考虑片刻后，他派出了舰只跟踪此船，几个时辰之后，消息传回，他的估计得到了印证——这条船的目的地，是泗川。

他立即将此事通报麻贵，双方的判断达成了惊人的一致：几天之内，日军将全军撤退，而那条小船，是小西行长派出的，其唯一目的，是向岛津义弘求援。

这正是小西行长的对策，他知道，一旦撤退开始，靠海的加藤清正和岛津义弘必定能顺利溜号，而他地形不利，很可能被堵住，到时只能找人帮忙。

加藤清正是老对头，不帮着明军打自己，就算不错了，是绝对靠不住的。

只能指望岛津义弘了，他相信，关键时刻，这位二杆子是会拉兄弟一把的。

于是他派出小船通报此事，而结果也让他很满意，小船安全返回，并带来了岛津义弘的承诺。

后顾之忧解除，他终于放心了。

然而就在此时，麻贵和陈璘已经制订出了最终的作战计划：

中路董一元、西路刘綎密切监视日军加藤清正及岛津义弘部，发现其撤军，立即上报，但不得擅自追击。

水军方面，陈璘部停止巡航，并撤去蔚山、泗川一带海域之水师，全军集结向顺天海域前进，堵住小西行长撤退的海道。

放走加藤清正和岛津义弘，因为他们并不重要，只有小西行长，才是这场战争的胜负关键。

这是一个最佳的诱饵，在其诱惑之下，日军将逐个赶来，成为明军的完美猎物。

撤退、放行、堵截，一切按计划如期进行，双方都很满意，但胜利者终究只有一个，决定胜负的最后时刻已经到来。

十一月十八日，夜。

小西行长没有看错人，岛津义弘不愧二杆子之名。虽然他已成功撤退到安全地带，但听说小西行长被围后，却依然信守承诺，率第五军一万余人赶来救援。

但除了小西行长外，还有一个人也热切地期盼着他的到来——陈璘。

四天前，他召集全军，连夜赶到了顺天海域，经过仔细观察，他发现，从泗川到顺天，必须经过一条狭长的海道，而这片海域的名字，叫做露梁海。

在露梁海的前方，只有两条水路，一条通往观音浦，另一条经猫岛，通往顺天。

他随即作出了如下部署:

副总兵邓子龙，率三千人，埋伏于露梁海北侧。

水军统制使李舜臣，率五千人，埋伏于露梁海南侧的观音浦。

而他自己则率领余下主力，隐蔽于附近海域。

当岛津义弘的部队出现时，全军不得擅自行动，等待其部完全进入露梁海后，方可发动攻击。

攻击发起时，邓子龙部应以最快之速度，截断敌军后退之路。李舜臣部则由观音浦出动，袭击敌军之侧面，打乱敌军之阵形。

以上两军完成攻击后，须坚守阵地，不惜任何代价，将岛津义弘部堵死于露梁海中，等待陈璘主力到来。

而那时，明军将发动最后的攻击，将侵略者彻底埋葬。

一切就绪，李舜臣却发问了：邓子龙堵截后路，我守观音浦，猫岛何人驻守？

这是个很现实的问题，如岛津义弘熬过伏击，坚持向猫岛挺进。就能到达顺天，与小西行长成功会师，局势将一发不可收拾。

然而陈璘告诉他，猫岛根本无须派兵驻守。

“岛津义弘是不会走这条路的，我肯定。”

◆ 牺牲

在不安与等待中，十八日的夜晚到来。

此时的岛津义弘站在旗舰上，信心十足地向着目的地挺进。之前的泗川之战，虽然他只是侥幸捡个便宜，但毕竟是胜了，又被人捧为名将，就真把自己当回事了，之所以跑来救小西行长，倒不是他俩关系多好，无非是二杆子精神大爆发，别人不干，他偏干。

此外，他已认定，明军围困小西行长，必然放松外围的戒备，更想不到日军去而复返，此时进攻，必能一举击溃明军。

在这个世界上，笨人的第一特征，就是自认为聪明。

事实印证了岛津义弘的猜想，明军以往严加防范的露梁海峡，竟然毫无动静，由一万五千余人组成的日军舰队，就此大摇大摆地开了进去。

他们中间的大多数人都没能领到回航的船票。

日军的舰队规模很大，共有六百多条船，队列很长，当后军仍在陆续前进之时，前军的岛津义弘已依稀看到了前方的猫岛。

但他永远不可能到达那里了，因为当最后一条船进入露梁海口的时候，等待已久的邓子龙发动了攻击。

邓子龙手下的这三千兵，大多是浙江人，跟随他从浙江前来此地，虽然名不见经传，却绝非寻常。在五十多年前，这支队伍有一个更为响亮的名字——俞家军。

在当年那场艰苦卓绝的抗倭之战中，两位大明名将分别创建了专属于自己的军队：戚家军，以及俞家军。

俞大猷熟悉海战，是唯一堪与徐海对敌的明朝海军将领。而他所创建的俞家军，大都从渔民中选取，熟悉水性和流向，善于驾船，并经过严格训练，多次与倭寇海盗交战，有丰富的战斗经验，堪称明朝最精锐的水军。

经过五十年的淬炼与更替，他们来到了朝鲜，露梁海。

接到进攻命令后，邓子龙部从埋伏处突然驶出，将日军归路堵死，并以十只战船为一组，向日军舰队发起多点突袭。

这是一个致命的打击，由于日军队列过长，而且毫无防备，转瞬之间，后部上百条战船已被切成几段，虽然日军人数占优，却陷入明军分割包围，动弹不得。

包围圈内的日军一片慌乱，他们纷纷拿起武器，准备和跳上船的明军肉搏。然而明军战舰却丝毫不动，保持着诡异的平静。

日军的疑问没有持续太久，便听到了答案——可怕的轰鸣声。

明军的第二波攻击开始，不用跳帮，不用肉搏，因为在邓子龙的战舰上，装备着一种武器——虎蹲炮。这是一种大型火炮，射程可达半里，虽然威力一般，炮弹飞个几百米就得掉入水里，但近距离内打日军的铁皮木头船，还是绰绰有余。

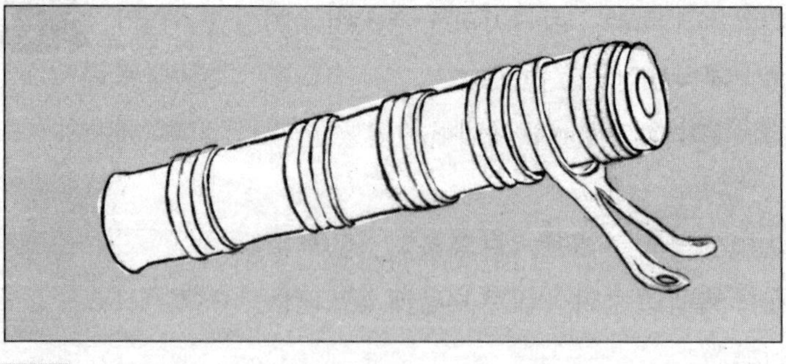

虎蹲炮

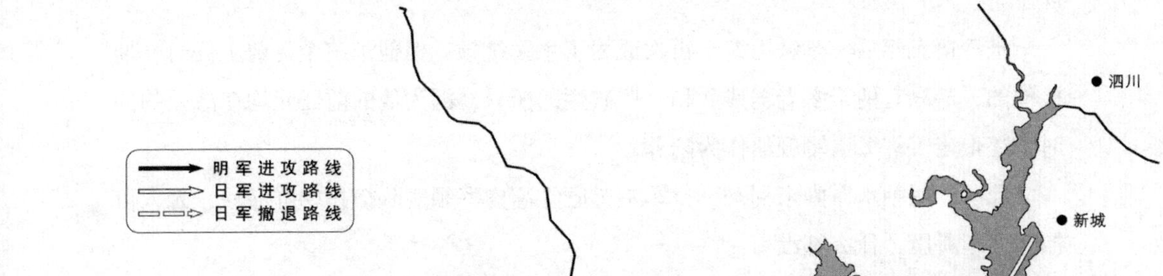

↑ 露梁海之战

就这样，在炮轰、哀号和惨叫声中，日舰队后军损失惨重，基本丧失了作战能力。

当炮声响起的时候，前军的岛津义弘立即意识到，中埋伏了。

但很快，他就显示出了惊人的镇定与沉着，并作出了正确的判断——继续前进。

后军已经深陷重围，敌军兵力不清，所以目前唯一的方法，就是攻击向前，与顺天的小西行长会师。只有这样，才有反败为胜的可能。

在岛津义弘的指挥下，日军舰队抛弃了后军，不顾一切地向前挺进。

然而，他们没能走多远。

当岛津义弘军刚刚冲出露梁海时，便遭受了第二次致命的打击——李舜臣出现了。

被冷落三年后，李舜臣终于再次成为了水军统领。但他于三个月前上任时，迎接他的，却只有两千多老弱残兵和一些破烂的船只，因为他的前任元均在战死的同时，还带走了许多水军舰船作为陪葬。

此时，明朝水军尚未到来，日军主帅藤堂高虎率领舰队横扫朝鲜海峡，无人可挡，而李舜臣，什么都没有。

九月十五日，藤堂高虎率四百余条战舰，闯入鸣梁海峡。

李舜臣得知消息后，即刻率少量龟船出战，确切地说，是十二条。这已经是他的全部家当。

四百对十二，于是几乎所有人都认定，虽然李舜臣是少有的水军天才，此战也必败无疑，除非奇迹发生。

但事实告诉我们，奇迹，正是由天才创造的。

战役结局证明，藤堂高虎的水军技术，也就能对付元均这类的废物。经过激战，李舜臣轻松获胜，并击沉四十余艘敌舰，歼灭日水军三千余人，日军将领波多信时被击毙，藤堂高虎身负重伤，差点被生擒，日军大败，史称鸣梁海之战。

对李舜臣而言，这不过是光荣的开始，而露梁海，将是传奇的结束。

当日军舰队出现在视野之中时，他毫不犹豫地下达了攻击令。

此时，岛津义弘的心中正充满期待，他已经看见了前方的猫岛，如此靠近，如此清晰，只要跨过此地，胜利仍将属于自己。

然后，他就听见了炮声，从他的侧面。

在战场上，军队的侧翼是极其脆弱的，一旦被敌方袭击，很容易被拦腰截断，失去战斗能力，其作用类似于打群架时被人脑后拍砖，是非常要命的一招。

很明显，龟船比砖头厉害得多，在李舜臣的统一指挥下，这些铁甲乌龟直插日军舰群，几乎不讲任何战术，肆无忌惮地乱打乱撞。在这突然的打击下，日军指挥系统被彻底搅乱，混作一团，落海丧生者不计其数。

然而，就在这最为混乱的时刻，岛津义弘却并没有慌乱。

作为一位优秀的指挥官，他保持了清醒的意识，在攻击发起的那一刻，他已然确定，敌人来自侧翼。

而他的前方，仍然是一片坦途，很明显，明军并未在此设防。

那就继续前进吧，只要到达顺天，一切都将结束。

按照之前的计划，当邓子龙的第一声炮声响起时，陈璘起航出击。

出于隐蔽的需要，陈璘的军队驻扎在竹岛，这里离露梁海较远，需要行驶一段时间，才能到达会战地点。

而在此之前，岛津义弘将有足够的时间通过空虚的猫岛海域，成功登陆顺天。

然而陈璘并不着急，因为他知道，那看似无人防守的猫岛，是岛津义弘绝对无法逾越的。

拼死前行的日军舰队终于进入了猫岛海域，然而就在此时，奇怪的事情发生了。

在一片宁静之中，位居前列的三艘战舰突然发出巨响！船只受创起火，两艘重伤，一艘沉没。

没有敌船，没有炮火，似乎也不是自爆，看着空无一人的水域，岛津义弘第一次对这个世界产生了怀疑——有鬼不成？！

这是一个值得纪念的时刻，在那片看似平静的海面下，一种可怕的武器正式登

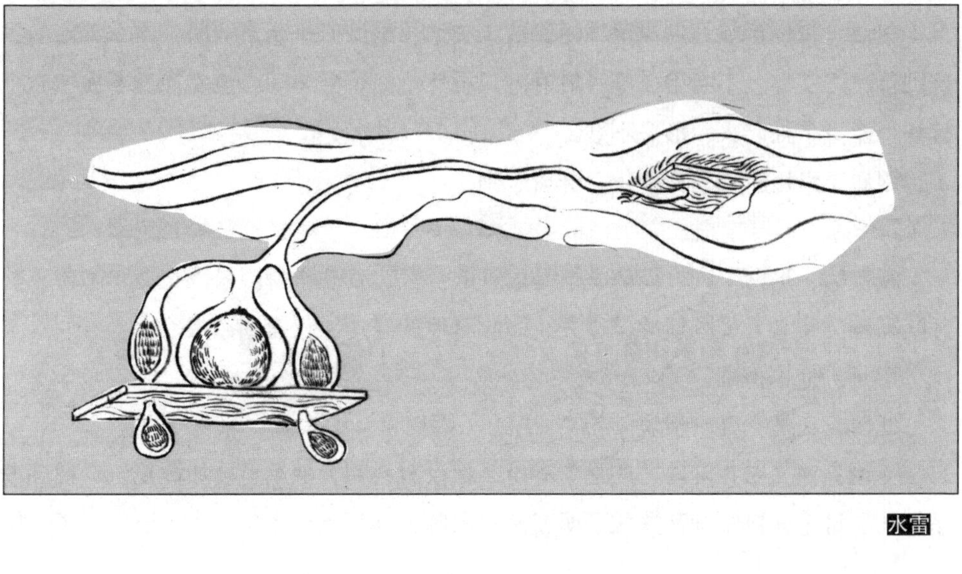

水雷

上历史舞台，它的名字，叫做水雷。

明代水雷，是以木箱为外壳，中间放置火药，根据海水浮力，填充重量不等的重物，以固定其位置，并保持漂浮于海面之下，以便隐蔽及定位。

当然了，关于这东西，我也就了解这么多，相关细节，如引爆及防水问题本人一概不知，唯一能确定的，就是这玩意儿确实能响，能用。

陈璘的自信，正是来源于此。

岛津义弘却依然是满脑糨糊。他的直觉告诉他，这是一个极为危险的地方，如果继续前进，就有全军覆灭的危险，于是他下令，停止前进。

前行已无可能，绝望的日军只得调头，向身后那个可怕的敌人发起最后的冲锋。

敌人的回归让李舜臣十分兴奋，他知道，最后的决战即将开始。

在乱军之中，李舜臣亲自擂鼓，率旗舰冲向日军舰群。

此时日军虽受重创，但主力尚存，李舜臣竟然孤军冲入敌阵，应该说，他很勇敢，但勇敢的另一个解释，就是愚蠢。

估计是打藤堂高虎之类的废物上了瘾，李舜臣压根儿就没把日军放在眼里，一路冲进了日军中军。然而岛津义弘用实际行动证明，作为二杆子的优秀代表，他并不白给。

很快，身经百战的岛津水军便理清了头绪，组织五十余条战船，将李舜臣的旗舰围得严严实实，不断用火枪弓箭射击。虽然龟船十分坚固，也实在扛不住这么个打法，船身多处起火，形势不妙。

眼看李舜臣就要落海喂鱼，陈璘赶到了。

我确信，这两个人之间的交情是很铁的，因为发现李舜臣被围之后，陈璘不等部队列阵，便义无反顾地冲了进去，而此时他的身边，仅有四条战舰。

于是，他也被围住了。

此时，已是十九日清晨。

无论岛津义弘、陈璘，或是李舜臣，都没有料到，战局竟会如此复杂。明朝联军围住了日军，日军却又围住了明朝两军主帅，仗打到这个份儿上，已经成了一团乱麻。

而第一个理出头绪的人，是岛津义弘。

在他的统一调配下，日军开始集中兵力，围攻陈璘和李舜臣的旗舰。

陈璘的处境比李舜臣还要惨，因为他的旗舰不是龟船，也没有铁刺铁钩，几名敢玩命的日军趁人不备，拼死跳了上来，抽刀直奔陈璘而去。

事发突然，船上的所有人目瞪口呆，来不及作出任何反应，关键时刻，陈璘的儿子陈九经出场了。

这位仁兄很是生猛，拼死扑了上去，用自己的身体挡刀，被砍得鲜血淋漓，岿然不动（血淋漓，犹不动）。

明军护卫这才反应过来，一拥而上，把那几名日军乱刀砍死。

惊出一头冷汗的陈璘没有丝毫喜悦，他很清楚，日军包围圈越来越小，跳上来的人会越来越多，援兵到来之前，如果不玩一招狠的，下个被砍死的，必定是自己。

沉吟片刻后，他作出了一个决定。

很快，奇特的景象出现了，逐渐靠拢的日军惊奇地发现，陈璘的旗舰上竟然看不到任何士兵！船上空空荡荡，无人活动，十分之安静。

这是十分诡异的一幕，但在头脑简单的日军士兵看来，答案十分简单：陈璘船上的人，已经全部阵亡。

于是他们毫无顾忌，纷纷跳了上去。

然而他们终究看到了明军，在即将着陆的时候。

其实明军一直都在，只不过他们趴在了甲板上。

为了给日军一个深刻的印象和教训，陈璘命令，所有明军一律伏身，并用盾牌盖住自己（挨牌而伏），手持长枪，仰视上方，当看见从天而降的人时，立即对准目标——出枪。

伴随着凄厉惨叫声，无数士兵被扎成了人串，这一血腥的场景彻底吓住了日军，无人再敢靠近。

趁此机会，圈外的部分明军战舰冲了进来，与陈璘会师，企图攻破包围圈。但日军十分顽固，死战不退，双方陷入僵持状态。

然而，就在这战斗最为激烈的时刻，陈璘的船上突然响起了鸣金声。

按日军的思维，鸣金，就是不准备打了，可如今大家都在海上，且你中有我，我中有你，没有收兵回营这一说，您现在鸣金，算怎么回事？

而明军战船在收到这一信号后，却极为一致地停止了攻击。日军不明就里，加上之前吃过大亏，也不敢动，平静又一次降临了战场。

这正是陈璘所期盼的，因为这一次，他并没有故弄玄虚，之所以鸣金，只因为他需要时间，去准备另一样秘密武器。

他得到了足够的时间。

随即，日军看到了另一幕奇景，无数后部带火的竹筒自明军舰上呼啸而出，重重地击打在自己的船上，所到之处爆炸起火，浓烟四起，日军舰队陷入一片火海。

这种武器的名字，叫做火龙出水。

虽然许多年后，面对拿火枪的英军，手持长矛、目光呆滞的清军几乎毫无抵抗之力，但很多人并不知道，几百年前的明军，却有着先进的思维、创意，以及登峰造极的火器。

火龙出水，就是明代军事工业最为优秀的杰作。

火龙出水

该武器由竹筒或木筒制成，中间填充火药弹丸，后部装有火药引信，射程可达两百步，专门攻击对方舰船，是明军水战的专用武器，点燃后尾部，带火在水上滑翔，故称为火龙出水。这也是人类军事史上最早的舰对舰导弹雏形。

什么新玩意儿都好，反正日军是经不起折腾了，陈璘和李舜臣趁机突围，开始组织追击。

至此，战场的主动权已完全操控在陈璘手中，然而接下来的事情，却出乎他的意料。

在猫岛设下水雷，在观音浦安置伏兵，正如陈璘计划的那样，日军的所有去路被一一切断，与顺天敌人会师的梦想也彻底破灭，然而他依然疏漏了一点：失败后的敌人，将只有一个选择——撤退。

而撤退的唯一通道，是露梁海。

此时防守露梁海的，是邓子龙，他的手下，只有三千人。

岛津义弘已无任何幻想，他明白自己落入了圈套，此刻唯一的奢望，就是逃离此处。

在这最后的时刻，他用自己的实际行动诠释了穷寇莫追这个成语。遭受重创的日军舰队再次聚拢，不顾一切地向堵截他们去路的邓子龙水师发动了近乎疯狂的进攻。

明军毕竟人少，在日军的拼死攻击下，防线渐渐不支，行将崩溃。

关键时刻，邓子龙出现了。

他虽然年过七十，却依然挺身而出，率领自己的旗舰，不顾一切地冲入日军船阵，因为这是唯一能够阻拦日军、争取时间的方法。

邓子龙的战舰成功地吸引了日军的注意，在数十艘日舰的围攻下，邓子龙

参考消息　火器制造热

明代由于生产力的发展和军事上的需求，武器，尤其是火器的研发工作进入了一个鼎盛的时期。不但民间自主开发（如四川唐家进献的毒气弹），更有朝廷的大力投入（陶瓷弹）。同时，更有各方文臣武将绞尽脑汁的设计。比如嘉靖十四年的进士叶梦熊，做过户部主事，也做过御史言官，工作之余不忘自学，没学过工科却天天画图，终于设计出了火车、神铳，还专门设计了阵法，写成了教材。

的船只很快起火燃烧，部下随即请示，希望邓子龙放弃此船，转乘小艇，暂避他处。

然而邓子龙回答:

“此船即我所守之土，誓死不退！”

然后，他整装正容，在那艘燃烧的战舰上，坚持到人生的最后一刻。

坚守自己的岗位，无论何时、何地。在他看来，这是他应尽的职责。

从军四十余年，一贯如此。

◆ 怀念

邓子龙战死了，他用自己的生命挡住了日军的退路。

在岛津义弘看来，失去将领的明军很快就会被击溃，并乖乖地让开道路。

但是他错了。

此时的明军已不再需要指挥，当他们亲眼目睹那悲壮的一幕，怒火被彻底引燃之时，勇气和愤怒已经成为了最为伟大的统帅。

在复仇火焰的驱使下，邓子龙的浙兵发动了潮水般的逆袭，日军节节败退，被赶回了露梁海内。

在那里，他们又遇见了分别不久的老朋友：陈璘和李舜臣。

陈璘军、李舜臣军，再加上退进来的岛津军和追击的邓子龙军，露梁海里布满战舰，可谓是人满为患。

岛津义弘军的末日终于来临。等候已久的陈璘和李舜臣对日舰发动了最后进攻，数百门舰炮猛烈轰鸣，无数日军不是被炮弹当场炸死，就是跳海当饲料。在刺鼻的硫黄和血腥味中，伴随着燃烧的烈焰，蓝色的露梁海一片赤红。

这就是曾经横行海上、骁勇善战的岛津水军的最后一幕，也是古往今来侵略者的必然结局。

绝望的日军开始了最后的反扑，但已于事无补，在大炮的轰鸣声中，他们都将前往同一个世界。

然而就在最终胜利的时刻即将到来的时候，一个意外发生了。

在战斗中，李舜臣又一次身先士卒，考虑到之前他只有十二条破船就敢打日军四百条战舰，而今正值痛打落水狗，不表现一把实在说不过去。

但就在他奋勇冲击的时候，一颗子弹飞来，击中了他的胸膛。

这是一件极为匪夷所思的事情，此时明朝联军占尽先机，日军已是强弩之末，一盘散沙，打一枪就得换个地方，基本属于任人宰割型，行将崩溃。

敌军已被包围，兵力武器占优，士气十分振奋，残敌不堪一击，这就是当时的战况，且李舜臣乘坐龟船，四周都有铁甲包裹，射击空隙有限，说难听点，就算站出去让人打，都未必能被击中。

然而李舜臣还是中弹了。

在这世上，有些事情是说不准的，比如二战时的苏军大将瓦杜丁，自出道以来身经百战，什么恶仗、硬仗、找死仗都打过，斯大林格勒挺过来了，库尔斯克打赢了，追得德军名将曼斯坦因到处跑。如此猛人，竟然在战役结束，到地方检查工作的时候，遇上了一帮土匪，腿上挨了一冷枪，按说伤也不重，偏偏就没抢救过来，就这么死了。

李舜臣的情况大致如此。

身负重伤的李舜臣明白，他的使命即将结束，但这场战役并未终结。

于是，在生命的最后时刻，他对身边的部将李莞留下了这样一句话：

“我就要死了，但现在战况紧急，不要透露我的死讯，请你接替我的位置，以我的名义，继续战斗下去。”

这也是他的最后遗言。

在战场上，唯一的衡量标准就是胜负，因为只有胜利者的故事，才能流传下来。

所以李舜臣依然是幸运的，他虽没能看到胜利的来临，但他的一切都将作为胜利者的传奇传扬万世，正如他所写过的那首诗：

全节终须报，成功岂可知？

平生心已定，此外有何辞！

节已报，心已定，便已成功，再有何辞？

伴随着李舜臣的逝去,日军迎来了自己的最后命运。在明朝联军的全力猛攻下,战斗变成了屠杀，日方四百余艘战舰被击沉，一万余人阵亡，日军惨败。

但要说日军毫无亮点，那也是不客观的，要特别提出表扬的，就是岛津义弘先生。他用实际行动证明，自己的逃跑本领可谓举世无双，在抛下无数垫背、送死的同胞后，他终于逃了出去，虽然此时他的身边只剩下了几十条破船和几百名士兵。

万历二十六年（1598）十一月十九日中午,历时一天半的露梁海大战正式结束,日军精锐第五军全军覆没，史称“露梁海大捷”。

露梁海大捷后，翘首企盼的小西行长部终于彻底崩溃，纷纷化整为零，四散奔逃。小西行长不落人后,率残部趁明军不备,乘船偷渡出海,经过千辛万苦逃回日本,余部大部被歼。

至此，抗倭援朝战争正式结束，此战历时七年，最终，以中国军队的彻底胜利，以及日本军队的彻底失败而告终。

七年前，那杯由邪恶与野心酿成的苦酒，最终浇到丰臣秀吉的坟头上。

活该，死了也该。

正义终究战胜了邪恶，无论此时，或是三百四十年后，历史都用事实告诉了我们相同的道理:

无论何时何地，总会有那么几个不安分的侵略者，他们或许残暴，或许强大，或许看似不可战胜，但终将被埋葬。

战争结束了，胜利也好，失败也罢，参战的主角们都有了各自的结局。

两年后（1600），超级“忍者”德川家康终于发作，集结兵力，准备欺负丰臣秀吉的孤儿寡妇。死硬派小西行长当即连同石田三成等人，组成西军，出兵迎战。

但滑稽的是，出于对小西行长、石田三成的极度憎恨，作为丰臣秀吉的铁杆亲信，加藤清正、福岛正则等人当机立断，放下与德川家康之间的敌我矛盾，毅然投入到轰轰烈烈的内部矛盾中去，加入东军，跟小西行长玩命。

而最搞笑的，莫过于岛津义弘。此人和丰臣秀吉关系本就不好，开战之初是德川家康的人，并奉命去帮助守城。结果城里的人未接通报，以为他是敌人派来忽悠的，不但没有开门，还对他放了几枪。

换了别人，无非是回去找德川家康告一状，之后该干吗还干吗，可这位就不同了，二杆子精神再起，操着家伙连夜投小西行长去也。

经过你来我往数个回合，这一大帮子人终于在日本关原碰上了，展开死磕。经过一天战斗，西军败退，小西行长战败后逃走，后又被擒获斩首。岛津义弘还是一如既往地跑了路，后来托人求情捡了一条命。

丰臣秀吉创立的事业就此完结。

但历史的惩罚并未结束，十五年后（1615），战火再起，在大阪夏季战役中，德川家康攻克了丰臣家的最后据点大阪城，丰臣秀吉的老婆、孩子都死在城里，丰臣家族灭亡，断子绝孙。

我不是报应论者，但这一次，我信。

此后，德川家康统一日本，并建立了著名的德川幕府。他着力与明朝恢复友好关系，发展经济，颇有建树。

朝鲜失去了李舜臣，却迎来了和平，回复了平静的生活。为纪念那些为了朝鲜人民的安宁和自由而牺牲的明军将士，朝鲜政府修建了大报坛，每年祭祀，以表示对明朝仗义相助的感激，并提醒后辈不忘报恩。

参考消息 **日本入侵琉球**

日本侵略朝鲜不成，但不抢劫也不成。几位老大开了几次会议之后，决定把目标转向琉球。琉球为明朝属国，国王叫尚永死，其子尚宁遣人请袭封。此时正是日本策划及实施侵朝计划的时候，明朝忙着平叛，又忙着援朝，援朝一事结束后，册封令才下到琉球。但谁也没想到，在丰臣秀吉手下被压抑了好些年的日本大臣们，并不满足于他们从朝鲜运回的数千名陶工。于是在万历三十七年，日本悍然派兵三千人进攻琉球，俘获琉球国中山王尚宁，迁其宗器，大掠而去。浙江总兵官杨宗业奏报，神宗令镇、巡官严饬海上兵备。

现在，大报坛已经消失了，为什么消失，我不知道。

明朝的大军得胜归来，万历并没有亏待他们，将领之中，麻贵升任右都督，陈璘和刘綎也升了官。

当兵的也没白干，为表彰群众，据说万历从国库里拨出了八万两白银，作为对士兵的封赏。当然，具体到每个人的头上，一层扒一层，外加还有陈璘这样的领导，能分到多少，那就不好说了。但无论如何，也算够意思了。

虽然在七年之中，曾有过无数的曲折，遇上许多的困难，付出了相当的代价，但这一切都是值得的。

因为打赢了。

所谓正义、邪恶、侵略、暴行，大多时候都是毫无意义的胡扯，衡量战争的唯一且永远的准则，就是胜利，或失败。

用黑暗的暴力维护了光明的正义，这就是明朝创立的不朽功勋。

这场战争的最后结局大致如此，十分清楚，但有趣的是，几百年后，历史对于这场战争的评价，却十分之不清楚。

具体情况大致如下：日本的史料表示，这是一场延续了战国光荣以及名将光辉的战争，虽然未必光彩（这一点，他们是承认的）。

朝鲜（韩国）的史料则认为，这场战争之所以胜利，主要是因为李舜臣和朝鲜义军（无奈，政府军的表现实在太差），至于其他方面的因素，当然是有的，但似乎也是比较次要的。

参考消息　大报坛的兴衰

大报坛是明亡之后修建的。当时的朝鲜肃宗大王为了纪念万历帝抗日援朝的情谊，在昌德宫花园修建此坛。最初仅祭祀神宗万历，后又将太祖洪武、毅宗崇祯的灵位增加了进去，在朝鲜并称三皇帝，每年于三帝即位、生辰、忌日祭拜，直至李朝终结。1908年，大韩帝国以政府名义停止了这项祭祀活动，并关闭了大报坛。于是，在历经二百余年后，大报坛作为李朝的遗址，渐渐淡出了人们的视线。

而明朝方面……基本没什么动静。

现象是奇怪的，但原因是简单的，因为在明朝看来，这场战争，压根儿就不是什么大事。

这是千真万确的事实，所谓的抗倭援朝战争，在史学界实在不算个啥，也没听说哪位专家靠研究这事出了名。即使在明代,它也只是“万历三大征”的一部分而已，史料也不算多，除了《万历三大征考》还算是马马虎虎外，许多细节只能从日本和朝鲜史料中找。

说起来，也只能怪我国地大物博，什么事都有，什么人都出。就规模而言，这场战争确实不值一提，打了七年，从头到尾，明军的总人数不过四万左右，直到最后一年，才勉强增兵至八万，且打两个月就收了场，架势并不算大。

而日本为了打这场仗，什么名将精兵之类的老本全都押上去了，十几万人拉到朝鲜，死光了再填，打到后来，国内农民不够，竟然四处抓朝鲜人回去种田，实在是顶不住了。

朝鲜更不用说，被打得束手无策，奄奄一息，差点被人给灭了，国王都准备外出避难，苦难深重，自然印象深刻。

相比而言，日本是拼了老命，朝鲜是差点没命，而明朝却全然没有玩命的架势，派几万人出国，军费粮食自己掏腰包，就把日本办挺了，事后连战争赔款都没要（估计日本也没钱给）。

什么叫强大？这就叫强大。

事实上，在进行这场战争的同时，明朝还调兵十余万，围剿四川方向的杨应龙叛乱。在万历同志看来，这位叫杨应龙的土财主（土司），比丰臣秀吉的威胁更大。

基于以上理由，在宣传方面，明朝也是相当落后。战争结束后，在日本，明明表现不咋样的加藤清正、岛津义弘都被捧上了天，所谓“虎加藤”“鬼石曼子”一波接一波地吹，从没消停过。

朝鲜方面，货真价实的李舜臣自不必说，死后被封公爵，几百年下来，能加的荣誉都加了，成为了家喻户晓的民族英雄。

至于明朝，对相关人员的处理，大致是这样的:

战后，刘綎、陈璘任职都督同知（从一品），算是升了半级。当然，也不是白升的，几个月后，这两位仁兄就被调去四川播州的穷山恶水，因为在那里，还有个杨应龙等着他们去收拾。

英勇献身的邓子龙也得到了封赏，他被追赐为都督佥事（从二品），并得到了一个世袭职位，给儿子找了个铁饭碗。

仅此而已。

但和李如松比起来，以上的几位就算不错了。这位仁兄智勇双全、能征善战，几乎以一己之力挽救了朝鲜战局，是朝鲜战争中最为杰出的军事天才。

可这位盖世英雄，死后不但没人捧，还差点被口水淹死第二遍。

说到底，都是言官惹的祸。

明代是一个开明的朝代，言官可以任意发言，批评皇帝，弹劾大臣，用今天的话说，就是民主。

可是民主过了头，就有问题了，发展到万历年间，言官们已经是无所不骂，坏人要骂，好人也要骂，不干事的要骂，干事的也要骂，且职位越高，权力越大，骂得就越响。

而李成梁十分符合这个条件。这位兄弟镇守边疆数十年，权大势大，是最好的目标，外加他亏空、贪污之类的事情也没少干，下台之后自然不招人待见，弹章堆得和山一样高，说什么的都有。

李如松自然也未能幸免，加上他在朝鲜风光一时，功勋卓著，就成了连带打击

参考消息　播州杨应龙

播州一地，自唐乾符年间杨端以来，即为杨氏以任官的形式所有，即便朝代更迭，历经唐宋元明，朝廷也不得不授其后代为官。隆庆六年，杨应龙袭宣慰司使职。不过杨应龙因为给万历立过战功而开始狂妄起来。后来竟然聚众抢掠、攻城、大肆残害百姓。万历屡次派人去扫平，没奈何都打不过他。后来终于舍得了本钱，派出八路共计二十四万大军，经过一百一十四天的攻打，迫使杨应龙自焚而死。次年四月，播州实现了“改土归流”，即改土官为流官。

对象。最扯淡的是御史丁应泰，不但攻击他本人，连他的战绩也要骂，说平壤战役是小胜，日军死伤极少，碧蹄馆之战是大败，明军死伤极多。

这还不算，他居然检举朝鲜与日本串通，说李如松也有通倭嫌疑。要按照他的说法和算法，明军的士兵估计都是死后从坟里刨出来的（一共也就四五万人），日军都是拿白鸽的和平使者（死伤不多，就是要逃）。李如松应该算是双面间谍，明明和日军勾结，偏偏还把日军赶跑了。

这人不但无耻，还很无聊，弹劾一封接着一封，闹到最后，连不爱搭理人的万历也忍不住了，直接给他下了个革职令让他滚蛋。

然而，从根本上讲，封赏过少、弹劾过多的责任者并不是丁应泰，更不是万历，因为按照明朝的惯例和规定，像抗倭援朝这种规模的战役，带几万人出去打一场，封赏就这么少，弹劾就这么多，大家都习惯了。

所以真正的原因虽然可笑，却很真实：

对明朝而言，这实在不是个太大的事。

既然不是什么大事，自然就没人管，自己不管别人当然也不管，加上那些无聊的言官泼脏水，修《明史》的清代史官照单全收，日本和朝鲜史料又站在自己的立场上各说各话。于是，对这场战争的评价，就变成了现在的这个样子：争议、误解、谜团。

然而无论大小，历史上确实存在过这样一件事情：

四百多年前，有一群人为了遏止贪欲和邪恶，远赴他乡，进行过一场伟大的战争，在这场惊心动魄的较量里，他们中的许多人，为此献出了自己的一切。

所以我认为，我们应该知道这一切，知道有这样一场战争，有这样一群人，曾为了捍卫自由与正义，英勇奋战，毫无畏惧。

为了那些无比的智慧，无畏的勇气，以及无私的牺牲。

万历二十七年（1599）四月，征倭总兵麻贵率军凯旋，明神宗在午门接见了他。

万历年朝鲜战争

	朝鲜	日本	大明
指挥官	朝鲜宣祖，光海君，李舜臣，权栗，柳成龙，郭再祐，宋象贤，郑拨，申砬，金时敏，惟政，元均，李亿祺，崔湖，柳崇仁，徐礼元，倡义使，金千镒，黄世得，李宗张，尹兴信	丰臣秀吉，宇喜多秀家，小早川隆景，加藤清正，小西行长，藤堂高虎，加藤嘉明，锅岛直茂，细川忠兴，石田三成，黑田孝高，黑田长政，福岛正则，毛利辉元，宗义智，胁坂安治，九鬼嘉隆，岛津义弘，毛利秀元，立花宗茂，吉川广家，大谷吉继，太田一吉，来岛通总	李如松，李如柏，麻贵，刘綎，邢玠，陈璘，邓子龙，杨万金，麻来，周道继，李洞宾，郭安民，王子和，汤文瓒，钱应太，张应元，陈観策
兵力（第一次）	三万四千人	约十六万人	约五万人
兵力（第二次）	二万二千六百人（包括民兵等）	十四万人	约七万五千人
伤亡	约三十万人，一百万平民	约五万人	约一万人
用力程度	差点没命	拼了老命	不算个啥
结果	差点没命	拼了老命	胜利
宣传	李舜臣封公爵，成为民族英雄	吹捧加藤清正、岛津义弘，一波一波地炒作，从未消停过	基本没动静
自我评价	本次战争的胜利，主要是李舜臣和义军的巨大贡献	这是一场延续了战国光荣和名将光辉的战争	不是啥大事

在搞完大大小小不厌其烦的程序仪式后，明神宗下旨，当众宣读大明诏书，通传天下，宣告抗倭援朝之役就此结束。

这是一封诏书，也是一个预言，因为在这份长篇大论之中，有这样一句话:

义武奋扬，跳梁者，虽强必戮！

第四章

绝顶的官僚

○若评选明代三百年历史中最杰出的政治家 排行榜第一名非张居正莫属

在万历执政的前二十多年里，可谓是内忧不止，外患不断，他祖上留下来的，也只能算是个烂摊子，而蒙古、宁夏、朝鲜、四川，不是叛乱就是入侵，中间连口气儿都不喘，军费激增，国库难支。

可是二十年了，国家也没出什么大乱子，所有的困难，他都安然度过。

因为前十年，他有张居正，后十年，他有申时行。

若评选明代三百年历史中最杰出的政治家，排行榜第一名非张居正莫属。在他当政的十年里，政治得以整顿，经济得到恢复，明代头号政治家的称谓实至名归。

但如果评选最杰出的官僚，结果就大不相同了，以张居正的实力，只能排第三。

因为这两个行业是有区别的。

从根本上讲，明代政治家和官僚是同一品种，大家都是在朝廷里混的，先装孙子再当爷爷，半斤对八两，但问题在于，明代政治家是理想主义者，混出来后就要干事，要实现当年的抱负。

而明代官僚是实用主义者，先保证自己的身份地位，能干就干，不能干就混。

所以说，明代政治家都是官僚，官僚却未必都是政治家。两个行业的技术含量和评定指标各不相同，政治家要能干，官僚要能混。

张居正政务干得好，且老奸巨猾，工于心计，一路做到首辅，混得也还不错。但他死节不保，死后被抄全家，差点被人刨出来示众，所以只能排第三。

明代三百年中，在这行里，真正达到登峰造极的水平，混到惊天地、泣鬼神的，当属张居正的老师——徐阶。

混迹朝廷四十多年，当过宰相培训班学员（庶吉士），骂过首辅（张璁），发配到地方挂过职（延平推官），好不容易回来，靠山又没了（夏言），十几年被人又踩又坑，无怨无悔，看准时机，一锤定音，搞定（严嵩）。

上台之后，打击有威胁的人（高拱），提拔有希望的人（张居正），连皇帝也要看他的脸色，事情都安排好了，才安然回家欢度晚年，活到了八十一岁，张居正死了他都没死，如此人精，排第一是众望所归。

而排第二的，就是张居正的亲信兼助手：申时行。

相信很多人并不认同这个结论，因为在明代众多人物中，申时行并不是个引人注目的角色，但事实上，在官僚这行里，他是一位身负绝学，超级能混的绝顶高手。

无人知晓，只因他隐藏于黑暗之中。

在成为绝顶官僚之前，申时行是一个来历不明的人。具体点讲，是身世不清，父母姓甚名谁，家族何地，史料上一点儿没有，据说连户口都缺，基本属于黑户。

申时行是一个十分谨小慎微的人，平时有记日记的习惯，即使是微不足道的小事，如今天我和谁说了话，讲了啥，他都要记下来。比如他留下的《召对录》，就是这一类型的著作。

此外，他也喜欢写文章，并有文集流传后世。

基于其钻牛角尖的精神，他的记载是研究明史的重要资料。然而奇怪的是，对于自己的身世，这位老兄却是只字不提。

这是一件比较奇怪的事，而我是一个好奇的人，于是，我查了这件事。

遗憾的是，虽然我读过很多史书，也翻了很多资料，依然没能找到史料确凿的说法。

确凿的定论没有，不确凿的传言倒有一个，而在我看来，这个传言可以解释以上的疑问。

据说（注意前提）嘉靖十四年（1535）时，有一位姓申的富商到苏州游玩，遇上了一位女子，两人一见钟情，便住在了一起。

过了一段时间，女方怀孕了，并把孩子生了下来，这个孩子，就是后来的申时行。

可是在当时，这个孩子不能随父亲姓申，因为申先生有老婆。

当然了，在那万恶的旧社会，这似乎也不是什么违法行为。以申先生的家产，娶几个老婆也养得起，然而还有一个更麻烦的问题——那位女子不是一般人，确切地说，是一个尼姑。

所以，在百般无奈之下，这个见不得光的私生子被送给了别人。

爹娘都没见过，就被别人领养，这么个身世，确实比较不幸。

但不幸中的万幸是，这个别人，倒也并非普通人，而是当时的苏州知府徐尚珍。他很喜欢这个孩子，并给他取了一个名字——徐时行。

虽然徐知府已离职，但在苏州干知府，只要不是海瑞，一般都不会穷。

所以徐时行的童年非常幸福，从小就不缺钱花，丰衣足食，家教良好。而他本人悟性也很高、天资聪慧，二十多岁就考上了举人，人生对他而言，顺利得不见一丝波澜。

但惊涛骇浪终究还是来了。

嘉靖四十一年（1562），徐时行二十八岁，即将上京参加会试，开始他一生的传奇。

参考消息 **一捧雪**

申时行的家世，也有说徐氏是其舅家，将他过继去的。申时行特别喜爱戏曲，他选择家乐（时人自己掏钱或买或聘的乐班）的眼光也相当到位。他的家乐被成为“申班”，是申时行致仕后回家买聘的昆曲班子，也是当时最富名望的苏州班子。盛名之下无虚士，当时的名角周铁墩、沈娘娘都是申班出身。戏曲大家李玄玉（又称元玉）就是出自申家，家传擅清平调，经考与申时行家世有关的《一捧雪》就是出自李元玉的笔墨。

然而就在他动身前夜，徐尚珍找到了他，对他说了这样一句话:

其实，你不是我的儿子。

没等徐时行的嘴合上，他已把之前所有的一切都和盘托出，包括他的生父和生母。

这是一个十分古怪的举动。

按照现在的经验，但凡考试之前，即使平日怒目相向，这时家长也得说几句好话，天大的事情考完再说。徐知府偏偏选择这个时候开口，实在让人费解。

然而我理解了。

就从现在开始吧，因为在你的前方，将有更多艰难的事情在等待着你，到那时，你唯一能依靠的人，只有你自己。

这是一个父亲，对即将走上人生道路的儿子的最后祝福。

徐时行沉默地上路了。我相信，他应该也是明白的，因为在那一年会试中，他是状元。

中了状元的徐时行回到了老家，真相已明，恩情犹在，所以他正式提出要求，希望能够归入徐家。

辛苦养育二十多年，而今状元及第，衣锦还乡，再认父母，收获的时候到了。

然而出乎所有人的意料，他的父亲拒绝了这个请求，希望他回归本家，认祖归宗。

很明显，在这位父亲的心中，只有付出，没有收获。

无奈之下，徐时行只得怀着无比的歉疚与感动，回到了申家。

天上终于掉馅饼了，状元竟然都有白捡的。虽说此时他的生父已经去世，但申家的人毫不犹豫地答应了他的请求，敲锣打鼓，张灯结彩地把他迎进了家门。

从此，他的名字叫做申时行。

曲折的身世，幸福的童年。从他的养父身上，申时行获取了人生中的第一个重要经验，并由此奠定了他性格的主要特点:

做人，要厚道。

当厚道的申时行进入朝廷后，才发现原来这里的大多数人都很不厚道。

在明代，只要进了翰林院，只要不犯什么严重的政治错误，几年之后，运气好的就能分配到中央各部熬资格。有才的入阁当大学士，没才的也能混个侍郎、郎中，就算点儿背，派到了地方，官也升得极快，十几年下来，做个地方大员也不难。

有鉴于此，每年的庶吉士都是各派政治势力极力拉拢的对象。申时行的同学里，但凡机灵点的，都已经找到了后台，为锦绣前程作好准备。

申时行是状元，找他的人自然络绎不绝，可这位老兄却是岿然不动，谁拉都不去，每天埋头读书，毫不顾及将来的仕途。同学们一致公认，申时行同志很老实，而从某个角度讲，所谓老实，就是傻。

历史的发展证明，老实人终究不吃亏。

要知道，那几年朝廷是不好混的，先是徐阶斗严嵩，过几年，高拱上来斗徐阶，然后张居正又出来斗高拱，总而言之是一塌糊涂。今天是七品言官，明天升五品郎中，后天没准儿就回家种田去了。

你方唱罢我登场，上台洗牌是家常便饭，世事无常，跟着谁都不靠谱，所以谁也不跟的申时行笑到了最后。当他的同学纷纷投身朝廷拼杀的时候，他却始终待在翰林院，先当修撰，再当左庶子，中间除了读书写文件外，还主持过几次讲学（经筵），教过一个学生，叫做朱翊钧，又称万历。

俗语有云，长江后浪推前浪，前浪死在沙滩上。一晃十年过去，经过无数清洗，到万历元年（1573），嘉靖四十一年（1562）的这拨人，冲在前面的，基本上都废了。

就在此时，一个人站到了申时行的面前，对他说，跟着我走。

这一次，申时行不再沉默，他同意了。

因为这个人是张居正。

申时行很老实，但不傻，这十年里，他一直在观察，观察最强大的势力，最稳当的后台。现在，他终于等到了。

此后他跟随张居正，一路高歌猛进，几年内就升到了副部级礼部右侍郎。万历五年（1577），他又当上了吏部侍郎。一年后，他迎来了自己人生的第二个转折点。

万历六年（1578），张居正的爹死了。虽说他已经获准夺情，但也得回家埋老爹，为保证大权在握，他推举年仅四十三岁的申时行进入内阁，任东阁大学士。

历经十几年的苦熬，申时行终于进入了大明帝国的最高决策层。

但是当他进入内阁后，他才发现，自己在这里只起一个作用——凑数。

因为内阁的首辅是张居正，这位仁兄不但能力强，脾气也大，平时飞扬跋扈，是不折不扣的猛人。

一般说来，在猛人的身边，只有两个选择：要么当敌人，要么当仆人。

申时行毫不犹豫地选择了后者，他很明白，像张居正这种狠角色，只喜欢一种人——听话的人。

申时行够意思，张居正也不含糊，三年之内，就把他提为吏部尚书兼建极殿大学士，少傅兼太子太傅（从一品）。

但在此时的内阁里，申时行还只是个小字辈，张居正且不说，他前头还有张四维、马自强、吕调阳，一个个排过去，才能轮到他。距离那个最高的位置，依然是遥不可及。

申时行倒也无所谓，他已经等了二十年，不在乎再等十年。

可他万万没有想到，不用等十年，一年都不用。

万历十年（1582），张居正死了。

树倒猢狲散，隐忍多年的张四维接班，开始反攻倒算，重新洗牌，局势对申时行很不利，因为地球人都知道他是张居正的亲信。

在这关键时刻，申时行第一次展现了他无与伦比的“混功”。

作为内阁大学士，大家弹劾张居正，他不说话；皇帝下诏剥夺张居正的职务，他不说话；抄张居正的家，他也不说话。

但不说话不等于不管。

申时行是讲义气的，抄家抄出人命后，他立即上书，制止情况进一步恶化，还分了一套房子，十顷地，用来供养张居正的家属。

此后，他又不动声色地四处找人做工作，最终避免了张先生被人从坟里刨出来示众。

申时行

1535年生人
长洲
（今江苏苏州）人

1562
进士第一

1577
吏部左侍郎

1583
内阁首辅

1591
辞职

1614
八十岁寿终

张四维明知申时行不地道，偏偏拿他没办法，因为此人办事一向是滴水不漏，左右逢源，任何把柄都抓不到。

但既然已接任首辅，收拾个把人应该也不太难，在张四维看来，他有很多时间。

然而事与愿违，张首辅还没来得及下手，就得到了一个消息——他的父亲死了。

死了爹，就得丁忧回家，张四维不愿意。当然，不走倒也可以，夺情就行，但五年前张居正夺情的场景还历历在目，考虑到自己的实力远不如张居正，且不想被人骂死，张四维毅然决定，回家蹲守。

三年后，又是一条好汉。

此时，老资格的吕调阳和马自强都走了，申时行奉命代理首辅，等张四维回来。

一晃两年半过去了，眼看张先生就要功德圆满，胜利出关，却突然病倒了，病了还不算，两个月后，竟然病死了。

上级都死光了，进入官场二十三年后，厚道的老好人申时行，终于超越了他的所有同学，走上了首辅的高位。

一个新的时代，将在他的手中开始。

◆ 取胜之道

就工作能力而言，申时行是十分卓越的，虽说比张居正还差那么一截，但在他的时代，却是最为杰出的牛人。

因为要当牛人，其实不难，只要比你牛的人死光了，你就是最牛的牛人。

就好比你 20 世纪 30 年代和鲁迅见过面，给胡适鞠过躬，哪怕就是个半吊子，啥都不精，只要等有学问、知道你底细的那拨人都死绝了，也能弄顶国学大师的帽子戴戴。

更何况申时行所面对的局面，比张居正时要好得多，首先他是皇帝的老师，万历也十分欣赏这位新首辅；其次，他很会做人，平时人缘也好，许多大臣都拥戴他，加上此时他位极人臣，当上了大领导，一切似乎都在他的掌握之中。

不过，只是似乎而已。

所谓朝廷，就是江湖，即使身居高位，扫平天下，也绝不会缺少对手，因为在这个地方，什么都会缺，就是不缺敌人。

张四维死了，但一个更为强大的敌人，已经出现在他的面前。

而这个敌人，是万历一手造就的。

张居正死后，万历得到了彻底解放，没人敢管他，也没人能管他，所有权力终于回到他的手中。他准备按自己的意愿去管理这个帝国。

但在此之前，他还必须做一件事。

按照传统，打倒一个人是不够的，必须把他彻底搞臭，消除其一切影响，才算是善莫大焉。

于是，一场批判张居正的活动就此轰轰烈烈展开。

张居正在世的时候，吃亏最大的是言官，不是罢官，就是打屁股，日子很不好过。现在时移势易，第一个跳出来的自然也就是这些人。

万历十二年（1584）三月，御史丁此吕首先发难，攻击张居正之子张嗣修当年科举中第，是走后门的关系户云云。

这是一次极端无聊的弹劾，因为张嗣修中第，已经是猴年马月的事，而张居正死后，他已被发配到边远山区充军。都折腾到这份儿上了，还要追究考试问题，是典型的没事找事。

然而事情并非看上去那么简单，事实上，这是一个设计周密的阴谋。

丁此吕虽说没事干，却并非没脑子，他十分敏锐地察觉到，只要对张居正问题穷追猛打，就能得到皇帝的宠信。

这一举动还有另一个更阴险的企图：当年录取张嗣修的主考官，正是今天的首辅申时行。

也就是说，打击张嗣修，不但可以获取皇帝的宠信，还能顺道收拾申时行，把他拉下马，一箭双雕，十分狠毒。

血雨腥风平地而起。

参考消息 **张居正三子**

张敬修死后，老二张嗣修被发配。几年之后，故交汤显祖在雷阳与张嗣修相遇，用汤显祖自己的话来讲，当时二人偶遇，相对无言，唯有苦笑。老三懋修的结局也并不太好，不过由于家中尚有老母在堂，在申时行的帮衬下，朝廷批准他回乡服侍尽孝。

新一代骂架铁三角

申时行很快判断出了对方的意图，他立即上书为自己辩解，说考卷都是密封的，只有编号，没有姓名，根本无法舞弊。

万历支持了他的老师，命令将丁此吕降职调任外地，大家都松了一口气。

但这道谕令的下达，才是暴风雨的真正开端。

明代的言官中，固然有杨继盛那样的孤胆英雄，但大多数情况下，都是团伙作案。一个成功言官的背后，总有一拨言官。

丁此吕失败了，于是幕后黑手出场了，合计三人。

这三个人的名字，分别是李值、江东之、羊可立。在我看来，这三位仁兄是名副其实的“骂仗铁三角”。

之所以给予这个荣誉称号，是因为他们不但能骂，还很铁。

李、江、羊三人，都是万历五年（1577）的进士，原本倒也不熟，自从当了御史后，因为共同的兴趣和事业（骂人）走到了一起，在战斗中建立了深厚的友谊，并成为了新一代的搅屎棍。

之所以说新一代，是因为在他们之前，也曾出过三个极能闹腾的人，即大名鼎鼎的刘台、赵用贤、吴中行。这三位仁兄，当年曾把张居正老师折腾得只剩半条命，

老一代骂架铁三角

十分凑巧的是，他们都是隆庆五年（1571）的进士，算是老一代的“铁三角”。

但这三个老同志都还算厚道人，大家都捧张居正，他们偏骂，这叫义愤。后来的三位，大家都不骂了，他们还骂，这叫投机。

丁此吕的奏疏刚被打回来，李植就冲了上去，枪口直指内阁的申时行，还把管事的吏部尚书杨巍搭了上去，说这位人事部长逢迎内阁，贬低言官。

话音没落，江东之和羊可立就上书附和，一群言官也跟着凑热闹，舆论顿时沸沸扬扬。

对于这些举动，申时行起先并不在意，丁此吕已经滚蛋了，你们去闹吧，还能咋地？

然而出人意料的事情发生了。几天以后，万历下达了第二道谕令，命令丁此吕留任，并免除应天主考高启愚（负责出考题）的职务。

这是一个十分危险的政治信号。

其实申时行并不知道，对于张居正，万历的感觉不是恨，而是痛恨。这位曾经的张老师，不但是一个可恶的夺权者，还是笼罩在他心头上的恐怖阴影。

支持张居正的,他就反对;反对张居正的,他就支持,无论何人、何时、何种动机。

这才是万历的真正心声,上次赶走丁此吕,不过是给申老师一个面子,现在面子都给过了,该怎么来,咱还怎么来。

申时行明白,大祸就要临头了,今天解决出考题的,明天收拾监考的,杀鸡儆猴的把戏并不新鲜。

情况十分紧急,但在这关键时刻,申时行却表现出了让人不解的态度,他并不发文反驳,对于三位御史的攻击,保持了耐人寻味的沉默。

几天之后,他终于上疏,却并非辩论文书,而是辞职信。

就在同一天,内阁大学士许国、吏部尚书杨巍同时提出辞呈,希望回家种田。

这招以退为进十分厉害。刑部尚书潘季驯、户部尚书王璘、左都御史赵锦等十余位部级领导纷纷上疏,挽留申时行。万历同志也手忙脚乱,虽然他很想支持三位骂人干将,把张居正整顿到底,但为维护安定团结,拉人干活,只得再次发出谕令,挽留申时行等人,不接受辞职。

这道谕令有两个意思,首先是安慰申时行,说这事我也不谈了,你也别走了,老实干活吧。

此外,是告诉江、羊、李三人,这事你们干得不错,深得我心(否则早就打屁股了),但到此为止,以后再说。

事情就此告一段落,然而此后的续集告诉我们,这一切,只不过是热身运动。

问题的根源在于“铁三角”。科场舞弊事件完结后,这三位拍对了马屁的仁兄都升了官:江东之升任光禄寺少卿,李植任太仆寺少卿,羊可立为尚宝司少卿。

太仆寺少卿是管养马的,算是助理弼马温,正四品,光禄寺少卿管吃饭宴请,是个肥差,正五品,尚宝司少卿管公章文件,是机要部门,从五品。

换句话说,这三个官各有各的好处,却并不大,可见万历同志心里有谱:给你们安排好工作,小事来帮忙,大事别掺和。这三位兄弟悟性不高,没明白其中的含义,给点颜色就准备开染坊,虽然职务不高,权力不大,却都很有追求,可谓是手揣两块钱,心怀五百万,欢欣鼓舞之余,准备接着干。

而这一次，他们吸取了上次的教训，打算捏软柿子，将矛头对准了另一个目标——潘季驯。

可怜潘季驯同志，其实他并不是申时行的人，说到底，不过是个搞水利的技术员。高拱在时，他干，张居正在时，他也干，是个标准的老好人，无非是看不过去，说了几句公道话，就成了打击对象。

话虽如此，但此人一向人缘不错，又属于特殊科技人才，还干着司法部部长（刑部尚书），不是那么容易搞定的。

可是李植只用了一封奏疏，就彻底终结了他。

这封奏疏彻底证明了李先生的厚黑水平，非但绝口不提申时行，连潘技术员本人都不骂，只说了两件事——张居正当政时，潘季驯和他关系亲密，经常走动，张居正死后抄家，他曾几次上书说情。

这就够了。

申时行的亲信，不要紧。个人问题，不要紧。张居正的同伙，就要命了。

没过多久，兢兢业业的潘师傅就被革去所有职务，从部长一踩到底，回家当了老百姓。

这件事干得实在太过龌龊，许多言官也看不下去了。御史董子行和李栋分别上书，为潘季驯求情，却被万历驳回，还罚了一年工资。

有皇帝撑腰，“铁三角”越发肆无忌惮，把战火直接烧到了内阁的身上，而且下手也特别狠，明的暗的都来，先是写匿名信，说大学士许国安排人手，准备修理李植、江东之。之后又明目张胆地弹劾申时行的亲信，不断发起挑衅。

部长垮台，首辅被整，闹到这个份儿上，已经是人人自危，鬼才知道下个倒霉的是谁，连江东之当年的好友，刑科给事中刘尚志也憋不住了，站出来大吼一声：

“你们要把当年和张居正共事过的人全都赶走，才肯甘休吗（尽行罢斥而后已乎）？！”

然而让人费解的是，在这片狂风骤雨之中，有一个人却始终保持着沉默。

面对漫天阴云，申时行十分镇定，既不吵，也不闹，怡然自得。

这事要换在张居正头上，那可就了不得了，以这位仁兄的脾气，免不了先回骂两句，然后亲自上阵，罢官、打屁股、搞批判，不搞臭搞倒誓不罢休。刘台、赵用贤等人，就是先进典型。

就能力与天赋而言，申时行不如张居正，但在这方面，他却远远地超越了张先生。

申首辅很清楚，张居正是一个不折不扣的政务天才，而像刘台、江东之这类人，除了嘴皮子利索、口水旺盛外，干工作也就是个白痴水平。和他们去较真，那是要倒霉的，因为这帮人会把对手拉进他们的档次，并凭借自己在白痴水平长期的工作经验，战胜敌人。

所以在他看来，李植、江东之这类人，不过是跳梁小丑，并无致命威胁，无须等待多久，他们就将露出破绽。

所谓宽宏大量，胸怀宽广之外，只因对手档次太低。

然而“铁三角”似乎没有这个觉悟，万历十三年（1585）八月，他们再一次发动了进攻。

事情是这样的，为了给万历修建陵墓，申时行前往大峪山监督施工，本打算打地基，结果挖出了石头。

在今天看来，这实在不算个事，把石头弄走就行了。可在当时，这就是个掉脑袋的事。

皇帝的陵寝，都是精心挑选的风水宝地，要保证皇帝大人死后，也得躺得舒坦，竟然挑了这么块石头地，存心不让皇上好好死，是何居心？

罪名有了，可申时行毕竟只是监工，要把他拉下马，必须要接着想办法。

经过一番打探，办法找到了，原来这块地是礼部尚书徐学谟挑的。这个人不但是申时行的亲家，还是同乡。很明显，他选择这块破地，给皇上找麻烦，是有企图的，是用心不良的，是受到指使的。

只要咬死两人的关系，就能把申时行彻底拖下水，而这帮野心极大的人，也早已物色好了首辅的继任者，只要申时行被弹劾下台，就立即推荐此人上台，并借此控制朝局，这就是他们的计划。

然而这个看似万无一失的计划，却有两个致命的破绽。

几天之后，三人同时上疏，弹劾陵墓用地选得极差，申时行玩忽职守，任用私人，言辞十分激烈。

在规模空前的攻击面前，申时行却毫不慌张，只是随意上了封奏疏说明情况，因为他知道，这帮人很快就要倒霉了。

一天之后，万历下文回复：

"阁臣（指申时行）是辅佐政务的，你们以为是风水先生吗（岂责以堪舆）？！"

怒火中烧的万历骂完之后，又下令三人罚俸半年，以观后效。

三个人被彻底打蒙了，他们抓破脑袋，也想不明白这是怎么回事。

归根结底，还是信息工作没有到位，这几位仁兄晃来晃去，只知道找徐学谟，却不知道拍板定位置的是万历。

皇帝大人好不容易亲自出手挑块地，却被他们骂得一无是处。

不过还好，毕竟算是皇帝的人，只是罚了半年的工资，励精图治，改日再整。

可还没等这三位继续前进，背后却又挨了一枪。

在此之前，为了确定申时行的接班人选，三个人很是费了一番脑筋，反复讨论，最终拍板——王锡爵。

这位王先生，之前也曾出过场，张居正夺情的时候，上门逼宫，差点把张大人搞得横刀自尽，是张居正的死对头，加上他还是李植的老师，没有更适合的人选了。

看上去是那么回事，可惜有两点，他们不知道：其一，王锡爵是个很正派的人，他不喜欢张居正，却并非张居正的敌人。

其二，王锡爵是嘉靖四十一年（1562）进士，考试前就认识了老乡申时行。会试，他考第一，申时行考第二；殿试，他考第二，申时行第一。

参考消息 **徐学谟致仕**

徐学谟与申时行的亲戚关系可能源自徐氏一门乃是申时行舅家这一民间说法。徐学谟此人敢作敢为，当年仇鸾得志的时候，趁着奉旨筑堡的机会大吃空额。徐学谟被委派监督管理，尽去其弊，仇鸾对他恨得咬牙切齿。再说这次弹劾虽然铁三角失败了，但徐学谟屡次劝皇帝减少陵寝开支的奏疏激怒了一大批利益既得官员，在言官们的配合下，徐学谟最终致仕返乡。

没有调查研究，就没有发言权。

——毛泽东

基于以上两点，得知自己被推荐接替申时行之后，王锡爵递交了辞职信。

这是一封著名的辞职信，全称为《因事抗言求去疏》，并提出了辞职的具体理由：

老师不能管教学生，就该走人（当去）！

这下子全完了，这帮人虽说德行不好，但毕竟咬人在行，万历原打算教训他们一下后，该怎么样还怎么样。

可这仨太不争气，得罪了内阁、得罪了同僚，连自己的老师都反了水。万历想，再这么闹腾，没准自己都得搭进去。于是他下令，江东之、李植、羊可立各降三级，发配外地。

家犬就这么变成了丧家犬。不动声色间，申时行获得了最终的胜利。

第五章

和稀泥的艺术

〇混是一种生活技巧　除个别二杆子外　全世界人民基本都会混　因为混不会影响社会进步　人类发展　该混就混　该干就干　只混不干的　叫做混混儿

对申时行而言，江东之这一类人实在是小菜一碟。在朝廷里待了二十多年，徐阶、张居正这样的超级大腕他都应付过去了，混功已达出神入化的地步，万历五年（1577）出山的这帮小喽啰自然不在话下。

混是一种生活技巧，除个别二杆子外，全世界人民基本都会混，因为混并不影响社会进步。人类发展，该混就混，该干就干，只混不干的，叫做混混儿。

申时行不是混混儿，混只是他的手段，干才是他的目的。

一般说来，新官上任，总要烧三把火，搞点政绩，大干特干。然而综观申时行当政以来的种种表现，就会惊奇地发现，他的大干，就是不干，他的作为，就是不作为。

申时行干的第一件事情，是废除张居正的考成法。

这是极为出人意料的一招，因为在很多人看来，申时行是张居正的嫡系，毫无理由反攻倒算。

但申时行就这么干了，因为这样干，是正确的。

考成法，是张居正改革的主要内容，即工作指标层层落实，完不成轻则罢官，重则坐牢，令各级官员闻风丧胆。

新官上任三把火

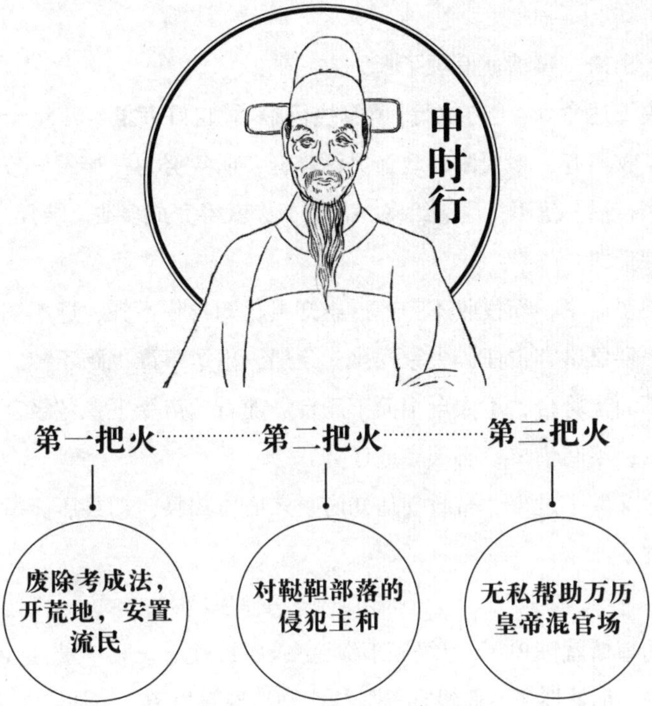

在很长时间里，这种明代的打考勤，发挥了极大效用，有效提高了官员的工作效率，是张居正的得意之作。

但张先生并不知道，考成法有一个十分严重的缺陷。

比如朝廷规定，户部今年要收一百万两税银，分配到浙江，是三十万，这事就会下派给户部浙江司郎中（正五品），由其监督执行。

浙江司接到命令，就会督促浙江巡抚办理。巡抚大人就会去找浙江布政使，限期收齐。

浙江布政使当然不会闲着，立马召集各级知府，限期收齐。知府大人回去之后召集各级知县，限期收齐。

知县大人虽然官小，也不会自己动手，回衙门召集衙役，限期收齐。

最后干活的，就是衙役，他们就没办法了，只能一家一家上门收税。

明朝成立以来，大致都是这么个干法，就管理学而言，还算比较合理，搞了两百多年，也没出什么大问题。

考成法一出来，事情就麻烦了。

原先中央下达命令，地方执行，就算执行不了，也好商量。三年一考核，灾荒大，刁民多，今年收不齐，不要紧，政策灵活掌握，明年努力，接着好好干。

考成法执行后，就不行了，给多少任务，你就得完成多少，缺斤少两自己补上，补不上就下课受罚。

这下就要了命了，衙役收不齐，连累知县，知县收不齐，连累知府，知府又连累布政使，一层层追究责任。大家同坐一条船，出了事谁也跑不掉。

与其自下而上垮台，不如自上而下压台。随着一声令下，各级官吏纷纷动员起来，不问理由，不问借口，必须完成任务。

于是顺序又翻了过来，布政使压知府，知府压知县，知县压衙役，衙役……就只能压老百姓了。

接下来的事情就简单了，上级压下级，下级压百姓。一般年景，也还能对付过去，要遇上个灾荒，那就惨了，衙役还是照样上门，说家里遭灾，他点头，说家里死人，他还点头，点完头该交还得交。揭不开锅也好，全家死绝也罢，收不上来官就没了，你说我收不收？

以上还算例行公事，到后来，事情越发恶劣。

由于考成法业绩和官位挂钩，工作完成越多、越快，评定就越好，升官就越快，所以许多地方官员开始报虚数，狗不拉屎的穷乡僻壤，也敢往大了报，反正自己也不吃亏。

可是朝廷不管那些，报了就得拿钱，于是挨家挨户地收，收不上来就逼，逼不出来就打，打急了就跑。而跑掉的这些人，就叫流民。

流民，是明代中后期的一个严重问题，用今天的话说，就是社会不安定因素。这些人离开家乡，四处游荡，没有户籍，没有住所，也不办暂住证，经常影响社会的安定团结。

到万历中期，流民数量已经十分惊人，连当时的北京市郊，都盘踞着大量流民，而且这帮人一般都不是什么老实巴交的农民，偷个盗、抢个劫之类的，都是家常便饭，朝廷隔三差五就要派兵来扫一次，十分难办。

而这些情况，是张居正始料未及的。

于是申时行毅然废除了考成法，并开辟了大量田地，安置各地的流民耕种，社会矛盾得以大大缓解。

废除考成法，是申时行执政的一次重要抉择，虽然是改革，却不用怎么费力，毕竟张居正是死人兼废人，没人帮他出头，他的条令不废白不废。

但下一次，就没这么便宜的事了。

万历十八年(1590)，副总兵李联芳带兵在边界巡视的时候，遭遇埋伏，全军覆灭。下黑手的，是蒙古鞑靼部落的扯立克。

事情闹大了，因为李联芳是明军高级将领，鞑靼部落把他干掉了，是对明朝政府的严重挑衅。所以消息传来，大臣们个个摩拳擦掌，打算派兵去收拾这帮无事生非的家伙。

无论从哪个角度看，都是非打不可了，堂堂大明朝，被人打了不还手，当缩头乌龟，怎么也说不过去。而且这事闹得皇帝都知道了，连他都觉得没面子，力主出兵。

老板发话，群众支持，战争已是势在必行，然而此时，申时行站了出来，对皇帝说："不能打。"

在中国历史上，但凡国家有事，地方被占了，人被杀了，朝廷立马就是群情激奋，

参考消息 **抢劫，抢劫，还是抢劫**

万历十八年，旧洮州副总兵李联芳在甘肃与前来抢劫的火落赤打了遭遇战。火落赤落荒而逃，李联芳紧追不舍，结果不小心追过了地界，一头扎进扯立克的包围圈，导致全军覆没。火落赤得意扬扬，立即调转头来返回甘肃继续抢掠工作。临洮总兵刘承嗣迎战，却遭兵败。火落赤在此地横抢了二十多天，又过一年，遭到李如松不停骚扰的扯立克向明请旨谢罪，受到制约的火落赤才终于歇手。

人人喊打，看上去个个都是民族英雄，正义化身，然而其中别有奥秘:

临战之时，国仇家恨，慷慨激昂，大家都激动。在这个时候，跟着激动一把，可谓是毫无成本，反正仗也不用自己打，还能落个名声，何乐而不为。

主和就不同了，甭管真假，大家都喊打，你偏不喊，脱离群众，群众就会把你踩死。

所以主战者未必勇，主和者未必怯。

主和的申时行，就是一个勇敢的人。事实证明，他的主张十分正确。

因为那位下黑手的扯立克，并不是一般人，他的身份，是鞑靼的顺义王。

顺义王，是当年明朝给俺答的封号，这位扯立克就是俺答的继任者，但此人既不顺，也不义，好好的互市不干，整天对外扩张，还打算联合蒙古、西藏各部落，搞个蒙古帝国出来和明朝对抗。

对这号人，打是应该的，但普鲁士伟大的军事家克劳塞维茨说过，战争是政治的继续。打仗说穿了，最终的目的就是要对方听话，如果有别的方法能达到目的，何必要打呢？

申时行找到了这个方法。

他敏锐地发现，扯立克虽然是顺义王，但其属下却并非铁板一块，而是由各个部落组成，各有各的主张。大多数人和明朝生意做得好好的，压根儿不想打仗，如果贸然开战，想打的打了，不想打的也打了，实在是得不偿失。分化瓦解才是上策。

所以申时行反对。

当然，以申时行的水平，公开反对这种事，他是不会干的。夜深人静，独自起草，秘密上交，事情干得滴水不漏。

万历接到奏疏，认可了申时行的意见，同意暂不动兵，并命令他全权处理此事。

消息传开，一片哗然，但皇帝说不打，谁也没办法找皇帝算账，申时行先生也是一脸无辜：我虽是朝廷首辅，但皇帝不同意，我也没办法。

仗是不用打了，但这事还没完。申时行随即下令兵部尚书郑洛，在边界集结重兵，也不大举进攻，每天就在那里蹲着，别的部落都不管，专打扯立克，而且还专挑他的运输车队下手，抢了就跑。

这种打法毫无成本，且收益率极高，明军乐此不疲，扯立克却是叫苦不迭，实在撑不下去了，只得率部躲得远远的。就这样，不用大动干戈，不费一兵一卒，申时行轻而易举地解决了这个问题，恢复了边境的和平。

虽然张居正死后，朝局十分复杂，帮派林立，申时行却凭借着无人能敌的“混功”，应对自如，游刃有余。更为难能可贵的是，他不但自己能混，还无私地帮助不能混的同志，比如万历。

自从登基以来，万历一直在忙两件事，一是处理政务，二是搞臭张居正。从某种意义上讲，这两件事，其实是一件事。

因为张居正实在太牛了，当了二十六年的官，十年的“皇帝”（实际如此），名气比皇帝还大，虽然人死了，茶还烫得冒泡，所以不搞臭张居正，就搞不好政务。

但要干这件事，自己是无从动手的，必须找打手，万历很快发现，最好的打手，就是言官和大臣。

张居正时代，言官大臣都不吃香，被整得奄奄一息，现在万历决定，开闸，放狗。

事实上，这帮人的表现确实不错，如江东之、李植、羊可立等人，虽说下场不怎么样，但至少在工作期间，都尽到了狗的本分。

看见张居正被穷追猛打，万历很高兴，看见申时行被牵连，万历也不悲伤。因为在他看来，这不过是轻微的副作用，敲打一下申老师也好，免得他当首辅太久，再犯前任（张居正）的错误。

他解放言官大臣，指挥自若，是因为他认定，这些人将永远听从他的调遣。

然而他并不知道，自己犯下了一个多么可怕的错误。因为就骂人的水平而言，言官大臣和街头骂街大妈只有一个区别：大妈是业余的，言官大臣是职业的。

大妈骂完街后，还得回家洗衣做饭，言官大臣骂完这个，就会骂下一个。所以，当他们足够壮大之后，攻击的矛头将不再是死去的张居正，或是活着的申时行，而是至高无上的皇帝。

对言官和大臣们而言，万历确实有被骂的理由。

自从万历十五年（1587）起，万历就不怎么上朝了，经常是“偶有微疾”。“微疾”开始还真是“偶有”，后来就变成常有，也逐渐变成“头晕眼黑，力乏不兴”，总而言之，大臣们是越来越少见到他了。

必须说明的是，万历是不上朝，却并非不上班，事情还是要办。就好比说你早上起床，不想去单位，改在家里办公，除了不打考勤，少见几个人外，也没什么不同。后世一说到这位仁兄，总是什么几十年不干活之类，这要么是无意的误解，要么是有意的污蔑。

在中国当皇帝，收益高，想要啥就有啥，但风险也大，屁股上坐的那个位置，只要是人就想要。因此今天这里搞阴谋，明天那里闹叛乱，日子过得那叫一个悬，几天不看公文，没准刀就架在脖子上了。但凡在位者，除了个把弱智外，基本上都是怀疑主义者，见谁怀疑谁。

万历自然也不例外，事实上，他是一个权力欲望极强，工于心计的政治老手。所有的人都只看到他不上朝的事实，却无人察觉背后隐藏的奥秘。

在他之前，有无数皇帝每日上朝理政，费尽心力，日子过得极其辛苦，却依然是脑袋不保。而他几十年不上朝，谁都不见，却依然能够控制群臣，你说这人厉不厉害？

但言官大臣是不管这些的，在他们的世界观里，皇帝不但要办事，还要上班，哪怕屁事儿没有，你也得坐在那儿，这才叫皇帝。

万历自然不干，他不干的表现就是不上朝。言官大臣也不干，他们不干的表现就是不断上奏疏。此后的几十年里，他们一直在干同样的事情。

◆ 隐私问题

万历十四年（1586）十月，这场长达三十余年的战争正式拉开序幕。

当时的万历，基本上还属于上朝族，只是偶尔罢工而已，就这样，也没躲过去。

第一个上书的，是礼部祠祭司主事卢洪春，按说第一个不该是他，因为这位仁兄主管的是祭祀，级别又低，平时也不和皇帝见面。

但这一切并不妨碍他上书提意见，他之所以不满，不是皇帝不上朝，而是不祭祀。

卢洪春是一个很负责的人，发现皇帝不怎么来太庙，又听说近期经常消极怠工，便上书希望皇帝改正。

本来是个挺正常的事，却被他搞得不正常。因为这位卢先生除了研究礼仪外，还学过医，有学问在身上，不显摆实在对不起自己，于是乎发挥其特长，写就奇文一篇，送呈御览。

第二天，申时行奉命去见万历，刚进去，就听到了这样的一句话：

“卢洪春这厮！肆言惑众，沽名讪上，好生狂妄！着锦衣卫拿在午门前，着实打六十棍！革了职为民当差，永不叙用！”

以上言辞，系万历同志之原话，并无加工。

很久很久以前，这厮两个字就诞生了，在明代的许多小说话本中，也频频出现，其意思依照现场情况，有各种不同的解释，从这家伙、这小子到这浑蛋、这王八蛋，不一而足。

但可以肯定的是，这两字不是好话，是市井之徒的常用语，皇帝大人脱口而出，那是真的急了眼了。

这是可以理解的，因为卢洪春的那篇奏疏，你看你也急。

除了指责皇帝陛下不该缺席祭祀外，卢主事还替皇帝陛下担忧其危害：

“陛下春秋鼎盛，精神强固，头晕眼黑之疾，皆非今日所宜有。”

年纪轻轻就头晕眼黑，确实是不对的，确实应该注意，到此打住，也就罢了。

可是担忧完，卢先生就发挥医学特长：

“医家曰：气血虚弱，乃五劳七伤所致，肝虚则头晕目眩，肾虚则腰痛精泄。”

气血虚弱，肝虚肾虚，症状出来了，接着就是分析原因：

“以目前衽席之娱，而忘保身之术，其为患也深。”

最经典的就是这一句。

所谓衽席之娱，是指某方面的娱乐，相信大家都能理解，综合起来的意思是：

皇帝你之所以身体不好，在我看来，是因为过于喜欢某种娱乐，不知收敛保养，如此下去，问题非常严重。

说这句话的，不是万历他妈，不是他老婆，不是深更半夜交头接耳，天知地知，你知我知，而是一个管礼仪的六品官，在大庭广众之下公开上书，且一言一语皆已千古流传。

再不收拾他，就真算白活了。

命令下达给了申时行，于是申时行为难了。

这位老油条十分清楚，如果按照万历的意思严惩卢洪春，言官们是不答应的，如果不处理，万历又不答应。

琢磨半天，想了个办法。

他连夜动笔，草拟了两道文书：第一道是代万历下的，严厉斥责卢洪春，并将其革职查办。第二道是代内阁下的，上奏皇帝，希望能够宽恕卢洪春，就这么算了。

按照他的想法，两边都不得罪，两边都有交代。

事实证明，这是幻想。

首先发作的是万历，这位皇帝又不是傻子，一看就明白申时行要两面派，立即下令，即刻动手打屁股，不得延误。此外他还不怀好意地暗示，午门很大，多个人不嫌挤。

午门就是执行廷杖的地方，眼看自己要去垫背，申时行随即更改口风，把卢洪春拉出去结结实实地打了六十棍。

马蜂窝就这么捅破了。

言官们很惭愧，一个礼部的业余选手，都敢上书，勇于曝光皇帝的私生活，久经骂阵的专业人才竟然毫无动静，还有没有职业道德？

于是大家群情激愤，以给事中杨廷相为先锋，十余名言官一拥而上，为卢洪春喊冤翻案。

面对漫天的口水和奏疏，万历毫不退让。事实上，这是一个极端英明的抉择：一旦让步，从宽处理了卢洪春，那所谓“喜欢某种娱乐，不注意身体”的黑锅，就

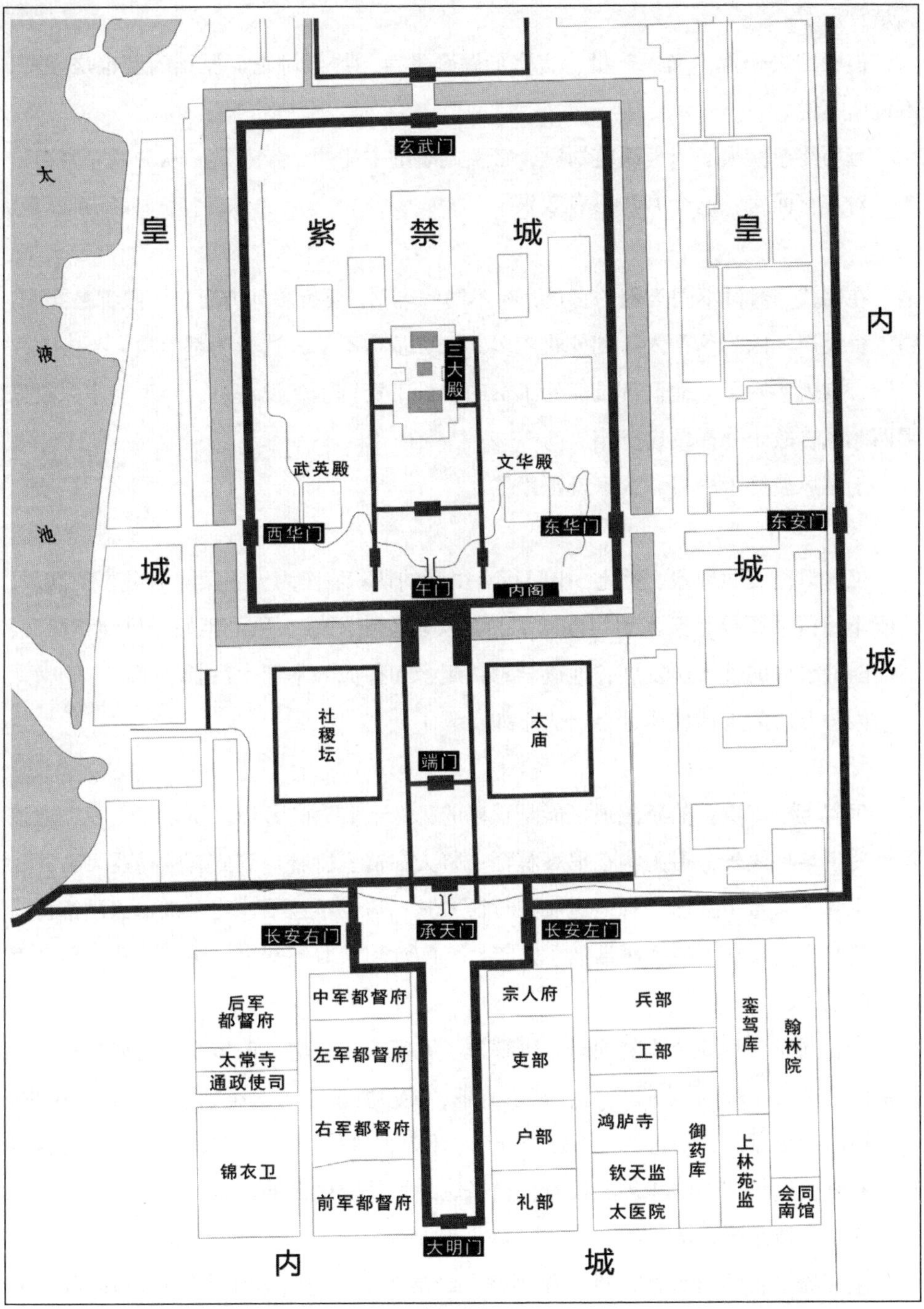
太
液
池
皇
城
紫
禁
城
皇
城
内
城
玄武门
三大殿
武英殿
文华殿
西华门
东华门
东安门
午门
内阁
社稷坛
太庙
端门
承天门
长安右门
长安左门
后军都督府
太常寺
通政使司
锦衣卫
中军都督府
左军都督府
右军都督府
前军都督府
宗人府
吏部
户部
礼部
兵部
工部
鸿胪寺
钦天监
太医院
御药库
銮驾库
上林苑监
翰林院
会同南馆
大明门
内
城

↑ 明朝政府主要官署

算是背定了。

但驳回去一批，又来一批，言官们踊跃发言，热烈讨论，反正闲着也是闲着，不说白不说。

万历终于恼火了，他决定罚款，带头闹事的主犯罚一年工资，从犯八个月。

对言官而言，这个办法很有效果。

在明代，对付不同类别的官员，有不同的方法：要折腾地方官，一般都是降职，罚工资没用，因为这帮人计划外收入多，工资基本不动，罚光了都没事。

言官就不同了，他们都是靠死工资的，没工资日子就没法过，一家老小只能去喝西北风，故十分害怕这一招。

于是风波终于平息，大家都消停了。

但这只是表面现象，对此，申时行有很深的认识，作为天字第一号混事的高手，他既不想得罪领导，又不想得罪同事，为实现安定团结，几十年如一日地和稀泥。然而随着事件的进一步发展，他逐渐意识到，和稀泥的幸福生活长不了。

因为万历的生活作风，是一天不如一天了。

事实上，卢洪春的猜测很可能是正确的，二十多岁的万历之所以不上朝，应该是沉迷于某种娱乐，否则实在很难解释，整天在宫里待着，到底有啥乐趣可言。

说起来，当年张居正管他也实在管得太紧，啥也不让干，吃个饭喝点酒都得看着，就好比高考学生拼死拼活熬了几年，一朝拿到录取通知书，革命成功，自然就完全解放了。

万历同志在解放个人的同时，也解放了大家，火烧眉毛的事情（比如打仗、阴谋叛乱之类），看一看，批一批，其余的事，能不管就不管，上朝的日子越来越少。

申时行很着急，但这事又不好公开讲，于是他灵机一动，连夜写就了一封奏疏。在我看来，这封文书的和稀泥技术，已经达到了登峰造极的地步。

文章大意是这样的：

皇帝陛下，我听说您最近身体不好，经常头晕眼花（时作眩晕），对此我十分担心，我知道，您这是劳累所致啊。由于您经常熬夜工作，亲历亲为（一语双关，佩服)，才会身体不好，为了国家，希望您能够清心寡欲，养气宁神（原文用词），好好保重身体。

高山仰止，自惭形秽之感，油然而生。

对于这封奏疏，万历还是很给了点面子，他召见了申时行，表示明白他的苦心，良药虽然苦口，却能治病，今后一定注意。申时行备感欣慰，兴高采烈地走了。

但这只是错觉，因为在这个世界上，能够药到病除的药只有一种——毒药。

事实证明，万历确实不是一般人，因为一般人被人劝，多少还能改几天，他却是一点不改，每天继续加班加点，从事自己热爱的娱乐。据说还变本加厉，找来了十几个小太监，陪着一起睡（同寝），也算是开辟了新品种。

找太监这一段，史料多有记载，准确性说不好，但有一点是肯定的，那就是万历同志依旧是我行我素，压根儿不给大臣们面子。

既然不给脸面，那咱就有撕破脸的说法。

万历十七年（1589）十二月，明代，不，是中国历史上胆最大、气最足的奏疏问世了，其作者，是大理寺官员雒于仁。

雒于仁，字少泾，陕西泾阳人。纵观明清两代，陕西考试不大行，但人都比较实在，既不慷慨激昂，也不啰啰唆唆，说一句是一句，天王老子也敢顶。

比如后世的大贪污犯和珅，最得意的时候，上有皇帝撑腰，下有大臣抬轿，什么纪晓岚、刘墉，全都服服帖帖，老老实实靠边站，所谓“智斗”之类，大都是后人胡编的，可谓一呼百应。而唯一不应的，就是来自陕西的王杰。每次和珅说话，文武百官都夸，王杰偏要顶两句，足足恶心了和珅十几年，又抓不到他的把柄，也

参考消息 **护短的陛下**

万历的确对亲近宦官极为保护。太监高淮征税辽东，仗着神宗皇帝之宠，没少干坏事儿，终于成功激起民变。不过在吏部尚书、刑部尚书的弹劾之下，护短的万历扔了句“朕固命之矣”，把高淮为非作歹的那些“好事儿”都揽在了自己身上。高淮有恃无恐，继续为恶。万历三十六年四月，前屯卫军千余人发生哗变，不堪欺压的民众手持棍棒柴刀，聚集起来“誓食高淮之肉”，吓得高淮连夜逃回北京，求神宗把税监换了人才算了事。

只能是“厌之而不能去”(《清史稿》)。

雒于仁就属于这类人，想什么就说什么，从不怕得罪人，而且他的这个习惯，还有家族传统:

雒于仁的父亲，叫做雒遵，当年曾是高拱的学生，干过吏科都给事中。冯保得势的时候，他骂过冯保，张居正得势的时候，他骂过谭纶（张居正的亲信），为人一向高傲，平生只佩服一人，名叫海瑞。

有这么个父亲，雒于仁自然不是孬种，加上他家虽世代为官，却世代不捞钱，穷日子过惯了，光脚的不怕穿鞋的，不怕罚工资，不怕降职，看不惯皇帝了，就要骂。随即一挥而就，写下奇文一篇，后世俗称为“酒色财气疏”。

该文主旨明确，开篇即点明中心思想:

“陛下之恙，病在酒色财气者也，夫纵酒则溃胃，好色则耗精，贪财则乱神，尚气则损肝。”

这段话用今天的话讲，就是说皇上你确实有病，什么病呢？你喜欢喝酒，喜欢玩女人，喜欢捞钱，还喜欢动怒耍威风，酒色财气样样俱全，自然就病了。

以上是全文的论点。接下来的篇幅，是论据，描述了万历同志在喝酒、玩女人方面的具体表现，逐一论证以上四点的真实性和可靠性，比较长，就不列举了。

综观此文，下笔之狠，骂法之全，真可谓是鬼哭狼嚎，就骂人的狠度和深度而言，雒于仁已经全面超越了海瑞前辈。雒遵同志如果在天有灵，应该可以瞑目了。

更缺德的是，雒于仁的这封奏疏是十二月（农历）月底送上去的，搞得万历自从收到这封奏疏，就开始骂，不停地骂，没日没夜地骂，骂得新年都没过好。

参考消息 **体罚皇子的教官王杰**

这名清代官廷教员、上书房的班主任，性子倔，对诸皇子严厉至极，动不动就让皇子们罚站罚跪。有次让乾隆瞧见，觉得皇子罚跪十分丢面子，于是大声让诸皇子起身。王杰不许，乾隆气得指着他大吼：我儿子是皇家的人，你动不动罚跪什么意思？王杰半点不让，也冲着乾隆大声说：你儿子如果当皇帝当成桀纣那样的昏君，你乐意是不乐意？乾隆说不过他，只得郁闷万分地走了。

骂过瘾后，就该办人了。

万历十八年（1590）正月初一，按照规矩，内阁首辅应该去宫里拜年，当然也不是真拜，到宫门口鞠个躬就算数，但这一次，申时行刚准备走人，就被太监给叫住了。

此时，雒于仁的奏疏已经传遍内外，申先生自然知道怎么回事，不用言语就进了宫。看到了气急败坏的皇帝，双方展开了一次别开生面的对话（以下言语，皆出自申时行的原始记录）：

万历：“先生看过奏本（指雒于仁的那份），说朕酒色财气，试为朕评一评。”

申时行：……（还没说话，即被打断）

万历：“他说朕好酒，谁人不饮酒？……又说朕好色，偏宠贵妃郑氏（即著名的郑贵妃），朕只因郑氏勤劳……何曾有偏？”

喘口气，接着说：

“他说朕贪财……朕为天子，富有四海之内，普天之下莫非王土，天下之财皆朕之财！又说朕尚气……勇即是气，朕岂不知！人孰无气！”

这口气出完了，最后得出结论：

“先生将这奏本去票拟重处！”

申时行这才搭上话：

“此无知小臣误听道路之言……”（说到此处，又被打断）

万历大喝一声：

“他就是出位沽名！”

申时行傻眼了，他在朝廷混了几十年，从未见过这幅场景，皇帝大人一副吃人的模样，越说越激动，唾沫星子横飞，这样下去，恐怕要出大事。

于是他闭上了嘴，开始紧张地思索对策。

既不能让皇帝干掉雒于仁，也不能不让皇帝出气，琢磨片刻，稀泥和好了。

“他（指雒于仁）确实是为了出名（先打底），但陛下如果从重处罚他，却恰恰帮他成了名，反损皇上圣德啊！”

“如果皇上宽容，不和他一般见识，皇上的圣德自然天下闻名！”（继续戴高帽）

在这堆稀泥面前，万历同志终于消了气：

“这也说得是，如果和他计较，倒不是损了朕的德行，而是损了朕的气度！”

上钩了，再加最后一句：

“皇上圣度如天地一般，何所不容！”（圆满收工）

万历沉默地点了点头。

话说到这儿，事情基本就算完了，申时行定定神，突然想起了另一件事，一件极为重要的事。

他决定趁此机会，解决此事。

然而他正准备开口，却又听见了一句怒斥：

“朕气他不过，必须重处！”

万历到底是年轻人，虽然被申时行和了一把稀泥，依然不肯甘休，这会儿回过味来，又绕回去了。

这事还他娘没完了，申时行头疼不已，但再头疼事情总得解决，如果任由万历发作胡来，后果将不堪设想。

在这关键的时刻，申时行再次展现了他举世无双的混事本领，琢磨出了第二套和稀泥方案：

“陛下，此奏本（雒于仁）原本就是讹传，如果要重处雒于仁，必定会将此奏本传之四方，反而做了实话啊！”

利害关系说完，接下来该掏心窝了：

“其实原先我等都已知道此奏疏，却迟迟不见陛下发阁（内阁）惩处（学名：留中），我们几个内阁大学士在私底下都互相感叹，陛下您胸襟宽容，实在是超越千古啊！（马屁与说理相结合）”

“所以以臣等愚见，陛下不用处置此事，奏疏还是照旧留存吧，如此陛下之宽容必定能留存史书，传之后世，千秋万代都称颂陛下是尧舜之君，是大大的好事啊！”

据说拍马屁这个行当，最高境界是两句古诗，所谓“随风潜入夜，润物细无声”，在我看来，申时行做到了。

但申先生还是低估了万历的二杆子性格，他话刚讲完，万历又是一声大吼：

“如何设法处他？只是气他不过！”

好话说一堆，还这么个态度，那就不客气了：

“此本不可发出，也无他法处之，还望皇上宽恕，容臣等传谕该寺堂官（即大理寺高级官员），使之去任可也。”

这意思就是，老子不和稀泥了，明白告诉你，骂你的这篇文章不能发，也没办法处理，最多我去找他们领导，把这人免职了事，你别再闹了，闹也没用。

很明显，万历虽然在气头上，却还是很识趣的。他清楚，目前形势下，自己不能把雒于仁怎么样，半天一言不发。申时行明白，这是默认。

万历十八年（1590）的这场惊天风波就此了结，雒于仁骂得皇上一无是处，青史留名，却既没掉脑袋，也没有挨板子，拍拍屁股就走人了。而气得半死的万历终于认定，言官就是浑蛋，此后的几十年里，他都保持着相同的看法。

最大的赢家无疑是申时行，他保护了卢洪春、保护了雒于仁，安抚了言官大臣，也没有得罪皇帝，使两次危机成功化解，无愧为和稀泥的绝顶高手。

自万历十一年（1583）执政以来，申时行经历了无数考验，无论是上司还是同僚，他都应付自如。七年间，上哄皇帝，下抚大臣，即使有个把不识趣、不配合的，也能被他轻轻松松地解决掉，混得可谓如鱼得水。

然而正是这一天，万历十八年（1590）正月初一，在解决完最为棘手的雒于仁问题后，他的好运将彻底结束。

因为接下来，他说了这样一句话：

“臣等更有一事奏请。”

虽然雒于仁的事十分难办，但和申时行即将提出的这件事相比，只能说是微不足道。

他所讲的事情，影响了无数人的一生，以及大明王朝的国运，而这件事情，在历史上有个专用名词：“争国本”。

第六章

游戏的开始

在张居正管事的前十年，万历既不能执政，也不能管事，甚至喝酒胡闹都不行，但他还有一项基本的权力——娶老婆。

万历六年（1578），经李太后挑选，张居正认可，十四岁的万历娶了老婆，并册立为皇后。

不过对万历而言，这不是个太愉快的事情，因为这个老婆是指认的，什么偶然邂逅，自由恋爱都谈不上。某月某天，突然拉来一女的，无需吃饭看电影，就开始办手续，经过无数道繁琐程序仪式，然后正式宣告，从今以后，她就是你的老婆了。

包办婚姻，纯粹的包办婚姻。

虽然是凑合婚姻，但万历的运气还不错，因为他的这个老婆相当凑合。

万历皇后王氏，浙江人，属传统贤妻型，而且为人乖巧，定位明确，善于关键时刻抓关键人，进宫后皇帝都没怎么搭理，先一心一意服侍皇帝他妈，早请示晚汇报，把老太太伺候好了，婆媳问题也就解决了。

此外她还是皇帝的办公室主任，由于后来万历不上朝，喜欢在家里办公，公文经常堆得到处都是，她都会不动声色地加以整理，一旦万历找不着了，她能够立即说出公文放在何处，何时、由何人送入。在生活上，她对皇帝大人也是关怀备至，是优秀的秘书老婆两用型人才。

这是一个似乎无可挑剔的老婆，除了一个方面——她生不出儿子。

古人有云：不孝有三，无后为大。虽说家里有一堆儿子，最后被丢到街上的也不在少数，但既然是古人云，大家就只好人云亦云，生不出儿子，皇后也是白搭。于是万历九年（1581）的时候，在李太后的授意下，万历下达旨意：命令各地选取女子，以备挑选。

其实算起来，万历六年（1578）两人结婚的时候，万历只有十四岁，到万历九年（1581）的时候，也才十七岁，连枪毙都没有资格，就逼着要儿子，似乎有点不地道。但这是一般人的观念，皇帝不是一般人，观念自然也要超前，生儿子似乎也得比一般人急。

但旨意传下去，被张居正挡了回来，并且表示，此令绝不可行。

不要误会，张先生的意思并非考虑民间疾苦，不可行，是行不通。

到底是首辅大人老谋深算，据说他刚看到这道旨意，便下断言：如按此令下达，决然无人可挑。

俗话说，一入侯门深似海，何况是宫门，辛辛苦苦养大的女儿送进去，就好比黄金周的旅游景点，丢进人堆就找不着了，谁也不乐意。那些出身名门、长相漂亮的自然不来，万一拉上来的都是些歪瓜裂枣，恶心了皇帝大人，这个黑锅谁来背？

可是皇帝不能不生儿子，不能不找老婆，既要保证数量，也要确保质量，毕竟你要皇帝大人将就将就，似乎也是勉为其难。

事情很难办，但在张居正大人的手中，就没有办不了的事，他脑筋一转，加了几个字：原文是“挑选入宫”，大笔一挥，变成了“挑选入宫，册封嫔妃”。

事情就这么解决了，因为说到底，入不入宫，也是个成本问题。万一进了宫啥也混不上，几十年没人管，实在不太值。在入宫前标明待遇，肯定级别，给人家个底线，自然就都来了。

这就是水平。

但连张居正都没想到，他苦心琢磨的这招，竟然还是没用上。

因为万历自己把这个问题解决了。

就在挑选嫔妃的圣旨下达后，一天，万历闲来无事，去给李太后请安。完事后，准备洗把脸，就叫人打盆水来。

水端来了，万历一边洗着手，一边四处打量，打量来，打量去，就打量上了这个端脸盆的宫女。

换在平常，这类人万历是一眼都不看的，现在不但看了，而且还越看越顺眼，顺眼了，就开始搭讪。

就搭讪的方式而言，皇帝和街头小痞子是没什么区别的，无非是你贵姓，哪里人等等。但差异在于，小痞子搭完话，该干吗还干吗，皇帝就不同了。

几句话搭下来，万历感觉不错，于是乎头一热，就幸了。

皇帝非凡人，所以幸了之后的反应也不同于凡人，不用说什么一时冲动之类的话，拍拍屁股就走人了。不过万历还算厚道，临走时，赏赐她一副首饰，这倒也未必是他有多大觉悟，而是宫里的规定：但凡临幸，必赐礼物。

因为遵守这个规定，他后悔了很多年。

就万历而言，这是一件小事，皇帝嘛，幸了就幸了，感情是谈不上的，事实上，此人姓甚名谁，他都未必记得。

这个宫女姓王，他很快就将牢牢记住。因为在不久之后，王宫女意外地发现，自己怀孕了。这个消息很快就传到了万历那里，他不仅不高兴，而且对此守口如瓶，绝口不提。

因为王宫女地位低，且并非什么沉鱼落雁之类的人物，一时兴起而已，万历不打算认这账，能拖多久是多久。

但这位仁兄明显打错了算盘，上朝可以拖，政务可以拖，怀孕拖到最后，是要出人命的。

随着王宫女的肚子一天天大起来，知道这件事的人也一天天多起来，最后，太后知道了。

于是，她叫来了万历，向他询问此事。

万历的答复是沉默，他沉默的样子，很有几分流氓的风采。

然而李太后对付此类人物，一向颇有心得，当年如高拱、张居正之类的老手都应付过去了，刚入行的新流氓万历自然不在话下。既然不说话，就接着问。

装哑巴是行不通了，万历随口打哈哈，就说没印象了，打算死不认账。

万历之所以有恃无恐，是因为这种事一般都是你知我知，现场没有证人，即使有证人，也不敢出来（偷窥皇帝，是要命的）。

他这种穿上裤子就不认人的态度彻底激怒了李太后，于是，她找来了证人。

这个证人的名字，叫《内起居注》。

起居注

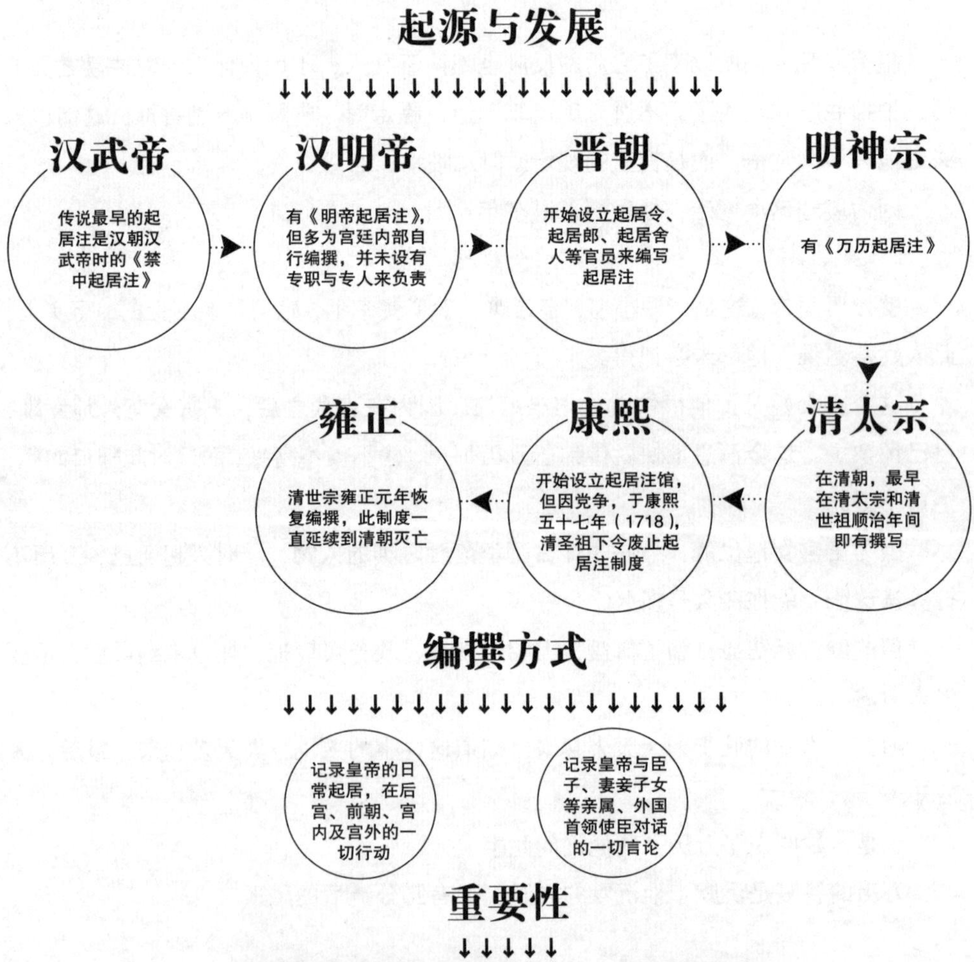

在古代文书中,《起居注》是皇帝日常言行的记录,比如今天干了多少活,去了多少地方,是第一手的史料来源。

但《起居注》记载的,只是皇帝的外在工作情况,是大家都能看见的,而大家看不见的那部分,就是《内起居注》。

《内起居注》记载的,是皇帝在后宫中的生活情况,比如去到哪里,和谁见面,干了些什么。当然,鉴于场所及皇帝工作内容的特殊性,其实际记录者不是史官,而是太监。所谓外表很天真,内心很暴力,只要翻一翻内外两本《起居注》,基本都能搞清楚。

由于具有生理优势,太监可以出入后宫,干这类事情也方便得多,皇帝到哪里,就跟到哪里(当然,不宜太近)。皇帝进去开始工作,太监在外面等着,等皇帝出来,就开始记录:某年某月某日,皇帝来到某后妃处,某时进,某时出,特此记录存入档案。

皇帝工作,太监记录,这是后宫的优良传统。事实证明,这一规定是极其有效,且合理的。

因为后宫人太多,皇帝也不记数,如王宫女这样的邂逅,可谓比比皆是。实际上,皇帝乱搞并不重要,重要的,是乱搞之后的结果。

如果宫女或后妃恰好怀孕,生下了孩子,这就是龙种,要是儿子,没准就是下一任皇帝,万一到时没有原始记录,对不上号,那就麻烦了。

所以记录工作十分重要。

但这项工作,还有一个漏洞。因为事情发生的时候,只有皇帝、太监、后妃(宫女)三人在场,事后一旦有了孩子,后妃(宫女)自然一口咬定,是皇帝干的,而皇帝一般都不记得是不是自己干的。

最终的确定证据,就是太监的记录。但问题在于,太监也是人,也可能被人收买,如果后妃玩花样,或是皇帝不认账,太监没有公信力。

所以宫中规定,皇帝工作完毕,要送给当事人一件物品,而这件物品,就是证据。

李太后拿出了《内起居注》,翻到了那一页,交给了万历。

一切就此真相大白,万历只能低头认账。

万历十年(1582),上车补票的程序完成,王宫女的地位终于得到了确认,她挺着大肚子,接受了恭妃的封号。

两个月后，她不负众望，生下了一个儿子，是为万历长子，取名朱常洛。

消息传来，举国欢腾，老太太高兴，大臣们也高兴，唯一不高兴的，就是万历。

因为他对这位恭妃，并没有太多感情，对这个意外出生的儿子，自然也谈不上喜欢。更何况，此时他已经有了德妃。

德妃，就是后世俗称的郑贵妃，北京大兴人，万历初年（1573）进宫，颇得皇帝喜爱。

在后来的许多记载中，这位郑贵妃被描述成一个相貌妖艳、阴狠毒辣的女人，但在我看来，相貌妖艳还有可能，阴狠毒辣实在谈不上。在此后几十年的后宫斗争中，此人手段之拙劣，脑筋之愚蠢，反应之迟钝，实在令人发指。

综合史料分析，其智商水平，也就能到菜市场骂个街而已。

可是万历偏偏就喜欢这个女人，经常前去留宿。而郑妃的肚子也相当争气，万历十一年（1583）生了个女儿。虽然不能接班，但万历很高兴，竟然破格提拔，把她升为了贵妃。

这是一个不祥的先兆，因为在后宫中，贵妃的地位要高于其他妃嫔，包括生了儿子的恭妃。

而这位郑贵妃的个人素养也实在很成问题，当上了后妃领导后，除了皇后，谁都瞧不上，特别是恭妃，经常被她称做老太婆。横行宫中，专横跋扈，十分好斗。

难能可贵的是，贵妃同志不但特别能战斗，还特别能生。万历十四年（1586），她终于生下了儿子，取名朱常洵。

这位朱常洵，就是后来的福王。按郑贵妃的想法，有万历当靠山，这孩子生出来，

参考消息 **郑贵妃的身世**

郑贵妃小时家中贫苦，险些给人做妾。后来那家户主看郑氏父女可怜，退了婚事，也没有索回聘礼。郑贵妃入宫蒙宠后，就向万历提到这件事，万历对那户主也心存感谢，就转了几道弯，让那人最终得了个官做。由于从小没有太多教条束缚，郑贵妃性情泼辣，与宫里其他人的因循守旧、恪守妇道不同，她喜欢跟万历打情骂俏，经常打趣万历的驼背像个老太太一样。这种随意自然的性子备受万历宠爱。

就是当皇帝的。但她做梦也想不到，几十年后，自己这个宝贝儿子会死在屠刀之下，挥刀的人，名叫李自成。

但在当时，这个孩子的出生，确实让万历欣喜异常。他本来就不喜欢长子朱常洛，打算换人，现在替补来了，怎能不高兴？

然而他很快就将发现，皇帝说话，不一定算数。

吸取了以往一百多年里自己的祖辈与言官大臣斗争的丰富经验，万历没敢过早暴露目标，绝口不提换人的事，只是静静地等待时机成熟，再把生米煮成熟饭。

可还没等米下锅，人家就打上门来了，而且还不是言官。

万历十四年（1586）三月，内阁首辅申时行上奏：望陛下早立太子，以定国家之大计，固千秋之基业。

老狐狸就是老狐狸，自从郑贵妃生下朱常洵，申时行就意识到了隐藏的危险，他知道，自己的这个学生想干什么。

凭借多年的政治经验，他也很清楚，如果这么干了，迎面而来的，必定是史无前例的惊涛骇浪。从此，朝廷将永无宁日。

于是他立即上书，希望万历早立长子，言下之意是，我知道你想干吗，但这事不能干，你趁早断了这念头，早点洗了睡吧。

其实申时行的本意，倒不是要干涉皇帝的私生活：立谁都好，又不是我儿子，与我何干？之所以提早打预防针，实在是出于好心，告诉你这事干不成，早点收手，免得到时受苦。

可是他的好学生似乎打定主意，一定要吃苦，收到奏疏，只回复了一句话：

“长子年纪还小，再等个几年吧。”

学生如此不开窍，申时行只得叹息一声，扬长而去。

但这一次，申老师错了，他低估了对方的智商。事实上，万历十分清楚这封奏疏的隐含意义。只是在他看来，皇帝毕竟是皇帝，大臣毕竟是大臣，能坚持到底，就是胜利。此即所谓，明知山有虎，偏向虎山行。

但一般说来，没事上山找老虎玩的，只有两种人：一种是猎人，一种是自杀者。

话虽如此，万历倒也不打无把握之仗，在正式亮出匕首之前，他决定玩一个花招。

万历十四年（1586）三月，万历突然下达谕旨：郑贵妃劳苦功高，升任皇贵妃。

消息传来，真是粪坑里丢炸弹——分量十足，朝廷上下议论纷纷，群情激奋。

因为在后宫中，皇贵妃仅次于皇后，算第二把手，且历朝历代，能获此殊荣者少之又少（生下独子或在后宫服务多）。

按照这个标准，郑贵妃是没戏的。因为她入宫不长，且皇帝之前已有长子，没啥突出贡献，无论怎么算都轮不到她。

万历突然来这一招，真可谓是煞费苦心，首先可以借此提高郑贵妃的地位，子以母贵，母亲是皇贵妃，儿子的名分也好办。其次还能借机试探群臣的反应，今天我提拔孩子他妈，你们同意了，后天我就敢提拔孩子，咱们慢慢来。

算盘打得很好，可惜只是掩耳盗铃。

要知道，在朝廷里混事的这帮人，个个都不简单：老百姓家的孩子，辛辛苦苦读几十年书，考得死去活来，进了朝廷，再被踩个七荤八素，这才修成正果。生肖都是属狐狸的，嗅觉极其灵敏，擅长见风使舵，无事生非。皇帝玩的这点小把戏，在他们面前也就是个笑话，傻子才看不出来。

更为难得的是，明朝的大臣们不但看得出来，还豁得出去，第一个出头的，是户部给事中姜应麟。

相对而言，这位仁兄还算文明，不说粗话，也不骂人，摆事实讲道理：

"皇帝陛下，听说您要封郑妃为皇贵妃，我认为这是不妥的。恭妃先生皇长子，郑妃生皇三子(中间还有一个,夭折了),先来后到,恭妃应该先封。如果您主意已定，一定要封，也应该先封恭妃为贵妃，再封郑妃皇贵妃，这样才算合适。"

"此外，我还认为，陛下应该尽早立皇长子为太子，这样天下方才能安定。"

万历再一次愤怒了，这可以理解，苦思冥想几天，好不容易想出个绝招，自以为得意，没想到人家不买账，还一言点破自己的真实意图，实在太伤自尊。

为挽回面子，他随即下令，将姜应麟免职外放。

好戏就此开场。一天后，吏部员外郎沈璟上书，支持姜应麟。万历二话不说，

撤了他的职。几天后，吏部给事中杨廷相上书，支持姜应麟、沈璟。万历对其撤职处理。又几天后，刑部主事孙如法上书，支持姜应麟、沈璟、杨廷相。万历同志不厌其烦，下令将其撤职发配。

在这场斗争中，明朝大臣们表现出了无畏的战斗精神，不怕降级、不怕撤职、不怕发配，个顶个地扛着炸药包往上冲，前仆后继，人越闹越多，事越闹越大，中央的官不够用了，地方官也上书凑热闹，搞得一塌糊涂，乌烟瘴气。

然而事情终究还是办成了，虽然无数人反对，无数人骂仗，郑贵妃还是变成了郑皇贵妃。

争得天翻地覆，该办的事还是办了。万历十四年（1586）三月，郑贵妃正式册封。

这件事情的成功解决给万历留下了这样一个印象：自己想办的事情，是能够办成的。

这是一个悲剧性的判断。

然而此后，在册立太子的问题上，万历确实消停了——整整消停了四年多，当然，不闹事，不代表不挨骂。事实上，在这四年里，言官们非常尽责，他们找到了新的突破口——皇帝不上朝，并以此为契机，在雒于仁等模范先锋的带领下，继续奋勇前进。

但总体而言，小事不断，大事没有，安定团结的局面依旧。

直到这历史性的一天：万历十八年（1590）正月初一。

解决雒于仁事件后，申时行再次揭开了盖子：

"臣等更有一事奏请。"

"皇长子今年已经九岁，朝廷内外都认为应册立为太子，希望陛下早日决定。"

在万历看来，这件事比雒于仁的酒色财气疏更头疼，于是他接过了申时行刚刚用过的铁锹，接着和稀泥：

"这个我自然知道，我没有嫡子（即皇后的儿子），长幼有序，其实郑贵妃也多次让我册立长子，但现在长子年纪还小，身体也弱，等他身体强壮些后，我才放心啊。"

这段话说得很有水平，按照语文学来分析，大致有三层意思。

第一层先说自己没有嫡子，是说我只能立长子。然后又讲长幼有序，是说我不会插队，但说来说去，就是不说要立谁。接着又把郑贵妃扯出来，搞此地无银三百两。

最后语气一转，得出结论：虽然我只能立长子、不会插队，老婆也没有干涉此事，但考虑到儿子太小，身体太差，暂时还是别立了吧。

这招糊弄别人可能还行，对付申时行就有点滑稽了，和了几十年稀泥，哪排得上你小子？

于是申先生将计就计，说了这样一句话：

"皇长子已经九岁，应该出阁读书了，请陛下早日决定此事。"

这似乎是一件完全不相干的事情，但事实绝非如此，因为在明代，皇子出阁读书，就等于承认其为太子，申时行的用意非常明显：既然你不愿意封他为太子，那让他出去读书总可以吧，形式不重要，内容才是关键。

万历倒也不笨，他也不说不读书，只是强调人如果天资聪明，不读书也行。申

和稀泥三重奏

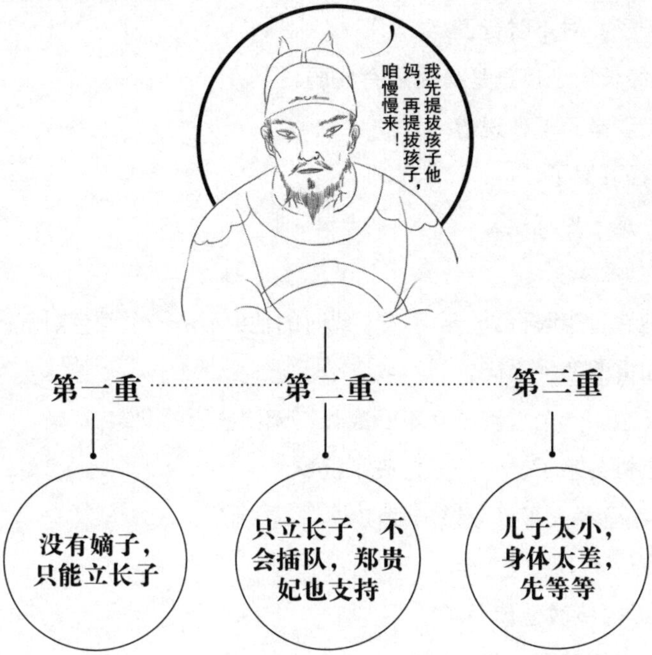

时行马上反驳，说即使人再聪明，如果没有人教导，也是不能成才的。

就这样，两位仁兄从继承人问题到教育问题，你来我往，互不相让，闹到最后，万历烦了：

“我都知道了，先生你回去吧！”

话说到这个份儿上，也只好回去了，申时行离开了宫殿，向自己家走去。

然而当他刚刚踏出宫门的时候，却听到了身后急促的脚步声。

申时行转身，看见了一个太监，他带来了皇帝的谕令：

“先不要走，我已经叫皇长子来了，先生你见一见吧。”

十几年后，当申时行在家撰写回忆录的时候，曾无数次提及这个不可思议的场景以及此后那奇特的一幕，终其一生，他也未能猜透万历的企图。

申时行不敢怠慢，即刻回到了宫中，在那里，他看见了万历和他的两个儿子，皇长子朱常洛，以及皇三子朱常洵。

但给他留下最深刻印象的，却并非这两个皇子，而是此时万历的表情。没有愤怒，没有狡黠，只有安详与平和。

他指着皇长子，对申时行说：

“皇长子已经长大了，只是身体还有些弱。”

然后他又指着皇三子，说道：

“皇三子已经五岁了。”

接下来的，是一片沉默。

万历平静地看着申时行，一言不发，此时的他，不是一个酒色财气的昏庸之辈，不是一个暴跳如雷的使气之徒。

他是一个父亲，一个看着子女不断成长，无比欣慰的父亲。

申时行知道机会来了，于是他打破了沉默：

“皇长子年纪已经大了，应该出阁读书。”

万历的心意似乎仍未改变：

“我已经指派内侍教他读书。”

事到如今，只好豁出去了：

“皇上您在东宫的时候，才六岁，就已经读书了。皇长子此刻读书，已经晚了！”

万历的回答并不愤怒却让人哭笑不得：“我五岁就已能读书！”

申时行知道，在他的一生中，可能再也找不到一个更好的机会，去劝服万历，于是他作出了一个惊人的举动。

他上前几步，未经许可，便径自走到了皇长子的面前，端详片刻，对万历由衷地说道：“皇长子仪表非凡，必成大器，这是皇上的福分啊，希望陛下能够早定大计，朝廷幸甚！国家幸甚！”

万历十八年（1590）正月初一，在愤怒、沟通、争执后，万历终于第一次露出了笑容。

万历微笑地点点头，对申时行说道：

“这个我自然知道，其实郑贵妃也劝过我早立长子，以免外人猜疑，我没有嫡子，册立长子是迟早的事情啊。”

这句和缓的话，让申时行感到了温暖，儿子出来了，好话也说了，虽然也讲几句什么郑贵妃支持，没有嫡子之类的屁话，但终究是表了态。

形势大好，然而接下来，申时行却一言不发，行礼之后便退出了大殿。

这正是他绝顶聪明之处，点到即止，见好就收，今天先定调，后面再来。

但他无论如何也想不到，这次和谐的对话，不但史无前例，而且后无来者。“争国本”事件的严重性，将远远超出他的预料，因为决定此事最终走向的，既不是万历，也不会是他。

谈话结束后，申时行回到了家中，开始满怀希望地等待万历的圣谕，安排皇长子出阁读书。

可是一天天过去了，希望变成了失望。到了月底，他也坐不住了，随即上疏，询问皇长子出阁读书的日期。这意思是说，当初咱俩谈好的事，你得守信用，给个准信。

但是万历似乎突然失忆，啥反应都没有，申时行等了几天，一句话都没有等到。

既然如此，那就另出新招，几天后，内阁大学士王锡爵上疏：

“陛下，其实我们不求您立刻册立太子，只是现在皇长子九岁，皇三子已五岁，应该出阁读书。”

不说立太子，只说要读书，而且还把皇三子一起拉上，由此而见，王锡爵也是个老狐狸。

万历那边却似乎是人死绝了，一点消息也没有，王锡爵等了两个月，石沉大海。

到了四月，包括申时行在内，大家都忍无可忍了，内阁四名大学士联名上疏，要求册立太子。

尝到甜头的万历故伎重演：无论你们说什么，我都不理，我是皇帝，你们能把我怎么样？但他实在低估了手下的这帮老油条，对付油盐不进的人，他们一向都是有办法的。

几天后，万历同时收到了四份奏疏，分别是申时行、王锡爵、许国、王家屏四位内阁大学士的辞职报告，理由多种多样，有说身体不好，有说事务繁忙、难以继任的，反正一句话：不干了。

自万历退居二线以来，国家事务基本全靠内阁，内阁一共就四个人，要是都走了，万历就得累死。

没办法，皇帝大人只好现身，找内阁的几位同志谈判，好说歹说，就差求饶了，并且当场表态，会在近期解决这一问题。

内阁的几位大人总算给了点面子，一番交头接耳之后，上报皇帝：病的还是病，忙的还是忙，但考虑到工作需要，王家屏大学士愿意顾全大局，继续干活。

万历窃喜。

因为这位兄弟的策略，叫拖一天是一天，拖到这帮老家伙都退了，皇三子也大了，到时木已成舟，不同意也得同意。这次内阁算是上当了。

然而上当的人，是他。

因为他从未想过这样一个问题：为什么留下来的，偏偏是王家屏呢？

王家屏，山西大同人，隆庆二年（1568）进士。简单地说，这是个不上道的人。

王家屏的科举成绩很好，被选为庶吉士，还编过《世宗实录》，应该说是很有前途的，可一直以来，他都没啥进步。原因很简单，高拱当政的时候，他曾上书弹劾高拱的亲戚。高首辅派人找他谈话，让他给点面子，他说，不行。

张居正当政的时候，他搞非暴力不合作，照常上班，就是不靠拢上级。张居正刚病倒的时候，许多人都去祈福，表示忠心。有人拉他一起去，他说，不去。

张居正死了，万历十二年（1584），他进入内阁，成为大学士。此时的内阁，已经有了申时行、王锡爵、许国三个人，他排第四。按规矩，这位甩尾巴的新人应

参考消息 **王阁爷送女儿，就这一遭**

话说王家屏入仕之后住在京城，女儿每年来看他一次。有回王家女儿就对父亲说：“爹，你看，你总不送我回去，我公婆都觉得你嫌弃他们才不愿登门的。”王家屏一拍脑门，的确有点薄了亲家，于是请了几天假，送女儿回婆家。亲家自然很高兴，然而更高兴的是围观百姓，七里八乡的都来瞧热闹。王家屏难以应付，好不容易回到京城，又收到女儿的一封信。信中告诉他，此次招待前来看你的乡亲故人、公婆花掉全年总收入的一大半。于是两家都同意，这种事儿以后不可再发生了。

不上道的王家屏

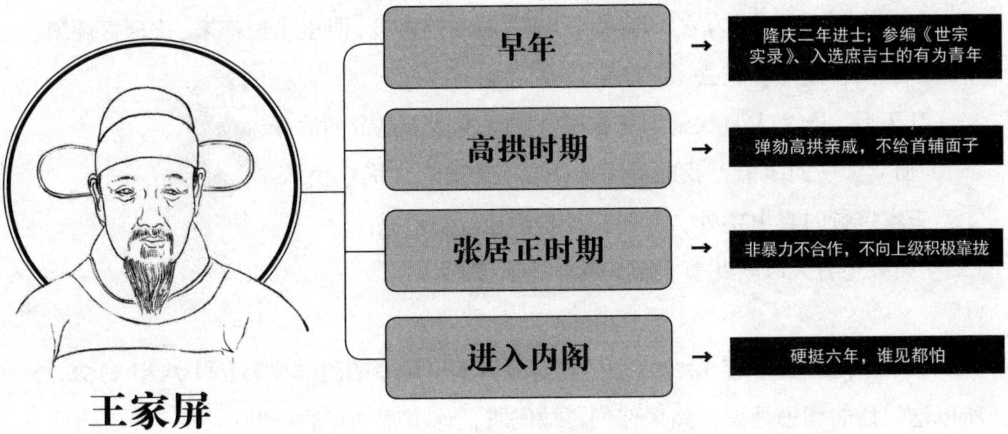

该老实点，可他偏偏是个异类。每次内阁讨论问题，即使大家都同意，他觉得不对，就反对。即使大家都反对，他觉得对，就同意。

他就这么在内阁里硬挺了六年，谁见了都怕。申时行拿他也没办法，更有甚者，写辞职信时，别人的理由都是身体有病，工作太忙，他却别出一格，说是天下大旱，作为内阁成员，负有责任，应该辞职（久旱乞罢）。

把他留下来，就是折腾万历的。

几天后，礼部尚书于慎行上书，催促皇帝册立太子，语言比较激烈。万历也比较生气，罚了他三个月工资。

事情的发生，应该还算正常，不正常的，是事情的结局。

换在以往，申时行已经开始挥舞铁锹和稀泥了，先安慰皇帝，再安抚大臣，最后你好我好大家好，收工。

相比而言，王家屏要轻松得多，因为他只有一个意见——支持于慎行。

工资还没扣，他就即刻上书，为于慎行辩解，说了一大通道理，把万历同志的脾气活活顶了回去。但更让人惊讶的是，这一次，万历没有发火。

因为他发不了火，事情很清楚，内阁四个人，走了三个，留下来的这个，还是个二杆子，明摆着是要为难自己。而且这位坚持战斗的王大人还说不得，再闹腾一次，没准就走人了，到时谁来收拾这个烂摊子？

可是光忍还不够，言官大臣赤膊上阵，内阁打黑枪，明里暗里都来，比逼宫还狠，不给个说法，是熬不过去了。

几天后，一个太监找到了王家屏，向他传达了皇帝的谕令：

“册立太子的事情，我准备明年办，不要再烦（扰）我了。”

王家屏顿时喜出望外，然而，这句话还没有讲完：

“如果还有人敢就此事上疏，就到十五岁再说！”

朱常洛是万历十年（1582）出生的，万历发出谕令的时间是万历十八年（1590），所以这句话的意思是说，如果你们再敢闹腾，这事就六年后再办！

虽然不是无条件投降，但终究还是有了个说法，经过长达五年的斗争，大臣们胜利了——至少他们自己这样认为。

事情解决了，王家屏兴奋了，兴奋之余，就干了一件事。

他把皇帝的这道谕令告诉了礼部，而第一个获知消息的人，正是礼部尚书于慎行。

于慎行欣喜若狂，当即上疏告诉皇帝：

“此事我刚刚知道，已经通报给朝廷众官员，要求他们耐心等候。”

万历气得差点吐了白沫。

因为万历给王家屏的，并不是正规的圣旨，而是托太监传达的口谕，看上去似乎没区别，但事实上，这是一个有深刻政治用意的举动。

其实在古代，君无戏言这句话基本是胡扯，皇帝也是人，时不时编个瞎话，吹吹牛，也很正常，真正说了就要办的，只有圣旨。白纸黑字写在上面，糊弄不过去。所以万历才派太监给王家屏传话，而他的用意很简单：这件事情我心里有谱，但现在还不能办，先跟你通个气，以后遇事别跟我对着干，咱们慢慢来。

皇帝大人原本以为，王大学士好歹在朝廷混了几十年，这点觉悟应该还有，可没想到，这位一根筋的仁兄竟然把事情捅了出去，密谈变成了公告，被逼上梁山了。

他当即派出太监，前去内阁质问王家屏，却得到了一个让他意想不到的答案。

王家屏是这样辩解的：

“册立太子是大事，之前许多大臣都曾因上疏被罚，我一个人定不了，又被许多大臣误会，只好把陛下的旨意传达出去，以消除大家的疑虑（以释众惑）。”

这番话的真正意思大致是这样的：我并非不知道你的用意，但现在我的压力也很大，许多人都在骂我，我也没办法，只好把陛下拉出来背黑锅了。

虽然不上道，也是个老狐狸。

既然如此，就只好将错就错了，几天后，万历正式下发圣旨：

“关于册立皇长子为太子的事情，我已经定了，说话算数（诚待天下），等长子到了十岁，我自然会下旨，到时册立出阁读书之类的事情一并解决，就不麻烦你们再催了。”

长子十岁，是万历十九年（1591），也就是下一年，皇帝的意思很明确，我已经同意册立长子，你们也不用绕弯子，搞什么出阁读书之类的把戏，让老子清净一年，明年就立了！

这下大家都高兴了，内阁的几位仁兄境况也突然大为改观，有病的病好了，忙的也不忙了，除王锡爵（母亲有病，回家去了，真的）外，大家都回来了。

剩下来的，就是等了。一晃就到了万历十九年（1591）。春节过了，春天过了，都快要开西瓜了，万历那里一点消息都没有。

泱泱大国，以诚信为本。这就没意思了。

可是万历十九年（1591）毕竟还没过，之前已经约好，要是贸然上书催他，万一被认定毁约，推迟册立，违反合同的责任谁都负担不起，而且皇上到底是皇上，你上疏说他耍赖，似乎也不太妥当。

一些脑子活的言官大臣就开始琢磨，既要敲打皇帝，又不能留把柄，想来想去，终于找到了一个完美的替代目标——申时行。

没办法，申大人，谁让你是首辅呢？也只好让你去扛了。

很快，一封名为《论辅臣科臣疏》的奏疏送到了内阁，其主要内容，是弹劾申时行专权跋扈，压制言官，使得正确意见得不到执行。

可怜，申首辅一辈子和稀泥，挖东砖补西墙，累得半死，临了还要被人玩一把，此文言辞尖锐，指东打西，指桑骂槐，可谓是政治文本的典范。

文章作者，是南京礼部主事汤显祖，除此文外，他还写过另一部更有名的著作——《牡丹亭》。

◆ 稀泥谢幕

汤显祖，字义仍，江西临川人，上书这一年，他四十二岁，官居六品。

虽说四十多岁才混到六品，实在不算起眼，但此人绝非等闲之辈，早在三十年前，汤先生已天下闻名。

十三岁的时候，汤显祖就加入了泰州学派（也没个年龄限制），成为了王学的门人，跟着那帮“异端”四处闹腾，开始出名。

二十一岁，他考中举人，七年后，到京城参加会试，运气不好，遇见了张居正。

之所以说运气不好，并非张居正讨厌他，恰恰相反，张首辅很赏识他，还让自己的儿子去和他交朋友。

这是件求之不得的好事，可问题在于，汤先生异端中毒太深，瞧不起张居正，摆了谱，表示拒不交友。

既然敢跟张首辅摆谱，张首辅自然要摆他一道，考试落榜也是免不了的。三年后，他再次上京赶考，张首辅锲而不舍，还是要儿子和他交朋友，算是不计前嫌，但汤先生依然不给面子，再次摆谱。首辅大人自然再摆他一道，又一次落榜。

但汤先生不但有骨气，还有毅力，三年后再次赶考，这一次张首辅没有再阻拦他（死了），终于成功上榜。

由于之前两次跟张居正硬扛，汤先生此时的名声已经是如日中天。当朝的大人物张四维、申时行等人都想拉他，可汤先生死活不答理人家。

不答理就有不答理的去处，声名大噪的汤显祖被派到了南京，几番折腾，才到礼部混了个主事。

汤显祖

1550 年九月生人
天秤座

十四岁补县诸生

二十一岁中举

二十六岁出版第一部诗集

三十四岁中进士

四十一岁被贬为知县

四十八岁辞职回家，潜心创作代表作《牡丹亭》

1616 年七月离世，享年六十六岁

南京本来就没事干，南京的礼部更是闲得出奇，这反倒便宜了汤先生，闲暇之余开始写戏，并且颇有建树，日子过得还算不错。直到万历十九年(1591)的这封上疏。

很明显，汤先生的政治高度比不上艺术高度，奏疏刚送上去，申时行还没说什么，万历就动手了。

对于这种杀鸡儆猴的把戏，皇帝大人一向比较警觉（他也常用这招），立马作出了反应，把汤显祖发配到边远地区（广东徐闻）去当典史。

这是一次极其致命的打击，从此汤先生再也没能翻过身来。

万历这辈子罢过很多人的官，但这一次，是最为成功的，因为他只罢掉了一个六品主事，却换回一个明代最伟大的戏曲家，赚大发了。

二十八岁落榜后，汤显祖开始写戏，三十岁的时候，写出了《紫箫记》，三十八岁，写出了《紫钗记》，四十二岁被赶到广东，七年后京察，又被狠狠地折腾了一回，索性回了老家。

来回倒腾几十年，一无所获，在极度苦闷之中，四十九岁的汤显祖回顾了自己戏剧化的一生，用悲凉而美艳的辞藻写下了他所有的梦想和追求，是为《还魂记》，后人又称《牡丹亭》。

《牡丹亭》，全剧共十五出，描述了一个死而复生的爱情故事（情节比较复杂，有兴趣自己去翻翻），此剧音律流畅，词曲优美，轰动一时，时人传诵：牡丹一出，西厢（西厢记）失色。此后传唱天下百余年，堪与之媲美者，唯有孔尚任之《桃花扇》。

为官不济，为文不朽，是以无憾。

史赞：二百年来，一人而已。

总的说来，汤显祖的运气是不错的，因为更麻烦的事，他还没赶上。

汤先生上书两月之后，福建佥事李琯就开炮了，目标还是申时行，不过这次更狠，用词狠毒不说，还上升到政治高度，一条条列下来，弹劾申时行十大罪状。转瞬之间，申先生就成了天字第一号大恶人。

万历也不客气，再度发威，撤了李琯的职。

命令一下，申时行却并不高兴，反而唉声叹气，忧心忡忡。

因为到目前为止，虽然你一刀我一棍打个不停，但都是摸黑放枪，谁也不挑明，万历的合同也还有效，拖到年尾，皇帝赖账就是理亏，到时再争，也是十拿九稳。

可万一下面这帮愤中愤老忍不住，玩命精神爆发，和皇帝公开死磕，事情就难办了。

俗语云：怕什么，就来什么。

工部主事张有德终于忍不住了，他愤然上书，要求皇帝早日册立太子。

等的就是你。

万历随即作出反应，先罚了张有德的工资，鉴于张有德撕毁合同，册立太子的事情推后一年办理。

这算是正中下怀，本来就不大想立，眼看合同到期，正为难呢，来这么个冤大头，不用白不用。册立的事情也就能堂而皇之地往后拖了。

事实上，这是他的幻想。

因为在大臣们看来，这合同本来就不合理，忍气吞声大半年，那是给皇帝面子，早就一肚子苦水怨气没处泄，你敢蹦出来，那好，咱们就来真格的！

当然，万历也算是老运动员了，对此他早有准备，无非是来一群大臣瞎咋呼，先不理，闹得厉害再出来说几句话，把事情熬过去，完事。

形势的发展和他的预料大致相同，张有德走人后，他的领导，工部尚书曾同亨就上书了，要求皇帝早日册立太子。

万历对此嗤之以鼻，他很清楚，这不过是个打头的，大部队在后，下面的程序他都能背出来，吵吵嚷嚷，草草收场，实在毫无新鲜可言。

然而当下一封奏疏送上来的时候，他才知道，自己错了。

这封奏疏的署名人并不多，只有三个，分别是申时行、许国、王家屏。

但对万历而言，这是一个致命的打击。

因为之前无论群臣多么反对，内阁都是支持他的，即使以辞职回家相威胁，也从未公开与他为敌，是他的最后一道屏障，现在竟然公开站出来和他对着干，此例一开，后果不堪设想。

特别是申时行，虽说身在内阁，时不时也说两句，但那都是做给人看的，平日里忙着和稀泥，帮着调节矛盾，是名副其实的卧底兼间谍。

可这次，申时行连个消息都没透，就打了他个措手不及，实在太不够意思。于是万历私下派出了太监，斥责申时行。

一问，把申时行也问糊涂了，因为这事他压根儿就不知道!

事情是这样的，这封奏疏是许国写的，写好后让王家屏署名。王兄自然不客气，提笔就签了名。而申时行的底细他俩都清楚，这个老滑头死也不会签，于是许大人胆一壮，代申首辅签了名，拖下了水。

事已至此，申大人只能一脸无辜的表白:

“名字是别人代签的，我事先真不知道。”

事情解释了，太监也回去了，可申先生却开始琢磨了：万一太监传达不对怎么办？万一皇帝不信怎么办？万一皇帝再激动一次，把事情搞砸怎么办？

想来想去，他终于决定，写一封密信。

这封密信的内容大致是说，我确实不知道上奏的事情，这事情皇上你不要急，自己拿主意就行。

客观地讲，申时行之所以说这句话，倒不一定是要两面派，因为他很清楚皇帝的性格:

像万历这号人，属于死要面子活受罪，打死也不认错的，看上去非常随和，实际上极其固执，和他硬干，是没有什么好处的。

所以申时行的打算，是先稳住皇帝，再慢慢来。

事实确如所料，万历收到奏疏后，十分高兴，当即回复:

“你的心意我已知道，册立的事情我已有旨意，你安心在家调养就是了。”

申时行总算松了口气，事情终于糊弄过去了。

但他做梦也想不到，他长达十年的和稀泥生涯，将就此结束——因为那封密信。

申时行的这封密信，属于机密公文，按常理，除了皇帝，别人是看不见的。

可是在几天后的一次例行公文处理中，万历将批好的文件转交内阁，结果不留神，把这封密信也放了进去。

这就好比拍好了照片存电脑，又把电脑拿出去给人修，是个要命的事。

文件转到内阁，这里是申时行的地盘，按说事情还能挽回，可问题在于申大人为避风头，当时还在请病假，负责工作的许国也没留意，顺手就转给了礼部。

最后，它落在了礼部给事中罗大纮的手里。

罗大纮，江西吉水人，关于这个人，只用一句就能概括：一个称职的言官。

看到申时行的密信后，罗大纮非常愤怒，因为除了要两面派外，申时行在文中还写了这样一句话："惟亲断亲裁，勿因小臣妨大典"。

这句话说白了，就是你自己说了算，不要理会那些小臣。

不定时炸弹传播路径

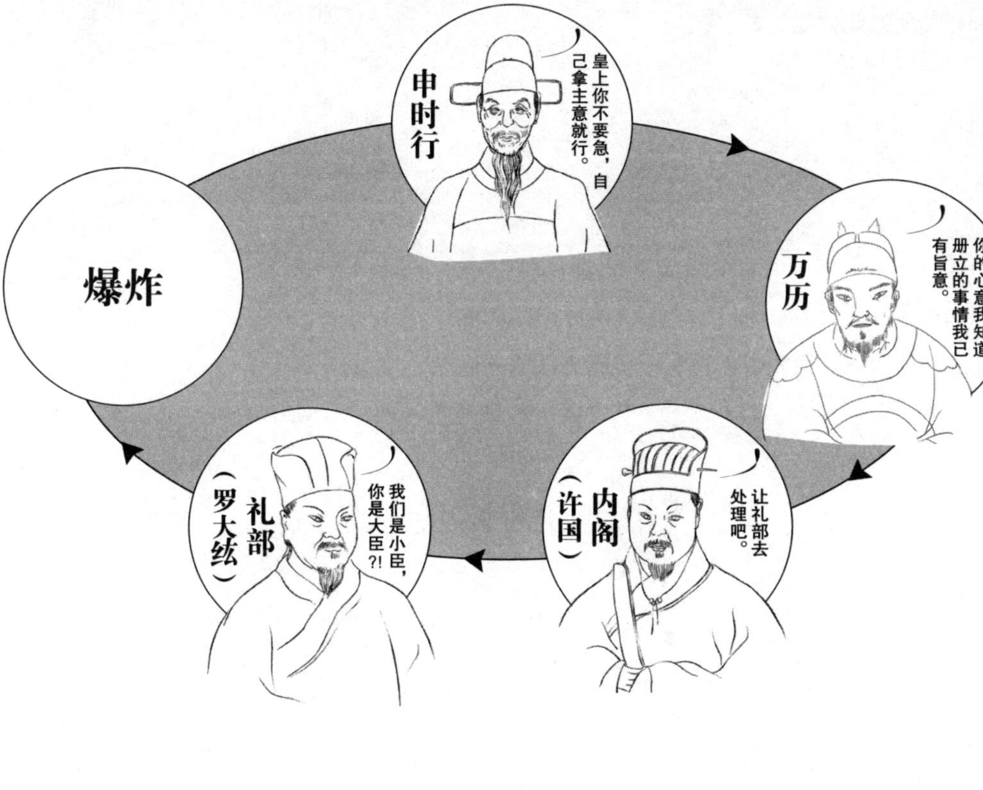

我们是小臣，你是大臣？！

此时申时行已经发现了密信外泄，他十分紧张，立刻找到了罗大纮的领导，礼部科给事中胡汝宁，让他去找罗大纮谈判。

可惜罗大纮先生不吃这一套，写了封奏疏，把这事给捅了出去，痛骂申时行两面派。

好戏就此开场，言官们义愤填膺。吏部给事中钟羽正、侯先春随即上书，痛斥申时行，中书黄正宾等人也跟着凑热闹，骂申时行老滑头。

眼看申首辅吃亏，万历当即出手，把罗大纮赶回家当了老百姓，还罚了上书言官的工资。但事情闹到这个份儿上，已经无法收拾了。

经历过无数大风大浪的申时行，终究在阴沟里翻了船。自万历十年（1582）以来，他忍辱负重，上下协调，独撑大局，打落门牙往肚里吞，至今已整整十年。

现在，他再也支撑不下去了。

万历十九年（1591）九月，申时行正式提出辞职，最终得到批准，回乡隐退。

大乱就此开始。

第七章

混战

○ 万历终于做了一件了不起的事情 如果加上最初上疏的李献可 那么在短短的几天之内 他就免掉了十二位当朝官员

申时行在的时候，大家都说朝廷很乱，但等申时行走了，大家才知道，什么叫乱。

首辅走了，王锡爵不在，按顺序，应该是许国当首辅，可这位兄弟相当机灵，一看形势不对，写了封辞职信就跑了。

只剩王家屏了。

万历不喜欢王家屏，王家屏也知道皇帝不喜欢他，所以几乎在申时行走人的同时，也提出辞职。

然而万历没有批，还把王家屏提为首辅，原因很简单，这么个烂摊子，现在内阁就这么个人，好歹就是他了。

内阁总算有个人了，但一个还不够，得再找几个，搭个班子，才好唱戏。说起来还是申时行够意思，早就料到有这一天，所以在临走时，他向万历推荐了两个人：一个是时任吏部左侍郎赵志皋，另一个是原任礼部右侍郎张位。

这个人事安排十分有趣，因为这两个人兴趣不同，性格不同，出身不同。总而言之，就没一点共同语言。但事后证明，就是这么个安排，居然撑了七八年。申先生的领导水平可见一斑。

班子定下来了，万历的安宁日子也到了头。因为归根结底，大臣们闹腾，还是因为册立太子的事情，申先生不过是帮皇帝挡了子弹，现在申先生走了，皇帝陛下只能赤膊上阵。

万历二十年（1592）正月，真正的总攻开始了。

礼部给事中李献可首先发难，上书要求皇帝早日批准长子出阁读书，而且这位兄台十分机灵，半字不提册立二字，全篇却都在催这事，半点把柄都不留，搞得皇帝陛下十分狼狈，一气之下，借口都不找了：

“册立已有旨意，这厮偏又来烦扰……好生可恶，降级调外任用！”

其实说起来，李献可不是什么大人物，这个处罚也不算太重，可万历万没想到，就这么个小人物，这么点小事儿，他竟然没能办得了。

因为他的圣旨刚下发，就被王家屏给退了回来。

作为朝廷首辅，如果认为皇帝的旨意有问题，可以退回去，拒不执行。这种权力，叫做封还。

封还就封还吧，不办就不办吧，更可气的是，王首辅还振振有词：

这事我没错，是皇帝陛下错了，因为李献可没说册立的事，他只是说应该出阁读书，你应该采纳他的意见，即使不能采纳，也不应该罚他，所以这事我不会办。

真是要造反了，刚刚提了首辅，这白眼狼就下狠手，万历恨不得拿头撞墙，气急败坏之下，他放了王家屏的假，让他回家休养去了。

万历的“幸福”生活从此拉开序幕。

几天后，礼部给事中钟羽正上疏，支持李献可，经典语言如下：

“李献可的奏疏，我是赞成的，请你把我一同降职吧（请与同谪）。”

万历满足了他的要求。

又几天后，礼部给事中舒弘绪上疏，发言如下：

“言官是可以处罚的，出阁读书是不能不办的。”

发配南京。

再几天后，户部给事中孟养浩上疏，支持李献可、钟羽正等人，相对而言，他

的奏疏更有水平，虽然官很小（七品），志气却大，总结了皇帝大人的种种错误，总计五条，还说了一句相当经典的话:

“皇帝陛下，您坐视皇长子失学，有辱宗社祖先！”

万历气疯了，当即下令，把善于总结的孟养浩同志革职处理，并拉到午门，打了一百杖。

暴风雨就是这样诞生的。

别人也就罢了，可惜孟先生偏偏是言官，干的是本职工作，平白被打实在有点冤。

于是大家都愤怒了。

请注意，这个大家是有数的，具体人员及最终处理结果如下所列:

内阁大学士赵志皋上疏，被训斥。

吏科右给事中陈尚象上疏，被革职为民。

御史邹德泳、户科都给事中丁懋逊、兵科都给事中张栋、刑科都给事中吴之佳、工科都给事中杨其休、礼科左给事中叶初春，联名上疏抗议。万历大怒，将此六人降职发配。

万历终于做了一件了不起的事情，如果加上最初上疏的李献可，那么在短短的几天之内，他就免掉了十二位当朝官员，这一伟大纪录，就连后来的急性子崇祯皇帝也没能打破。

事办到这份儿上，皇帝疯了，大臣也疯了，官服乌纱就跟白送的一样，铺天盖地到处乱扔，大不了就当老子这几十年书白读了，拼个你死我活只为一句话：可以丢官，不能丢人！

在这一光辉思想的指导下，礼部员外郎董嗣成、御史贾名儒、御史陈禹谟再次上疏，支持李献可，万历即刻反击，董嗣成免职，贾名儒发配，陈禹谟罚工资。

事情闹到这里，到底卷进来多少人，我也有点乱，但若以为就此打住，那实在是低估了明代官员的战斗力。

几天后，礼部尚书李长春也上疏了，对这位高级官员，万历也没客气，狠狠地骂了他一顿。谁知没多久，吏部尚书蔡国珍、侍郎杨时乔又上疏抗议，然而这一次，

可以丢官，不可丢人

<table>
<tr><th>姓名</th><th>官职</th><th>经典言论</th><th>抗争后果</th></tr>
<tr><td>李献可</td><td>礼部给事中</td><td></td><td>降级调外任用</td></tr>
<tr><td>钟羽正</td><td>礼部给事中</td><td>请你把我一同降职吧</td><td>降级</td></tr>
<tr><td>舒弘绪</td><td>礼部给事中</td><td>言官是可以处罚的，出阁读书是不能不办的</td><td>发配南京</td></tr>
<tr><td>孟养浩</td><td>户部给事中</td><td>坐视皇长子失学，有辱宗社祖先</td><td>革职；杖一百</td></tr>
<tr><td>赵志皋</td><td>内阁大学士</td><td></td><td>被斥</td></tr>
<tr><td>陈尚象</td><td>吏科右给事中</td><td></td><td>革职</td></tr>
<tr><td>邹德泳</td><td>御史</td><td rowspan="7">联名上书抗议</td><td rowspan="7">降职发配</td></tr>
<tr><td>丁懋逊</td><td>户科都给事中</td></tr>
<tr><td>张栋</td><td>兵科都给事中</td></tr>
<tr><td>吴之佳</td><td>刑科都给事中</td></tr>
<tr><td>杨其休</td><td>工科都给事中</td></tr>
<tr><td>叶初春</td><td>礼科左给事中</td></tr>
<tr><td>董嗣成</td><td>礼部员外郎</td><td></td><td>免职</td></tr>
<tr><td>贾名儒</td><td>御史</td><td></td><td>发配</td></tr>
<tr><td>陈禹谟</td><td>御史</td><td></td><td>罚工资</td></tr>
</table>

万历没有作出任何反应——实在骂不动了。

皇帝被搞得奄奄一息，王家屏也坐不住了，他终于出面调停，向皇帝认了错，并希望能够赦免群臣。

想法本是好的，方法却是错的，好不容易消停下去的万历，一看见这个老冤家，顿时恢复了战斗力，下书大骂：

“自你上任，大臣狂妄犯上，你是内阁大学士，不但不居中缓和矛盾，反而封还我的批示，故意激怒我！见我发怒，你又说你有病在身，回家休养！国家事务如此众多，你在家躺着（高卧），心安吗？！既然你说有病，就别来了，回家养病去吧！”

王家屏终于理解了申时行的痛苦，万历二十年（1592）三月，他连上八封奏疏，终于回了家。

这是一场实力不对等的较量，大臣的一句话，可能毫无作用，万历的一道圣旨，却足以改变任何人的命运。

然而万历失败了，面对那群前仆后继的人，他虽然竭尽全力，却依然失败了，因为权力并不能决定一切——当它面对气节与尊严的时候。

王家屏走了，言官们暂时休息了，接班的赵志皋比较软，不说话。万历正打算消停几天，张位又冒出来了。

这位次辅大人再接再厉，接着闹，今天闹出阁讲学，明天闹册立太子，每天变着法地折腾皇帝。万历同志终于顶不住了，如此下去，不被逼死，也被憋死了。

必须想出对策。

考虑再三，他决定去找一个人，在他看来，只有这个人才能挽救一切。

万历二十一年（1593），王锡爵奉命来到京城，担任首辅。

◆ 拉锯战

王锡爵，字元驭，苏州太仓人。

嘉靖四十一年（1562），他二十八岁，赴京赶考，遇见申时行，然后考了第一。

几天后参加殿试，又遇见了申时行，这次他考了第二。

据说他之所以在殿试输给申时行，不外乎两点，一是长得不够帅，二是说话不够滑。

帅不帅不好说，滑不滑是有定论的。

自打进入朝廷，王锡爵就是块硬骨头，万历五年（1577）张居正夺情，大家上书闹，他跑到人家家里闹，逼得张居正大人差点拔刀自尽。吴中行被打得奄奄一息，大家在场下吵，他跑到场上哭。

万历六年（1578），张居正不守孝回京办公，大家都庆贺，他偏请假，说我家还有父母，实在没有时间工作，要回家尽孝。张居正恨得直磨牙。

万历九年（1581），张居正病重，大家都去祈福，他不屑一顾。

万历十年（1582），张居正病逝，反攻倒算开始，抄家闹事翻案，人人都去踩一脚，这个时候，他说：

“张居正当政时，做的事情有错吗？！他虽为人不正，却对国家有功，你们怎能这样做呢？！”

万历十三年（1585），他的学生李植想搞倒申时行，扶他上台，他痛斥对方，请求辞职。

三年后，他的儿子乡试考第一，有人怀疑作弊。他告诉儿子，不要参加会试，回家待业。十三年后他下了台，儿子才去考试，会试第二，殿试第二。

他是一个经得起时间考验的人。

所以在万历看来，能收拾局面的，也只有王锡爵了。

王大人果然不负众望，到京城一转悠，就把情况摸清楚了，随即开始工作，给皇帝上了一封密信。大意是说，目前情况十分紧急，请您务必在万历二十一年（1593）册立太子，绝不能再拖延了，否则我就是再有能耐，也压制不了！

吸取了上次的教训，万历再没敢随便找人修电脑，而是专程派了个太监，送来了自己的回信。

可王锡爵刚打开信，就傻眼了。

信上的内容是这样的：

王锡爵

南直隶太仓（今属江苏）人

1562

赴京赶考，会试第一，殿试第二

1577–1581

不鸟张居正

1582

张居正死后，不愿返工

1588

为避嫌，让儿子回家待业

1601

下台，儿子会试第二，殿试第二

“看了你的奏疏，为你的忠诚感动，我去年确实说过，今年要举行册立大典，但是（注意此处），我昨天晚上读了祖训（相当于皇帝的家规），突然发现，里面有一句训示：立嫡不立长。我琢磨了一下，皇后现在年纪还不大，万一将来生了儿子，怎么办呢？是封太子，还是封王？”

“如果封王，那就违背了祖训，如果封太子，那就有两个太子了。我想来想去，想了个办法，要不把我的三个儿子一起封王，等过了几年，皇后没生儿子，到时候再册立长子也不迟。这事我琢磨好了，既不违背祖制，也能把事办了，很好，你就这么办吧。”

阶级斗争又有新动向了，很明显，万历同志是很动了一番脑筋，觉得自己不够分量，把老祖宗都搬出来了，还玩了个复杂的逻辑游戏，有相当的技术含量，现解析如下：

按老规矩，要立嫡子（皇后的儿子）。可是皇后又没生儿子，但皇后今天没有儿子，不代表将来没有，如果我立了长子，嫡子生出来，不就违反政策了吗？但是皇后什么时候生儿子，我也不知道。与其就这么拖着，还不如把现在的三个儿子一起封了了事，到时再不生儿子，就立太子。先封再立，总算对上对下都有了交代。

王锡爵初一琢磨，就觉得这事有点玄，但听起来似乎又只能这么办，思前想后，他也和了稀泥，拿出了两套方案。

方案一：让皇长子拜皇后为母亲，这样既是嫡子又是长子，问题就解决了。

方案二：按照皇帝的意思，三个儿子一起封王，到时再说。

附注：第二套方案，只有在万不得已的时候，才能使用。

上当了，彻底上当了。

清醒了一辈子的王大人，似乎终于糊涂了，他好像并不知道，自己已经跳入了一个陷阱。

事实上，万历的真正目标，不是皇长子，而是皇三子。

他喜欢郑贵妃，喜欢朱常洵，压根儿就没想过要立太子，搞三王并封，把皇长子、三子封了王，地位就平等了，然后就是拖，拖到大家都不闹了，事情也就办成了。

至于所谓万不得已，采用第二方案，那也是句废话，万历同志这辈子，那是经常地万不得已。

总之，王锡爵算是上了贼船了。

万历立即选择了第二种方案，并命令王锡爵准备执行。

经过长时间的密谋和策划，万历二十一年（1593）正月二十六日，万历突然下发圣旨：

“我有三个儿子，长幼有序，但问题是，祖训说要立嫡子，所以等着皇后生子，一直没立太子。为妥善解决这一问题，特将皇长子、皇三子、皇五子全部封王，将来有嫡子，就立嫡子，没嫡子，再立长子，事就这么定了，你们赶紧去准备吧。”

圣旨发到礼部，当时就炸了锅。这么大的事情，事先竟没听到风声，实在太不正常，于是几位领导一合计，拿着谕旨跑到内阁去问。

这下连内阁的赵志皋和张位也惊呆了，什么圣旨，什么三王并封，搞什么名堂？！

很明显，这事就是王锡爵办的，消息传出，举朝轰动，大家都认定，朝廷又出了个叛徒，而且还是主动投靠的。

因为所有人都知道，万历已经很久不去找（幸）皇后了，生儿子压根儿就是没影的事，所谓三王并封，就是扯淡。大家都能看出来，王锡爵你混了几十年，怎么看不出来？分明就是同谋，助纣为虐！

回头再说皇帝，你都说好了，今年就办，到时候竟然又不认账，搞个什么三王并封，我们大家眼巴巴地盼着，又玩花样，你当是耍猴子呢？！

两天之后，算账的人就来了。

光禄寺丞朱维京第一个上疏，连客套话都不说，开篇就骂：

“您先前说过，万历十九年（1591）就册立太子，朝廷大臣都盼着，忽然又说要并封，等皇后生子。这种说法，祖上从来就没有过！您不会是想愚弄天下人吧！”

把戏被戳破了，万历很生气，立即下令将朱维京革职充军。

一天后，刑部给事中王如坚又来了：

“十四年时，您说长子幼小，等个两三年。十八年时，您又说您没有嫡子，长幼有序，让我们不必担心。十九年时，您说二十年就册立。二十年时，您又说二十一年举行。现在您竟然说不办了，改为分封，之前的话您不是都忘了吧，以后您说的话，我们该信那一句？”

这话杀伤力实在太大，万历绷不住了，当即把王如坚免职充军。

已经没用了，什么罚工资、降职、免职、充军，大家都见识过了，还能吓唬谁？

最尴尬的，是礼部的头头脑脑们，皇帝下了圣旨，内阁又没有封还，按说是不能不办的。可是照现在这么个局势，如果真要去办，没准自己就被大家给办了。想来想去，搞了个和稀泥的方案：三王并封照办，但同时也举行册立太子的仪式。

方案报上去，万历不干：三王并封，就为不立太子，还想把我绕回去不成？

既然给面子皇帝都不要，也就没啥说的了。礼部主事顾允成、工部主事岳元声、光禄寺丞王学曾等人继续上疏，反对三王并封，这次万历估计也烦了，理都不理，随他们去。

于是抗议的接着抗议，不理的照样不理，谁也奈何不了谁。

局面一直僵持不下，大家这才突然发觉，还漏了一个关键人物——王锡爵。

这事既然是王锡爵和皇帝干的，皇帝又不出头，也只能拿王锡爵开刀了。

先是顾允成、张辅之等一群王锡爵的老乡上门，劝他认清形势，早日解决问题。然后是吏部主事顾宪成代表吏部全体官员写信给王锡爵，明白无误地告诉他：现在情况很复杂，大家都反对你的三王并封，想糊弄过去是不行的。

王锡爵终于感受到了当年张居正的痛苦，不问青红皂白，就围上来群殴，没法讲道理，就差打上门来了。

当然，一点也没差，打上门的终究来了。

几天之后，礼部给事中史孟麟、工部主事岳元声一行五人，来到王锡爵办公的内阁，过来只干一件事：吵架。

刚开始的时候，气氛还算不错，史孟麟首先发言，就三王并封的合理性、程序性一一批驳，有理有节，有根有据。

事情到这儿，还算是有事说事，可接下来，就不行了。

因为王锡爵自己也知道，三王并封是个烂事，根本就没法辩，心里理亏，半天都不说话。对方一句句地问，他半句都没答，憋了半天，终于忍不住了：

“你们到底想怎么样？”

岳元声即刻回答：

“请你立刻收回那道圣旨，别无商量！”

接着一句：

“皇上要问，就说是大臣们逼你这么干的！”

王锡爵气得不行，大声回复：

“那我就把你们的名字都写上去，怎么样？！”

这是一句威胁性极强的话。然而岳元声回答的声音却更大：

“那你就把我的名字写在最前面！充军也好，廷杖也好，你看着办！”

遇到这种不要命的二愣子，王锡爵也没办法，只好说了软话：

“请你们放心，虽然三王并封，但皇长子出阁的时候，礼仪是不一样的。”

首辅大人认输了，岳元声却不依不饶，跟上来就一句：

“那是礼部的事，不是你的事！”

谈话不欢而散，王锡爵虽然狼狈不堪，却也顶住了死不答应。

因为虽然骂者众多，却还没有一个人能够找到他的死穴。

这事看起来很简单，万历耍了个计谋，把王锡爵绕了进去，王大人背黑锅，哑巴吃黄连，有苦说不出。

事实上，那是不可能的，王锡爵先生，虽然人比较实诚，也是在官场打滚几十年的老油条，万历那点花花肠子，他一清二楚，之所以同意三王并封，是将计就计。

他的真正动机是，先利用三王并封，把皇长子的地位固定下来，然后借机周旋，更进一步逼皇帝册立太子。

在他看来，岳元声之流都是白颈乌鸦，整天吵吵嚷嚷，除了瞎咋呼，啥事也干不成，所以他任人笑骂，准备忍辱负重，一朝翻身。

然而这个世界上，终究还是有聪明人的。

庶吉士李腾芳就算一个。

李腾芳，湖广湘潭人（今湖南湘潭），从严格意义上讲，他还不是官，但这位仁兄人还没进朝廷，就有了朝廷的悟性，只用一封信就揭破了王锡爵的秘密。

他的这封信，是当面交给王锡爵的，王大人本想打发这人走，可刚看几行字，就把他给拉住了：

"公欲暂承上意，巧借王封，转作册立！"

太深刻了、太尖锐了，于是王锡爵对他说：

"请你坐下来，好好谈一谈。"

李腾芳接下来的话，彻底打乱了王锡爵的部署：

"王大人，你的打算是对的，但请你想一想，封王之后，恐怕册立还要延后，你还能在朝廷待多久？万一你退了，接替你的人比你差，办不成这件事，负责任的人就是你！"

王锡爵沉默了，他终于意识到，自己的计划蕴涵着极大的风险，但他仍然不打算改正这个错误。因为在这个计划里，还有最后一道保险。

李腾芳走了，王锡爵没有松口，此后的十几天里，跑来吵架的人就没断过，但王大人心里有谱，打死也不说，直到王就学上门的那一天。

王就学是王锡爵的门生，自己人当然不用客气，一进老师家门就哭，边哭还边说：

"这件事情（三王并封）大家都说是老师干的，如此下去，恐怕老师有灭门之祸啊！"

王锡爵却笑了：

"你放心吧，那都是外人乱说的，我的真实打算，都通过密奏交给了皇上，即使皇长子将来登基，看到这些文书，也能明白我的心意。"

这就是王先生的保险，然而王就学没有笑，只说了一句话：

"老师，别人是不会体谅您的！一旦出了事，会追悔莫及啊！"

王锡爵打了个寒战，他终于发现，自己的思维中，有一个不可饶恕的漏洞：

如果将来册立失败，皇三子登基，看到了自己拥立长子的密奏，必然会收拾掉自己。

而如果皇长子登基，即使他知道密奏，也未必肯替自己出头，因为长子登基，本来就是理所当然，犯不着感谢谁，到时，三王并封的黑锅只有他自己背。

所以结论是：无论谁胜利，他都将失败！

明知是赔本的生意，还要做的人，叫做傻子。王锡爵不是傻子，自然不做。万历二十一年（1593）二月，他专程拜见了万历，只提出了一个要求：撤回三王并封。

这下万历就不干了，好不容易把你拉上船，现在你要洗手不干，留下我一个人背黑锅，怎么够意思？

“你要收回此议，即无异于认错，如果你认错，我怎么办？我是皇帝，怎能被臣下挟持？”

话说得倒轻巧，可惜王大人不上当：你是皇帝，即使不认错，大家也不能把你怎么样，我是大臣，再跟着蹚浑水，没准祖坟都能让人刨了。

所以无论皇帝大人连哄带蒙，王锡爵偏一口咬定——不干了。

死磨硬泡没办法，大臣不支持，内阁不支持，唯一的亲信跑路，万历只能收摊了。

几天后，他下达谕令：

“三王都不必封了，再等两三年，如果皇后再不生子，就册立长子。”

可是大臣们不依不饶，一点也不消停，接着起哄，因为大家都知道，皇帝陛下您多少年不去找皇后了，皇后怎么生儿子，不想立就不想立，你装什么蒜？

万历又火了，先是辟谣，说他今年已经见过皇后，夫妻关系不好，纯属谣传。同时又下令内阁，对敢于胡说八道的人，一律严惩不贷。

这下子王锡爵为难了，皇帝那里他不敢再去凑热闹了，大臣他又得罪不起，想来想去，一声叹息：我也辞职吧。

说是这么说，可是皇帝死都不放，因为经历了几次风波之后，他已然明白，在手下这群疯子面前，一丝不挂十分危险，身前必须有个挡子弹的，才好平安过日子。

于是王锡爵惨了，大臣轰他走，皇帝不让走，夹在中间受气，百般无奈之下，他决定拼一拼——找皇帝面谈。

可是皇帝大人虽然不上班，却似乎很忙，王锡爵请示了好几个月，始终不见回音。眼看要被唾沫淹死，王大人急眼了，死磨硬泡招数全用上，终于，万历二十一年（1593）十一月，他见到了万历。

这是一次十分关键的会面，与会者只有两人，本来是天知地知，你知我知，但出于某种动机（估计是保留证据），事后王锡爵详细地记下了他们的每一句话。

等了大半年，王锡爵已经毫无耐心：

"册立一事始终未定，大臣们议论纷纷，烦扰皇上（包括他自己），希望陛下早日决断，大臣自然无词。"

万历倒还想得开：

"我的主意早就定了，反正早晚都一样，人家说什么不碍事。"

不碍事？敢情挨骂的不是你。

可这话又不能明说，于是王大人兜了圈子：

"陛下的主意已定，我自然是知道的，但外人不知道内情，偏要大吵大嚷，我为皇上受此非议深感不忿，不知道您有什么为难之处，要平白受这份闲气？"

球踢过来了，但万历不愧为老运动员，一脚传了回去：

"这些我都知道，我只担心，如果皇后再生儿子，该怎么办？"

王锡爵气蒙了，就为皇后生儿子的破事，搞了三王并封，闹腾了足足半年，到现在还拿出来当借口，还真是不要脸，既然如此，就得罪了：

“陛下，您这话几年前说出来，还过得去，现在皇子都十三岁了，还要等到什么时候！从古至今即使百姓家的孩子，十三岁都去读书了，何况还是皇子？！”

这已经是老子训儿子的口气了，但万历同志到底是久经考验，毫不动怒，只是淡淡地说:

“我知道了。”

王锡爵仍不甘心，继续劝说万历。但无论他讲啥，皇帝陛下却好比橡皮糖，全无反应，等王大人说得口干舌燥，气喘吁吁，没打招呼就走人了。只留下王大人，痴痴地看着他离去的背影。

谈话是完了，但这事没完。王锡爵回家之后，实在是气不过，一怒之下，又写了一封胆大包天的奏疏。

因为这封奏疏的中心意思只有一个——威胁:

“皇上，此次召对（即谈话），虽是我君臣二人交谈，但此事不久后，天下必然知晓，若毫无结果，将被天下人群起攻之，我即使粉身碎骨，全家死绝，也无济于事！”

这段话的意思是说，我和你谈过话，别以为大家都不知道，如果没给我一个结果，此事必将公之于天下，我完蛋了，你也得下马！

这是硬的，还有软的:

“臣进入朝廷三十余年了，一向颇有名声，现在为了此事，被天下人责难，实在是痛心疾首啊！”

王锡爵是真没办法了，可万历却是王八吃秤砣——铁了心地对着干，当即写了封回信，训斥了王锡爵，并派人送到了内阁。

按照常理，王大人看完信后，也只能苦笑，因为他虽为人刚正，却是个厚道人，从来不跟皇帝闹，可这一次，是个例外。

因为当太监送信到内阁的时候，内阁的张位恰好也在，这人就没那么老实了，是个喜欢惹事的家伙。王锡爵拆信的时候,他也凑过来看,看完后,王锡爵倒没什么,他反而激动了。

这位仁兄二话不说，当即怂恿王锡爵，即刻上疏驳斥万历。有了张位的支持，王锡爵似喝了几瓶二锅头，胆也壮了，针锋相对，写了封奏疏，把皇帝大人批驳得无地自容。

王锡爵没有想到，他的这一举动，却起到了意想不到的效果。

因为万历虽然顽固，却很机灵，他之所以敢和群臣对着干，无非是有内阁支持，现在王大人反水了，如果再闹下去，恐怕事情就没法收拾，于是他终于下圣旨：万历二十二年（1594）春，皇长子出阁读书。

胜利在意想不到的时候来临了，王锡爵如释重负，虽然没有能够册立太子，但已出阁读书，无论如何，对内对外，都可以交代了。

申时行没有办成的事情，王锡爵办成了，按说这也算是个政绩工程，王大人的位置应该更稳才是，然而事实并非如此。

因为明代的大臣很执著，直来直往，说是册立，就必须册立，别说换名义，少个字都不行！所以出阁读书，并不能让他们满意，朝廷里还是吵吵嚷嚷地闹个不停。

再加上另一件事，王锡爵就真是无路可走了。

因为万历二十一年（1593），恰好是京察年。

所谓京察，之前已介绍过，大致相当于干部考核，每六年京察一次，对象是全国五品以下官员（含五品），包括全国所有的地方知府及下属，以及京城的京官。

虽然一般说来，明代的考察大都是糊弄事，但京察不同，因为管理京察的，是六部尚书之首的吏部尚书，收拾不了内阁大学士，搞定几个五品官还是绰绰有余的。

所以每隔六年，大大小小的官员就要胆战心惊一回，毕竟是来真格的，一旦京察被免官，就算彻底完蛋。

这还不算，最倒霉的是，如果运气不好，主持考核的是个死脑筋的家伙，找人说情都没用，那真叫玩的就是心跳。

万历二十一年（1593 年）的这次京察，就是一次结结实实的心跳时刻。因为主持者，是吏部尚书孙鑨和考功司郎中赵南星。

孙鑨倒没什么，可是赵南星先生，就真是个百年难得一遇的顽固型人物。

赵南星，字梦白，万历二年（1574）进士。早在张居正当政时期，他就显示了自己的刺头本色，一直对着干。张居正死后获得提升，也不好好干，几年后就辞职回家了，据他自己说是身体不好，不想干了。

此人不贪钱，不好色，且认死理，此前不久才再次出山，和吏部尚书一起主持京察。

这么个人来干这么个事，很明显，就是来折腾人的。

果不其然，京察刚一开始，他就免了两个人的官，一个是都给事中王三余，另一个是文选司员外郎吕胤昌。

朝廷顿时一片恐慌。

因为这两个人的官虽不大，身份却很特殊，王三余是赵南星的亲家，吕胤昌是孙鑨的外甥。

拿自己的亲戚开刀，意思很明白：今年这关，你们谁也别想轻易过去。

官不聊生的日子就此开始。六部及地方上的一大批官员纷纷落马，哭天喊地，声震寰宇。连内阁大学士也未能幸免，赵志皋的弟弟被赶回了家，王锡爵的几个铁杆亲信也遭了殃。

赵志皋是个老实人，也不怎么闹，王锡爵就不同了，他上门逼张居正的时候，赵南星也就是个小跟班，要说闹事，你算老几？

很快，几个言官便上疏攻击吏部的人事安排，从中挑刺。赵南星自然不甘示弱，上疏反驳，争论了几天，皇帝最后判定：吏部尚书孙鑨罚一年工资，吏部考功司郎中赵南星官降三级。

这个结果实在不值得惊讶，因为那段时间，皇帝大人正在和王锡爵合伙搞三王

参考消息 **官绕城走，城不躲官**

据说，赵南星四五岁时，一天，跟几个小朋友在巷子里盖土城玩。正巧有个官员乘轿过此路，别的小孩见此形势早就一溜烟跑了，就剩赵南星还在加工他的小城池。官员的家人走上前去，让小孩躲开点，轿子要过去。小小的赵南星居然仰天翻了个白眼，嚣张道：你叫你家的官儿绕过去吧！家人噎住，这小孩儿知不知道自己说什么？赵小朋友看着那家人，小手护着土城，大叫道：你没看见这是个城么？自古官绕城走，可有没有城躲官的？

并封。

但王锡爵错了，因为赵南星先生，绝不是一个单纯的人。

事实上，他之所以被拉到前台，去搞这次京察，是因为在幕后，有个人在暗中操纵着一切。

这个人的名字，叫顾宪成。

关于这位仁兄的英雄事迹，后面还要详细介绍，这里就不多说了，但可以确定的是，万历二十一年（1593）的这次京察，是在顾宪成的策划下，有预谋、有目的的政治攻击。关于这一点，连修明史的史官都看得清清楚楚（《明史·顾宪成传》）。

事实印证了这一点，前台刚刚下课，后台就出手了，一夜之间，左都御史李世达、礼部郎中于孔兼等人就冒了出来，纷纷上疏攻击，王大人又一次成为了靶子。

关键时刻，万历同志再次证明，他是讲义气的，而且也不傻。

奏疏送上去，他压根儿就没理，却发布了一道看似毫不相干的命令：

吏部尚书孙鑨免职，吏部考功司郎中赵南星，削职为民。

这道圣旨的意思是：别跟我玩花样，你们那点把戏我都明白，再闹，就连你们一起收拾。

应该说效果十分明显，很快，大家都不闹了，看上去，王锡爵赢了，实际上他输了，且输得很惨。

因为孙鑨本就是个背黑锅的角色，官免了也就消停了。而赵南星就不同了，硬顶王锡爵后，他名望大增，被誉为不畏强暴、反抗强权的代表人物。虽然打包袱回了老家，却时常有人来拜访，每年都有上百道奏疏送到朝廷，推荐他出来做官。而这位兄弟也不负众望，二十年后再度出山，闹出了更大的动静。

王锡爵就此完蛋，他虽然赢得了胜利，却输掉了名声，在很多人看来，残暴的王锡爵严酷镇压了开明的赵南星，压制了正直与民意。

这是一件十分有趣的事情，因为这一切，都似曾相识。

十六年前，年轻官员王锡爵大摇大摆地迈进了张居正首辅的住所，慷慨激昂，

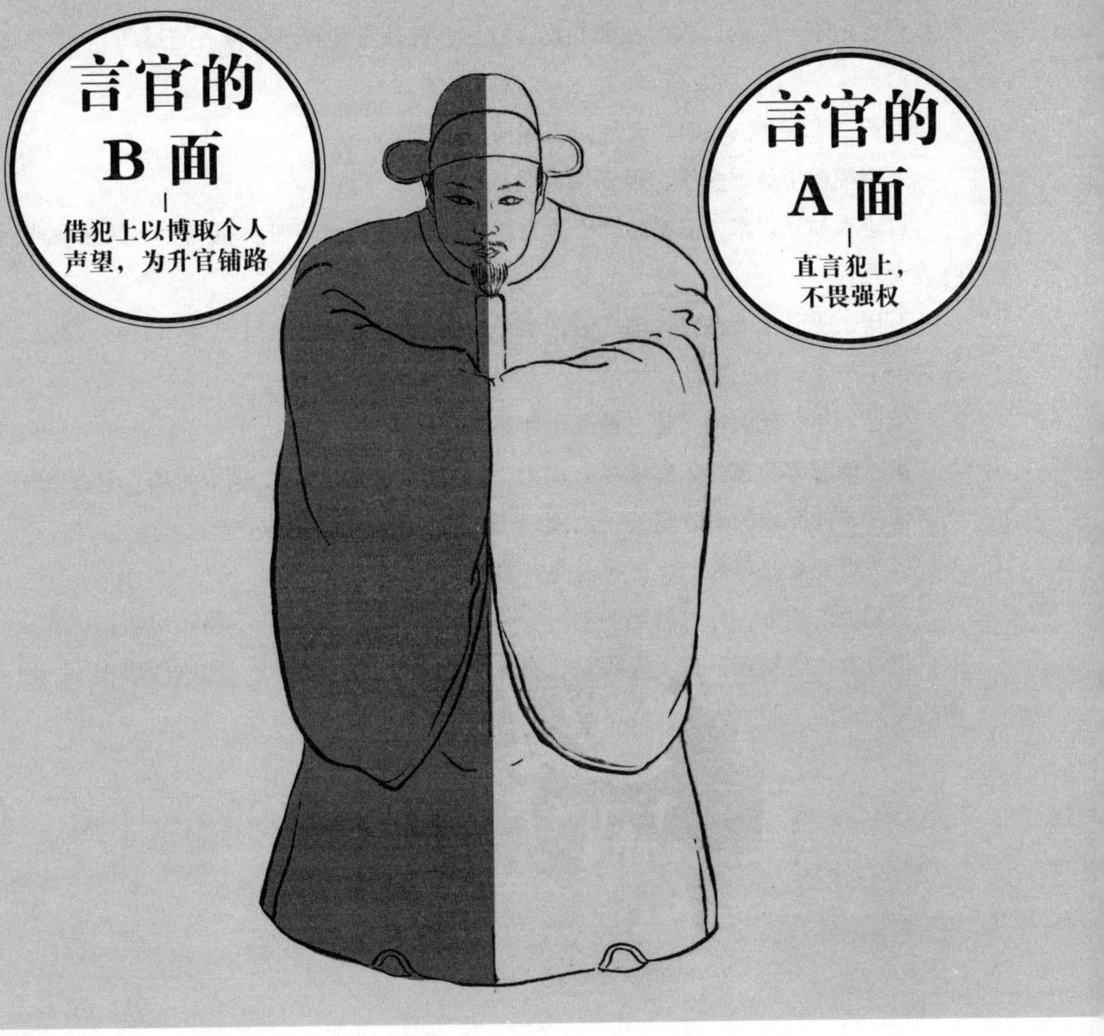

大发议论后，扬长而去，然后声名大噪。

十六年后，年轻官员赵南星向王锡爵首辅发起攻击，名满天下。

当年的王锡爵，就是现在的赵南星，现在的王锡爵，就是当年的张居正。有趣，很有趣。

所谓的被压制者，未必真被压制，所谓的压制者，未必真能压制。

遍览明代史料，曾见直言犯上者无数，细细分析之后，方才发觉：犯上是一定的，直言是不一定的，因为在那些直言背后，往往隐藏着不可告人的目的。

万历二十二年（1594）五月，王锡爵提出辞呈。

万历挽留了他很多次，但王锡爵坚持要走。

自进入朝廷以来，王锡爵严于律己，公正廉洁，几十年来如履薄冰，兢兢业业，终成大器。

万历二十一年（1593），他受召回到朝廷担任首辅，万历二十二年（1594）离去，总共干了一年。

但这一年，就毁掉了他之前几十年累积的所有名声。

虽然他忍辱负重，虽然他尽心竭力，努力维护国家运转，调节矛盾，甚至还完成了前任未能完成的事（皇长子出阁读书），却再也无法支撑下去。

因为批评总是容易的，做事总是不容易的。

王锡爵的离去，标志着局势的进一步失控，从此以后，天下将不可收拾。

但没有人会料到，王大人辞职，将成为另一事件的导火线，和这件事相比，所谓的朝局纷争，册立太子，都不过是小儿科而已。

第八章

东林崛起

○问题越来越严重 舆论越来越激烈 万历是躲一天算一天的主 偏偏又来了这么个首辅

首辅走了，日子却还得过。原本排第二的赵志皋应该接班，但这人实在太软，谁都敢欺负他，上到皇帝，下到大臣，都觉得他压不住阵，于是皇帝下令，由大臣推荐首辅。

于是幕后人物顾宪成出马了。

顾宪成，字叔时，江苏无锡人。万历四年（1576）参加乡试，考中第一名解元。三年后去考了进士，成绩平平，分配到户部当了个主事。当官后，他最不喜欢的人是张居正，平日怎么别扭怎么来。

比如张大人病重，大家都去上疏祷告，他不去。别人看他不上路，帮他署了名，他知道后不肯罢休，非把自己的名字划掉，那是相当执著。不过这也没什么，当时和张大人对着干的人多了去了，不缺他一个。

等到张居正死了，他就去了吏部，但也没升官，还接着当六品主事（正处级），这中间还请了三年假。

总之，这是个并不起眼的人。

万历二十一年（1593）京察时，孙鑨是吏部尚书（正二品），赵南星是考功司郎中（相当于司长，正五品），而顾宪成只是个考功司员外郎（副手，从五品）。

万历八年（1580）进入朝廷，就当六品主事，混了十三年，才升了一级，实在有点说不过去。

但就是这么个说不过去的人，却是这场风暴的幕后操纵者（实左右之），不服都不行。

更为神奇的是，事情闹大了，孙鑨撤职了，赵南星回家了，连王首辅都辞职了，他却是岿然不动。非但不动，还升了一级，当上了吏部文选司郎中。

之前说过，文选司负责官员人事选拔，是吏部第一肥差。根据史料的记载，顾宪成大致属于性格顽固，遇事不转弯的人，如此个性，竟然能捞到这位置，实在有点不可思议。

不可思议的事情还在后面，当初孙鑨刚被免职的时候，吏部没有部长，王锡爵打算趁机换人，推荐自己的亲信罗万化接班。顾宪成反对，推荐了右都御史陈有年。

最终任命结果：吏部尚书陈有年。

你要知道，王锡爵大人此时的职务，是内阁首辅、建极殿大学士，领吏部尚书衔兼太子太保，从一品。而顾宪成，是个刚提拔一年的五品郎中。

王锡爵的后面，有万历撑腰。顾宪成的后面，什么都看不见。

第一把手加第二把手，对付一个小小的司官，然而事实告诉我们，顾宪成赢了。

因为在顾宪成的背后，是一片深不可测的黑夜。

我认为，在那片黑暗中，隐藏着一股强大的力量。

很快，事实就将再次验证这一点。

当万历下令大臣推举入阁人选的时候，顾宪成先生又一次冒了出来，上疏推举人选。虽说这事的确归他管，但奇怪的是，如此重大的政治决策，吏部的几位侍郎竟然毫无反应，尚书陈有年也对他言听计从。史料上翻来覆去，只有他的光辉事迹，似乎吏部就他干活。

而当万历同志看到顾宪成推举的那个名字时，差点没把桌子给掀了。

因为在顾宪成的名单上，第一个就是王家屏。

作为吏部官员，顾宪成明知这家伙曾把皇帝折腾得七荤八素，竟然还要推荐此人，明摆着就是跟皇帝过不去。

所以皇帝也忍无可忍了，终于打发顾宪成回了家。

明代的官员，虽然罢官容易，升官倒也不难，只要过个几年，时局一变，立马就能回到朝廷重新来过，而以顾宪成之前的工作业绩和运动能量，东山再起不过是个时间问题。

可谁也没想到，顾先生这一走，就再也没回来。虽然把这人开了，万历很有点快感，但由此酿成的后果，却是他死都想不到的。

自明开国以来，无论有多大能耐，无论有何背景，包括那位天下第一神算刘伯温，如果下野之后没能重新上台，慢慢地就边缘化了，然后走向同一结局——完蛋，从无例外。

例外，从顾宪成开始。

和赵南星一样，自从下野后，顾宪成名气暴涨，大家纷纷推举他再次出山，虽然没啥效果，也算捧了个场。不久之后，他的弟弟顾允成和同乡高攀龙也辞官回了家，三个人一合计，反正闲着也是闲着，就讲学吧。

这一讲就是三年，讲着讲着，人越来越多。于是有一天，顾宪成对高攀龙说了这样一句话:

“我们应该找个固定的讲习场所。”

其实地方是有的，在无锡县城的东头，有一个宋代学者杨时讲过学的场地，但年久失修，又太破，实在没法用，所以这事也就搁置了下来。

七年后，出钱的主终于找到了，常州知府欧阳东凤和顾宪成关系不错，听说此事，

参考消息 **东林议政**

在顾宪成被削职为民后，与高攀龙、钱一本、薛敷教、史孟麟、于孔兼等人开始了东林讲学，“每岁一大会，每月一小会。”当时被时政困扰和被当局排斥的士大夫学生等往往不惧辛苦，远道前来旁听，人多到“学舍至不能容”。这些文人们讽议时政，裁量人物，在朝的官员竟然也遥相应和。后来孙丕扬、邹元标、赵南星等也相继到此讲学，论政事。此即是东林党的议政之始。

大笔一挥就给办了，拨出专款修缮此地。此后，这里就成了顾宪成等人的活动地点。

它的名字叫做东林书院，实事求是地讲，确实也就是个书院，但在此后的几十年中，它却焕发了不可思议的魔力，成为了一种威力强大的信仰，那些相信或接受的信徒，历史上统称为东林党。

无数人的命运，大明天下的时局，都将由这个看似与朝廷毫无关系的地方，最终确定。

◆ 最后一根稻草

王锡爵回家去养老，顾宪成回家去讲学，王家屏自然也消停了，于是首辅的位置还是落到了赵志皋同志的身上。

这就真叫害死人了，因为赵志皋压根儿就不愿意干！

赵先生真是老资格了，隆庆二年（1568）中进士，先当翰林，再当京官，还去过地方，风风雨雨几十年，苦也吃了，罪也受了，七十多岁才混到首辅，实在没啥意思。

更为重要的是，他个性软弱，既不如申时行滑头，也不如王锡爵强硬，而明代的言官们大都不是什么善茬，一贯欺软怕硬。一旦坐到这个位置上，别说解决册立太子之类的敏感问题，光是来找碴儿的，都够他喝一壶。

对此，赵先生十分清楚，所以他主动上疏，不愿意干，情愿回家养老。

可是万历是不会同意的，好不容易找来个堵枪眼的，你要走了，我怎么办？

无奈，赵志皋先生虽然老矣，不太能饭，但还是得死撑下去。

于是，自万历二十二年（1594）起，他开始了四年痛苦而漫长的首辅生涯。具体表现为，不想干，没法干，却又不能走。

说起来，他还是很敬业的，因为这几年正好是多事之秋，外面打日本，里面闹册立，搞得不可开交。赵大人外筹军备，内搞协调，日夜加班忙碌，干得还不错。

可下面这帮大臣一点儿面子都不给，看他好欺负，就使劲欺负，宫里失火了有人骂他，天灾了有人骂他，儿子惹事了有人骂他，甚至没事，也有人骂他，说他就该走人（言志皋宜放）。

欺人太甚，于是老实人终于发火了。

王锡爵在的时候，平素说一不二，动辄训斥下属，除了三王并封这种惹众怒的事情外，谁也不敢多嘴骂他。到赵志皋这儿，平易近人，待人和气，却老是挨骂，老先生一气之下，也骂人了：

“都是内阁首辅，势大权重的，你们就争相依附求取进步，势小权轻的，你们就争相攻击，博取名声！”

骂归骂，可下面这帮人实在啥觉悟也没有，还是喜欢拿老先生开涮。赵老头也真是倒霉，在这紧要关头，偏偏又出了事。

事情出在兵部尚书石星的身上，如果你还记得，当时正值第一次抗倭援朝战争结束，双方谈判期间，石星最为信任的大忽悠沈惟敬正处于巅峰期，谈判前景似乎很乐观。石大人便通报领导，说和平很有希望。

他的领导，就是赵志皋。

赵大爷本来就不爱惹事，听了自然高兴，表示同意谈判。结果大家都知道了，所谓和平，全是沈惟敬、小西行长等中日两方的职业骗子们通力协作，忽悠出来的。事情败露后，沈惟敬杀头，石星坐牢。

按说这事赵先生最多也就是个领导责任，可言官们实在是道德败坏，总找软柿子捏，每次弹劾石星，都要把赵大人稍带上。赵大人气得直喘气，要辞职，皇帝又不许。到万历二十六年（1598），赵大人再也撑不住了，索性回家养病休息，反正皇帝也不管。

万历二十九年（1601），赵大人死在了家里，不知是病死，还是老死。但我知道，他确实很累，因为直到他死的那天，辞职都没有批下来，用今天的话说，他应该算是死在了工作岗位上。

赵志皋的日子过得艰难，张位相对好点，因为他的脾气比较厉害，言官们没怎么敢拿他开刀，加上他是次辅，凡事没必要太出头，有赵首辅挡在前面，日子过得也可以。

他唯一的问题，就是在抗倭援朝战争中，着力推荐了一个人，不但多次上疏保举，而且对其夸奖有加，说此人是不世出之奇才，必定能够声名远播，班师凯旋。

这个人的名字，叫做杨镐。

关于此人，我们之前已经说过了，从某个角度讲，他确实不负众望，虽然输了，还是输得声名远播，播到全国人民都晓得。朝廷随即开始追究责任，大臣们开骂，骂得张位受不了，就上疏皇帝，说：

"大家都在骂我（群言交攻），但我是忠于国家的，且毫无愧疚，希望皇上体察（惟上矜察）。"

皇帝说：

"杨镐这个人，就是你暗中密奏，推荐给我的（密揭屡荐）！我信了你，才会委派他做统帅，现在败仗打了，国威受损，你还敢说自己毫无愧疚（犹云无愧）？！"

到这个份儿上，估计也没啥说的了，张位连辞职的资格都没有，就被皇帝免职，走的时候没有一个人帮他说话。

估计是受刺激太大，张大人回家不久后就死了。

至万历二十九年（1601），内阁的几位元老全部死光，一个看似微不足道的人，就此踏上这个舞台。

七年前，王锡爵辞职，朝廷推举阁臣，顾宪成推举了王家屏，但有一点必须说明：当时，顾先生推荐的，并非王家屏一人，而是七个。

这七个人中，王家屏排第一，可是万历不买账，把顾宪成赶回了家。然而事实上，对顾先生的眼光，皇帝大人还是有所认可的，至少认可排第四的那个。

南京礼部尚书沈一贯。

沈一贯，字肩吾，隆庆二年（1568）进士。算起来，他应该是赵志皋的同班同学，不过他的成绩比赵大人要好得多，当了庶吉士，后来又去翰林院，给皇帝讲过课。和之前几位类似，他跟张居正大人的关系也相当不好，不过他得罪张先生的原因，是比较搞笑的。

事情经过是这样的，有一天，沈教官给皇帝讲课，说着说着，突然发了个感慨，说自古以来，皇帝托孤，应该找个忠心耿耿的人，如果找不到这种人，还不如多教育自己的子女，亲历亲为。

要知道，张居正同志的耳目是很多的，很快这话就传到了他的耳朵里，加上他的心胸又不算太宽广，所以张大人当政期间，沈一贯是相当地萧条，从未受到重用。

相对于直言上疏、痛斥张居正而落得同样下场的王锡爵等同志，我只能说，其实沈一贯不是故意的。

张居正死后，沈一贯才出头，历任吏部左侍郎、翰林院侍读学士，后来又去了南京当礼部尚书。

此人平素为人低调，看上去没有什么特点，然而，这只是表面现象而已。

顾宪成是朝廷的幕后影响者，万历是至高无上的统治者，两人势不两立。

所以一个既能被顾宪成推荐，又能被皇帝认可的人，是十分可怕的。

万历二十二年（1594），沈一贯被任命为吏部尚书兼东阁大学士，进入了帝国的决策层。

很快，他就展示了他的异常之处，具体表现为，大家都欺负赵志皋，他不欺负。

赵首辅实在是个彻头彻尾的软柿子，无论大小官员，从他身边过，都禁不住要捏一把，而对赵大人尊敬有加的，只有沈一贯（事皋甚恭）。

但沈一贯先生尊敬赵老头，绝非尊重老人，而是尊重领导，因为排第二的张位、排第三的陈于陛，他都很尊敬。

沈一贯就这样扎下了根，在此后的七年之中，赵志皋被骂得养了病，陈于陛被骂得辞了官，都没他什么事。他还曾经联同次辅张位保举杨镐，据说还收了钱，可是杨镐事发，张位被弹劾免职，他竟安然无恙。

到万历二十九年（1601），死的死了，退的退了，只剩沈一贯，于是这个天字第一号大滑头终于成为了帝国的首辅。

凭借多年的混事技术，沈先生游刃有余，左推右挡，皇帝信任，大臣也给面子，地位相当稳固。然而在历史上,沈一贯的名声一贯不佳,究其原因,就是他太过滑头。

因为从某种角度来讲，朝廷首辅就是背黑锅的，国家那么多事，总得找一个负责的，但沈先生全然没有这个概念，能躲就躲能逃就逃，实在不太地道。

而当时朝廷的局势，却已走到了一个致命的关口。

万历二十九年（1601），皇长子十九岁，虽然出阁读书，却依然不是太子。而且万历办事不厚道，对教自己儿子的讲官十分刻薄，一般人家请个老师，都要小心伺候，从不拖欠教师工资，万历却连饭都不管，讲官去教他儿子，还得自己带饭，实在太不像话。

相对而言，皇三子就真舒服得多了，要什么有什么，备受万历宠爱，娇生惯养，啥苦都没吃过，且大有夺取太子之位的势头。

这些情况大家都看在眼里，外加郑贵妃又是个百年难得一见的蠢人，丝毫不知收敛，极为嚣张，可谓是人见人恨。久而久之，一个父亲偏爱儿子的问题，就变成了恶毒地主婆欺负老实佃户的故事。

问题越来越严重，舆论越来越激烈。万历是躲一天算一天的主，偏偏又来了这么个首辅。要知道，大臣们不闹事，不代表不敢闹事，一旦他们的怒火到达顶点，国家将陷入前所未有的骚乱。

然而动乱没有爆发，因为这个曾经搞倒申时行、王锡爵、王家屏等无数政治高手，看似永远无法解决的问题，竟然被解决了。

而解决它的，就是为人极不地道、一贯滑头的沈一贯。

说起来，这是个非常玄乎的事。

万历二十九年（1601）八月，沈一贯向皇帝上疏，要求册立太子。其大致内容是，皇长子年纪大了，应该册立太子，正式成婚，到时有了孙子，您也能享子孙满堂的福啊。

无论怎么看，这都是一封内容平平的奏疏，立意不新颖，文采很一般，按照以往的惯例，最终的结局应该是被压在文件堆下几年，再拉出去当柴火烧。

可惊喜总是存在的，就在第二天，沈一贯收到了皇帝的回复：

“即日册立皇长子为太子！”

沈一贯当时就蒙了。

这绝对不可能。

争了近二十年，无数猛人因此落马，无数官员丢官发配，皇帝都被折腾得半死不活，却死不松口。

然而现在，一切都解决了。

事实摆在眼前，即日册立太子，非常清晰，非常明显。

沈一贯欣喜若狂，他随即派人出去，通报了这一消息，于是举朝轰动了，所有的人都欢呼雀跃，为这个等待了许久的胜利。

“争国本”就此落下帷幕。这场万历年间最激烈复杂的政治事件，共逼退首辅四人，部级官员十余人、涉及中央及地方官员三百多位，其中一百多人被罢官、解职、发配，闹腾得乌烟瘴气，还搞出了一个叫东林党的副产品。几乎所有人都不相信，它会有解决的一天。

然而这件事情，却在最意想不到的时候，由最意想不到的人解决了，遭遇父亲冷落的朱常洛终于修成正果，荣登太子。

参考消息 **民间疾苦甚，大婚耗费多**

1601年，苦熬了十九年的皇长子终于册封太子，户部也奉诏筹备皇太子大婚。要说朱常洛虽然在政治上未曾展露过什么手脚，但是毕竟是皇长子。万历当年成婚，费银十七万两，也是个天文数字，但比起自己的儿子来实在花费得少了很多。四月，贵州旱情严重，米价爆涨，民众恐慌。皇太子筹备大婚，计费银二百二十一万两，其中珠宝占一百八十万两。太仓银库时余银一千九百两，户部因此上书，万历批示：“大典所用无数，实非得以不得缺误”。五月，民间烹子为食。

但此事之中，仍然存在着一个最大的疑问：为什么那封上疏，能够破解这个残局？

我不知道沈一贯有没有想过这个问题，但我想了。

万历并不愚蠢，事实上，从之前的种种表现看，他是一个十分成熟的政治家，没有精神病史，心血来潮或是突发神经基本都可以排除，而且他的意图十分明显——立皇三子。

那么到底是什么原因，让他放弃了这个经历十余年的痛骂、折腾，却坚持不懈的企图？

翻来覆去地审阅沈一贯的那封上疏，并综合此事发生前的种种迹象，我得出的结论是：这是压死骆驼的最后一根稻草。

万历从来就不想立皇长子，这是毫无疑问的，但疑问在于，他知道希望很渺茫，也知道手底下这帮大臣都是死脑筋，为何还要顶着漫天的口水和谩骂，用拖延战术硬扛十几年？

如果没有充分的把握，皇帝大人是不会吃这个苦的。

十几年来，他一直在等待两件事情的发生。然而这两件事他都没等到。

我曾经分析过，要让皇三子超越皇长子继位，修改出生证明之类的把戏自然是没用的，必须有一个理由，一个能够说服所有人的理由，而这个答案只能是：立嫡不立长。

只有立嫡子，才能压过长子，并堵住所有人的嘴。

但皇三子就是皇三子，怎可能变成嫡子呢？

事实上，是可能的，只要满足一个条件——郑贵妃当皇后。

只要郑贵妃当上皇后，皇后的儿子自然就是嫡子，皇三子继位也就顺理成章了。

可是皇后只有一个，所以要让郑贵妃当上皇后，只能靠等，等到王皇后死掉，或是等时机成熟，把她废掉，郑贵妃就能顺利接位。

可惜这位王皇后身体很好，一直活到了万历四十八年（1620年，这一年万历驾崩），差点比万历活得还长。且她一向为人本分厚道，又深得太后的喜爱，要废掉她，实在没有借口。

第一件事是等皇后，第二件事是等大臣。

这事就更没谱了，万历原本以为免掉一批人，发配一批人，再找个和自己紧密配合的首辅，软硬结合就能把事情解决。没想到明代的大臣却是软硬都不吃，丢官发配的非但不害怕，反而很高兴。要知道，因为顶撞皇帝被赶回家，那是光荣，知名度噌噌地往上涨，值大发了。

所以他越严厉，越有人往上冲，只求皇帝大人再狠一点，最好暴跳如雷，这样名声会更大，效果会更好。

而首辅那边，虽然也有几个听话的，无奈都是些老油条，帮帮忙是可以的，跟您老人家下水是不可以的。好不容易拉了个王锡爵下来，搞了三王并封，半路人家想明白了，又跑掉了。

至于王家屏那类人，真是想起来都能痛苦好几天。十几年磨下来，人换了不少，朝廷越来越闹，皇后身体越来越好，万历同志焦头烂额，开始重新权衡利弊。

我相信，在他下定决心的过程中，有一件事起到了关键的作用。

此事发生的具体时间不详，但应该在万历十四年（1586）之后。

有一天，李太后和万历谈话，说起了皇长子，太后问：你为何不立他为太子？

万历漫不经心地答道：他是宫女的儿子。

太后大怒：你也是宫女的儿子！

这就是活该了，万历整天忙里忙外，却把母亲的出身给忘了，要知道这位李老太太，当年也就是个宫女，因为长得漂亮才被隆庆选中，万历才当上了皇帝。如果宫女的儿子不能继位，那么万历兄是否应该引咎辞职呢？

万历当即冷汗直冒，跪地给老太太赔不是，好说歹说才糊弄过去。

这件事情，必定给他留下了极为深刻的印象。

皇后没指望，老太太反对，大臣不买账，说众叛亲离，丝毫也不过分。万历开始意识到，如果不顾一切强行立皇三子，他的地位都可能不保。

在自己的皇位和儿子的皇位面前，所有成熟的政治家都会作出同样的抉择。

决定政治动向的最终标准是利益，以及利益的平衡。

这是一条真理。

就这样，沈一贯捡了个大便宜，不仅成就了册立太子的伟业，成为朝廷大臣拥戴的对象，他的名声也如日中天。

可你要说他光捡便宜，不作贡献，那也是不对的，事实上，他确实做了一件了不起的事。

就在圣旨下达的第二天，万历反悔了，或许是不甘心十几年被人白喷了口水，或许是郑贵妃吹了枕边风，又找了借口再次延期，看那意思是不打算办了。

但朝廷大臣们并没有看到这封推辞的诏书，因为沈一贯封还了。

这位一贯滑头的一贯兄，终于硬了一回，他把圣旨退了回去，还加上了这样一句话:

“万死不敢奉诏！”

沈一贯的态度，深深地震慑了万历，他意识到，自己已经无路可退。

万历二十九年（1601）十月，皇帝陛下正式册立皇长子朱常洛为太子，“争国本”事件正式结束。

被压了十几年的朱常洛终于翻身，然而他的母亲，那位恭妃，却似乎永无出头之日。

按说儿子当上太子，母亲至少也能封个贵妃，可万历压根儿就没提这件事，一直压着，直到万历三十四年（1606），朱常洛的儿子出世，恭妃才被封为皇贵妃。

但皇贵妃和皇贵妃不一样，郑贵妃有排场，有派头，而王贵妃不但待遇差，连儿子来看他，都要请示皇帝，经批准才能见面。

但几十年来，她没有多说过一句话，直到万历三十九年（1611）的那一天。

她已经病入膏肓，不久于人世，而朱常洛也获准去探望他，当那扇大门洞开时，她再次见到了自己的儿子。

二十九年前的那次偶遇，造就了她传奇的一生，从宫女到贵妃，再到未来的太后（死后追封）。

但是同时，这次偶遇也毁灭了她，因为万历同志很不地道，几十年如一日对她搞家庭冷暴力，既无恩宠，也无厚待，生不如死。

争国本事件始末

时间	事件	后果
1582	朱常洛出生	万历很不高兴，勉强承认
1586	申时行请立太子	拖延，等几年
1590	内阁联名上书请立太子	明年办
1591	群臣要求实现承诺	两内阁成员辞职；一人托故不在
1592	求皇长子出阁读书	首辅王家屏辞职；数十大臣被免、被罚
1594	皇长子出阁读书	首辅王锡爵因三王并封事件请辞
1601	沈一贯上疏最后一根稻草	万历同意立朱常洛为太子

然而她并不落寞，也无悔恨。

因为她看到了自己的儿子，已经长大成人的儿子。

青史留名的太后也好，籍籍无名的宫女也罢，都不重要。重要的是，作为一个母亲，在临终前看到了自己的儿子，看到他经历千难万苦，终于平安成人，这就足够了。

所以，在这生命的最后一刻，她拉着儿子的衣角，微笑着说：

“儿长大如此，我死何恨。”

这里使用的是史料原文，因为感情，是无法翻译的。

还有，其实这句话，她是哭着说的，但我认为，当时的她，很高兴。

王宫女就此走完了她的一生，虽然她死后，万历还是一如既往地混账，竟然不予厚葬，经过当时的首辅叶向高反复请求，才得到了一个谥号。

虽然她这一生，并没有什么可供传诵的事迹，但她已然知足。

在这个世界上，所有的爱都是为了相聚，只有母爱，是为了分离。

接受了母亲最后祝福的朱常洛还将继续走下去，在他成为帝国的统治者前，必须接受更为可怕的考验。

◆ 妖书

朱常洛是个可怜人，具体表现为出身低，从小不受人待见。身为皇子，别说胎教，连幼儿园都没上过，直到十二岁才读书，算半个失学儿童。身为长子，却一直位置不稳，摇摇摆摆到了十九岁，才正式册立为太子。

读书的时候，老师不管饭，册立的时候，仪式都从简，混到这个份儿上，怎个惨字了得。

他还是个老实人，平时很少说话，也不闹事，待人也和气，很够意思，但凡对他好的，他都报恩。比如董其昌先生，虽被称为明代最伟大的天才画家，但人品极坏，平日欺男霸女，鱼肉百姓，闹得当地百姓都受不了。但就是这么个人，因为教过他几天，辞官后还特地召回，给予优厚待遇。

更为难得的是，对他不好的，他也不记仇。最典型的就是郑贵妃，这位妇女的档次属于街头大妈级，不但多事，而且闹事，屡次跟他为难。朱常洛却不以为意，还多次替其开脱。

无论从哪个角度看，他都是一个不折不扣的好人。

但历史无数次证明，在皇权斗争中，好人最后的结局，就是废人。

虽然之前经历风风雨雨，终于当上太子，但帝国主义亡我之心不死，只要万历一天不死，朱常洛一天不登基，幕后的阴谋将永不停息，直至将他彻底毁灭。

现实生活不是电影，坏人总是赢，好人经常输，而像朱常洛这种老好人，应该算是稳输不赢。

可是这一次，是个例外。

事实证明，万历二十九年（1601），朱常洛被册立为太子，不过是万里长征走完了第一步，两年后，麻烦就来了。

这是一个很大的麻烦，大到国家动荡，皇帝惊恐，太子不安，连老滑头沈一贯都被迫下台。

但有趣的是，惹出麻烦的，既不是朱常洛，也不是郑贵妃，更不是万历，事实上，幕后黑手到底是谁，直至今日，也无人知晓。

万历三十一年（1603）十一月，一篇文章在朝野之间开始流传，初始还是小范围内传抄，后来索性变成了大字报，民居市场贴得到处都是，识字不识字的都去看，短短十几天内全国上下人人皆知，连买菜的老大娘都知道了，在没有互联网和手机短信的当年，传播速度可谓惊人。

之所以如此轰动，是因为这篇文章的内容，实在是太过火爆。

此文名叫《续忧危议》，全篇仅几百字，但在历史上，它却有一个诡异的名字——“妖书”。

在这份妖书中，没有议论，没有叙述，只有两个人的对话，一个人问，一个人答。问话者的姓名不详，而回答的那个人，叫做郑福成。这个名字，也是文中唯一的主角。

参考消息 **画家董其昌的“辉煌”往事**

董其昌的好色在当时就已经家喻户晓、妇孺皆知了。这位老爷子六十岁上，看中了佃户的女儿绿英，他的儿子竟然率众强抢绿英做自己的小妈。后来这件事情激起民愤，数度闹上公堂，竟然引得群众自发地抄了董其昌的家，还有人出了本册子，叫《民抄董宦事实》，里面评价董其昌“当问其字非颠米，画非痴黄，文章非司马宗门，翰非欧阳班辈，何得侥小人之幸，以滥门名”，董家经此一抄，“四宅焚如，家资若扫”，直可谓风流史上一大笑话耳！

文章一开始，是两个人在谈事，一个说现在天下太平，郑福成当即反驳，说目前形势危急，因为皇帝虽然立了太子，但那是迫于沈一贯的要求，情非得已，很快就会改立福王。

这在当年，就算是反动传单了，而且郑福成这个名字，也很有技术含量，郑贵妃、福王、成功三合一，可谓言简意赅。

之所以被称为妖书，只说说皇帝、太子，似乎还不合格，于是内阁的两位大人，也一起下了水。

当时的内阁共有三人，沈一贯是首辅，另外两人是沈鲤和朱赓。妖书的作者别出心裁，挑选了沈一贯和朱赓，并让他们友情客串，台词如下：

问：你怎么知道皇帝要改立福王呢？

郑福成答：你看他用朱赓，就明白了，朝中有这么多人，为什么一定要用朱赓呢，因为他姓朱，名赓，赓者，更也，真正的意思，就是改日更立啊（佩服，佩服）。

这是整朱赓，还有沈一贯同志：

问：难道沈一贯不说话吗？

郑福成答：沈一贯这个人阴险狡诈，向来是有福独享，有难不当，是不会出头的。

闹到这个份儿上，作者还不甘心，要把妖书进行到底，最后还列出了朝廷中的几位高官，说他们都是改立的同党，是大乱之源。

更为搞笑的是，这篇妖书的结尾，竟然还有作者署名！

落款者分别是吏科都给事中项应祥，四川道御史乔应甲。

这充分说明，妖书作者实在不是什么良民，临了还要耍人一把。难能可贵的是，他还相当有版权意识，在这二位黑锅的名下还特别注明，项应祥撰（相当于原著），乔应甲书（相当于执笔）。

这玩意儿一出来，大家都蒙了。沈一贯当即上书，表示自己非常愤怒，希望找出幕后主使人，与他当面对质，同时他还要求辞官，以示清白以及抗议。

而妖书上涉及的其他几位高级官员也纷纷上书，表示与此事无关，并要求辞职。

最倒霉的人是朱赓，或许是有人恶搞他，竟然把一份妖书放在了他的家门口。

这位朱先生是个厚道人，吓得不行，当即把这份妖书和自己的奏疏上呈皇帝，还一把鼻涕一把泪地哭诉，说我今年都快七十了，有如此恩宠已是意外，也没啥别的追求，现在竟然被人诬陷，请陛下让我告老还乡。

朝廷一片混乱，太子也吓得不行，他刚消停两年，就出这么个事，闹不好又得下去，整日坐卧不安，担惊受怕。

要说还是万历同志久经风雨，虽然愤怒，倒不怎么慌，先找太子去聊天，说我知道这不关你的事，好好在家读书，别出门。

然后再发布谕令，安抚大臣，表示相信大家，不批准辞职，一个都别走。

稳定情绪后，就该破案了，像这种天字第一号政治案件，自然轮不上衙门捕快之类的角色，东厂锦衣卫倾巢而出，成立专案组，没日没夜地查，翻天覆地地查。

万历原本以为，来这么几手，就能控制局势，然而这场风暴，却似乎越来越猛烈。

首先是太子，这位兄弟原本胆小，这下更是不得了，窝在家里哪里都不去，唯恐出事。而郑贵妃那边也不好受，毕竟妖书针对的就是她，千夫所指，舆论压力太大，每日只能以泪洗面，不再出席任何公开活动。

内阁也不得消停。沈一贯和朱赓吓得不行，都不敢去上班，待在家里避风头。日常工作只有沈鲤干，经常累得半死。大臣们也怕，因为所有人都知道，平时争个官位，抢个待遇的没啥，这个热闹却凑不得，虽说皇帝大人发话，安抚大家不让辞职，可这没准是放长线钓大鱼，不准你走，到时候来个一锅端，那就麻烦大了。

总而言之，从上到下，一片人心惶惶。很多人都认定，在这件事情的背后，有很深的政治背景。

确实如此。

这是明代历史上一件著名的政治疑案，至今仍无答案，但从各种蛛丝马迹之中，真相却依稀可辨。

可以肯定的是，这件事情应该与郑贵妃无关，因为她虽然蠢，也想闹事，却没必要闹出这么大动静，把自己推到风口浪尖受罪。而太子也不会干这事，以他的性格，别人不来惹他就谢天谢地、求神拜佛了。

作案人既不是郑贵妃，也不是太子，但可以肯定的是，作案者，必定是受益者。

在当时的朝廷中，受益者不外乎两种，一种是精神受益者，大致包括看不惯郑贵妃欺压良民，路见不平也不吼，专门暗地下黑手的人，写篇东西骂骂出口气。

这类人比较多，范围很大，也没法子查。

第二种是现实受益者。就当时的朝局而言，嫌疑人很少——只有两个。

这两个人，一个是沈一贯，另一个是沈鲤。

这二位仁兄虽然是本家，但要说他们不共戴天，也不算夸张。

万历二十九年（1601），沈一贯刚刚当首辅的时候，觉得内阁人太少，决定挑两个跑腿的，一个是朱赓，另一个是沈鲤。

朱赓是个老实人,高高兴兴地上班了。沈鲤却不买账,推辞了很多次,就是不来。沈一贯以为他高风亮节，也就没提这事。

可两年之后，这位仁兄竟然又入阁了。沈一贯同志这才明白，沈鲤不是不想入阁，而是不买他的账，因为这位本家资历老，名望高，还给皇帝讲过课，关系很好，压根儿就看不起自己。

看不起自然就不合作,外加沈鲤也不是啥善人,两人在内阁里一向是势不两立。

而现在妖书案发，内阁三个人，偏偏就拉上了沈一贯和朱赓，毫无疑问，沈鲤是有嫌疑的。

这是我的看法，也是沈一贯的看法。

这位老油条在家待了好几天，稳定情绪之后，突然发现这是一个绝佳的机会。

他随即恢复工作，以内阁首辅的身份亲自指挥东厂锦衣卫搜捕，而且还一反往日装孙子的常态,明目张胆地对沈鲤的亲信——礼部侍郎郭正域下手,把他的老乡、朋友、下属、仆人全都拉去审问。

在这个不寻常的行动背后，是一个不寻常的算盘:

如果事情是沈鲤干的，那么应该反击，这叫报复；如果事情不是沈鲤干的，那么也应该反击，这叫栽赃。

在这一光辉思想的指导下，斗争愈演愈烈，沈鲤的亲信被清算，他本人也未能幸免。锦衣卫派了几百人到他家，也不进去，也不闹事，就是不走，搞得沈鲤门都出不去，十分狼狈。

但沈先生如果没两把刷子，是不敢跟首辅叫板的。先是朱常洛出来帮忙叫屈，又传话给东厂的领导,让他们不要乱来,后来连万历都来了,直接下令不得骚扰沈鲤。

沈一贯碰了钉子，才明白这个冤家后台很硬，死拼是不行的，他随即转换策略，命令锦衣卫限期破案——抓住作案人，不怕黑不了你。

可是破案谈何容易，妖书满街都是，传抄者无数，鬼才知道到底哪一张纸才是源头。十一月十日案发，查到二十日，依然毫无进展。

东厂太监陈矩、锦衣卫都督王之桢急得直跳脚,如果还不破案,这官就算当到头了。

二十一日，案件告破。

应该说，这起妖书案是相当的妖，案发莫名其妙不说，破案也破得莫名其妙。二十一日这天，先是锦衣卫衙门收到一份匿名检举信，后又有群众举报，锦衣卫出动，这才逮住了那个所谓的真凶：皦生光。

皦生光先生是什么人呢？

答案是——什么人都不是。

这位仁兄既不是沈鲤的人，也不是沈一贯的人，他甚至根本就不是官员，而只是一个顺天府的秀才。

真凶到案，却没有人心大快，恰恰相反，刚刚抓到他的时候，朝廷一片哗然，大家都说锦衣卫和东厂太黑，抓不到人了，弄这么个人来背黑锅。

这种猜测很有道理，因为那封妖书，不是一个秀才能写得出来的。

那年头，群众参政议政积极性不高，把肚子混饱就行，谁当太子鬼才关心，更何况沈一贯和朱赓的关系，以及万历迫不得已才同意立长子这些情况，地方官都未必知道，一个小秀才怎么可能清楚？

但细细一查，才发现这位仁兄倒还真有点来头。

原来皦生光先生除了是秀才外,还兼职干过诈骗。具体方法是欺负人家不识字，帮人写文章，里面总要带点忌讳，不是用皇帝的避讳字，就是加点政治谣言，等人家用了，再上门勒索，说你要不给钱，我就跑去报官云云。

后来由于事情干得多了，秀才也被革了，发配到大同当老百姓，最近才又潜回北京。

可即便如此，也没啥大不了，归根结底，他也就是个普通混混儿，之所以被确定为重点嫌疑人，是因为他曾经敲诈过一个叫郑国泰的人。

郑国泰，是郑贵妃的弟弟。

一个穷秀才，又怎么诈骗皇亲国戚呢？

按照锦衣卫的笔录，事情大致是这样的：有个人要去郑国泰家送礼，要找人写文章，偏偏这人不知底细，找到了皦生光，秀才自然不客气，发挥特长，文章里夹了很多私货。一来二去，东西送进去了。

一般说来，以郑国泰的背景，普通的流氓是不敢惹的，可生光不是普通的流氓，胆贼大，竟然找上了门，要郑大人给钱。至于此事的结局，说法就不同了，有的说郑国泰把生光打了一顿，赶出了门，也有的说郑国泰胆小，给钱私了。

但无论如何，皦秀才终究和此事搭上了边，有了这么个说法，事情就好办了。侦查工作随即开始，首先是搜查，家里翻个底朝天，虽说没找到妖书，但发现了一批文稿，据笔迹核对（司法学名：文检），与妖书的初期版本相似（注意，是相似）。

之后是走访当地群众，以秀才平日的言行，好话自然没有，加上这位兄弟又有前科，还进过号子，于是锦衣卫最后定案：有罪。

案子虽然定了，但事情还没结，因为明朝的司法制度十分严格，处决人犯必须经过司法审讯，即便判了死罪，还得由皇帝亲自进行死刑复核，这才能把人拉出去咔嚓一刀。

所以万历下令，鉴于案情重大，将此案送交三法司会审。

之前提过，三法司，即明朝的三大司法机关：大理寺、都察院、刑部，大致相当于今天的司法部、监察部、最高人民法院等若干部门。

三法司会审，是明代最高档次的审判，也是最为公平的审判，倒不是三法司这帮人有啥觉悟，只是因为参与部门多，把每个人都搞定，比较难而已。例如当年的严世蕃，人缘广，关系硬，都察院、大理寺都有人，偏偏刑部的几个领导是徐阶的人，

参考消息 **妖书案前传**

山西按察使吕坤编著过一册类似《烈女传》的书，里面有图有字，万历曾送给郑贵妃打发无聊时间，而郑贵妃看图之余还往里面加了十二个人物（包括她自己），然后交给她父亲重新刻版发行。这一来麻烦就大了，言官见了此书便开始弹劾，说吕坤等人著此书就是为了谄媚贵妃郑氏，以邀圣宠。据此，万历十八年，民间出了一篇跋文，名《忧危竑议》，隐晦地指向郑贵妃和三皇子“意图不轨”。两位与弹劾相关的朝臣因此流落边疆之地。而此次的妖书，正是这篇《忧危竑议》的续。群众疯狂传阅，对朝政造成重大影响，东西两厂及锦衣卫昼夜不停地抓捕审讯，直到生光问斩。

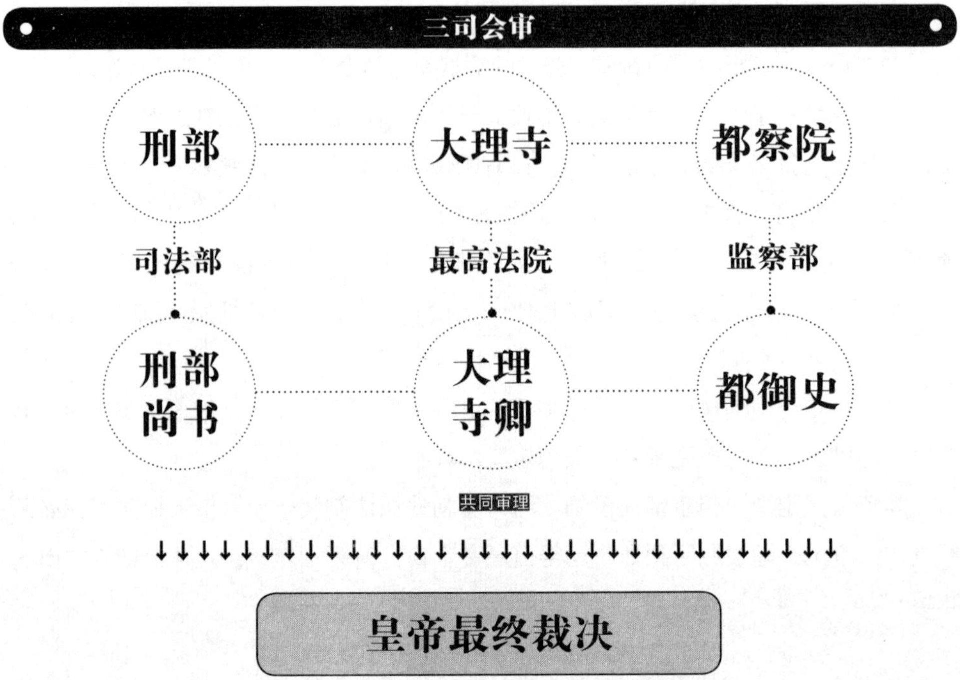

最后还是没躲过去。

相比而言，像皦秀才这种要钱没钱要权没权的人，死前能捞个三司会审，也就不错了，结案只是时间问题。

可是这起案件，远没有想象中那么简单。

一到三法司，皦秀才就不认账了，虽说之前他曾招供，说自己是仇恨郑国泰，故意写妖书报复，但那是在锦衣卫审讯时的口供。锦衣卫是没有善男信女的，也不搞什么批评教育，政策攻心，除了打就是打，口供是怎么来的，大家心里都有数。现在进了三法司，看见来了文明人，不打了，自然就翻了案。

更麻烦的是，沈一贯和朱赓也不认。

这二位明显是被妖书案整惨了，心有不甘，想借机会给沈鲤点苦头吃，上疏皇帝，说证词空泛，不可轻信，看那意思，非要搞出个一二三才甘心。

所以在审讯前，他们找到了萧大亨，准备做手脚。

萧大亨，时任刑部尚书，是沈一贯的亲信，接到指令后心领神会，在审讯时故意诱供，让秀才说出幕后主使。

可是皦秀才还真够意思，问来问去就一句话:

“无人主使！”

萧大亨没办法，毕竟是三法司会审，搞得太明显也不好，就给具体负责审案的下属、刑部主事王述古写了张条子，还亲自塞进了他的袖口。字条大意是，把这件事情往郭正域、沈鲤身上推。

没想到王述古接到条子，看后却大声地反问领导:

“案情不出自犯人口里，却要出自袖中吗？！”

萧大亨狼狈不堪，再也不敢掺和这事。

沈鲤这边也没闲着，他知道沈一贯要闹事，早有防备：你有刑部帮忙，我有都察院撑腰。一声令下，都察院的御史们随即开动，四下活动，灭火降温，准备冷处理此事。

其中一位御史实在过于激动，竟然在审案时，众目睽睽之下，对秀才大声疾呼:

“别牵连那么多人了，你就认了吧。”

审案审到这个份儿上，大家都是哭笑不得，要结案，结不了，不结案，又没个交代，皇帝、太子、贵妃、内阁，谁都不能得罪，万一哪天秀才吃错了药，再把审案的诸位领导扯进去，那真是哭都没眼泪。

三法司的人急得不行，可急也没用，于是有些不地道的人就开始拿案件开涮。

比如有位审案御史，有一天突然神秘地对同事说，他已经确定，此案一定是秀才干的。

大家十分兴奋，认定他有内部消息，纷纷追问他是怎么知道的。

御史答:

“昨天晚上我做梦，观音菩萨告诉我，这事就是他干的。”

当即笑倒一片。

没办法，就只能慢慢磨，开审休审，休审开审，周而复始。终于有一天，事情解决了。

皦生光也受不了了，天天审问，天天用刑，天天折腾，还不如死了好，所以他招供了：

“是我干的，你们拿我去结案吧。”

世界清净了。

万历三十二年（1604）四月，皦生光被押赴刑场，凌迟处死。

妖书案就此结束，虽说闹得天翻地覆，疑点重重，但有一点是肯定的，那就是：皦生光很冤枉。

因为别的且不谈，单说妖书上列出的那些官员，就秀才这点见识，别说认识，名字都记不全。找这么个人当替死鬼，手真狠，心真黑。

妖书何人所写，目的何在，没人知道，似乎也没人想知道。

因为有些时候，真相其实一点也不重要。

妖书案是结了，可轰轰烈烈的斗争又开始了。沈一贯被这案子整得半死不活，气得不行，铆足了劲要收拾沈鲤，挖坑、上告、弹劾轮番上阵。可沈鲤同志很是强悍，怎么搞都没倒。反倒是沈一贯，由于闹得太过，加上树大招风，竟然成为了言官们的新目标。骂他的人越来越多，后来竟然成了时尚（弹劾日众）。

沈一贯眼看形势不妙，只好回家躲起来，想要避避风头。没想到这风越刮越大，三年之间，弹劾他的奏疏堆起来足有一人高，于是他再也顶不住了。

参考消息　天灾不断的万历三十二年

万历三十二年真是多事之年。十一月，福建泉州等地地震，开元寺东镇国塔第一层尖石坠落，第二第三层扶栏震碎。城内外房屋倒塌一片，到处都是残垣断壁、翻车覆舟。有些地区的余震直到正月初六才停。地震时，声如雷吼，地表裂开，地下水涌出，整夜都有强烈的震感。沙县南门外还出现直径十五六米，深将近七米的天坑，不多时，天坑中就涌出了水和黑沙。有的地区不知是正巧落了一块陨石，还是附近山石崩塌，有块大石头竟然掉进了村子，冒了几天烟。周围各路州府都遭到不同程度的破坏。此次地震最远破坏距离约四百五十公里，最远有感距离约八百公里。震中烈度不详，震级(M)为八级。

万历三十四年（1606），沈一贯请求辞职，得到批准。有意思的是，这位仁兄走之前，竟然还提了一个要求：我走，沈鲤也要走。

恨人恨到这个份儿上，也不容易。

而更有意思的是，万历竟然答应了。

这是一个不寻常的举动，因为沈鲤很有能力，又是他的亲信。而沈一贯虽说人滑了点，办事还算能干，平时朝廷的事全靠这两人办。万历竟然让他们全都走人，动机就一个字——烦。

自打登基以来，万历就没过几天清净日子，先被张居正压着，连大气都不敢出。等张居正一死，言官解放，吵架的来了，天天闹腾。到生了儿子，又开始争国本，堂堂皇帝，竟然被迫就范。

现在太子也立了，某些人还不休息，跟着搞什么妖书案，打算浑水摸鱼。手下这两人还借机斗来斗去，时不时还以辞职相威胁，太过可恶。

既然如此，你们就都滚吧，有多远滚多远，让老子清净点！

沈一贯和沈鲤走了，内阁只剩下了朱赓。

这一年，朱赓七十二岁。

朱赓很可怜，他不但年纪大，而且老实，老实到他上任三天，就有言官上书骂他，首辅大人心态很好，统统不理。

可让他无法忍受的是，他不理大臣，皇帝也不理他。

内阁人少，一个七十多岁的老头儿起早贪黑熬夜，实在扛不住，所以朱赓多次上书，希望再找几个人入阁。

可是前后写了十几份报告，全都石沉大海。到后来，朱大人忍不住了，可怜七十多岁的老大爷，亲自跑到文华门求见皇帝，等了半天，却还是吃了闭门羹。

换在以前，皇帝虽然不上朝，但大臣还是要见的，特别是内阁那几个人，这样才能控制朝局。比如嘉靖，几十年不上朝，但没事就找严嵩、徐阶聊天，后来索性做了邻居，住到了一起（西苑）。

但万历不同，他似乎是不想干了。在他看来，内阁一个人不要紧，没有人也不要紧，虽然朱首辅七十多了，也还活着嘛，能用就用，累死了再说。没事就别见了，也不急这几天，会有人的，会见面的，再等等吧。

就这样，朱老头一边等一边干，一个人苦苦支撑，足足等了一年，既没见到助手，也没见过皇帝。

这一年里朱老头算被折腾惨了，上书国政，皇帝不理，上书辞职，皇帝也不理。到万历三十四年（1606），朱赓忍无可忍，上书说自己有病，竟然就这么走了。

皇帝还是不理。

终于走光了。

内阁没人待，首辅没人干，经过万历的不懈努力，朝廷终于达到了传说中的最高境界——千山鸟飞绝，万径人踪灭。

自明代开国以来，只有朱元璋在的时候，既无宰相，也无内阁，时隔多年，万历同志终于重现往日荣光。

而对于这一空前绝后的盛况，万历很是沉得住气，没人就没人，日子还不是照样过？

但很快，他就发现这日子没法过了。

因为内阁是联系大臣和皇帝的重要渠道，而且内阁有票拟权，所有的国家大事，都由其拟定处理意见，然后交由皇帝审阅批准。所以即使皇帝不干活，国家也过得去。

参考消息 **逗你玩**

明神宗怠于朝政，却勇于敛财。为充实自己的小金库，他下令征收矿税，致使民怨沸腾。万历三十年二月，神宗突然病如山倒，命悬一线，便急召首辅沈一贯进宫交代后事："矿税一事，是我考虑到三殿、二宫的修建工程尚未结束，故而采取的权宜之计。现在可将其与江南织造、江西陶器一并停办。"沈一贯遂连夜拟出谕旨。消息传开，百官无不期盼早日施行。谁知第二天神宗的病情居然好转，对发布的谕旨十分后悔，竟派二十多名太监找到沈一贯，将其强行索回。司礼监太监王义看不下去了，大喊"君无戏言"！神宗大怒，竟扬言要手刃王义，被劝阻。后来王义见到沈一贯，就朝他吐口水："你稍一强硬，矿税不就废了，怕什么呢？"沈一贯大窘——没办法，皇上要流氓，神仙也挡不住啊。

朱元璋不用宰相和内阁，原因在于他是劳模，什么都能干，而万历先生连文件都懒得看，你要他去干首辅的活，那就是白日做梦。

朝廷陷入了全面瘫痪，这么下去，眼看就要破产清盘，万历也急了，下令要大臣们推举内阁人选。

几番周折后，于慎行、叶向高、李廷机三人成功入阁，班子总算又搭起来了。

但这个内阁并没有首辅，因为万历特意空出了这个位置，准备留给一个熟人。

◆ 机密信件

这个人就是王锡爵，虽说已经告老还乡，但忆往昔，峥嵘岁月稠，之前共背黑锅的革命友谊，给万历留下了深刻的印象，所以他派出专人，去请王锡爵重新出山，并同时请教他一个问题。

王锡爵不出山。

由于此前被人坑过一次，加上都七十四岁了，王锡爵拒绝了万历的下水邀请，但毕竟是多年战友，还教过人家，所以，他解答了万历的那个疑问。

万历的问题是，言官太过凶悍，应该如何应付。

王锡爵的回答是，他们的奏疏你压根儿别理（一概留中），就当是鸟叫（禽鸟之音）！

参考消息 **皇上你变了**

万历二十五年二月，南京刑部右侍郎谢杰上疏，批评神宗“十不如初”：一为孝亲不如初，孝安庄皇后下葬，居然请病假，遣官代行；二为尊祖不如初，每次祭拜祖宗，皆遣官代往；三为好学不如初，讲席、讲官都成了摆设；四为勤政不如初，身居大内，多年不出；五为敬天不如初，很少祭祀；六为爱民不如初，派矿监税使四处开矿抽税；七为节用不如初，超额支用；八为纳言不如初，奏疏留中不发，一言不顺就大加斥逐；九为亲亲不如初，对王府之事漠不关心；十为用贤不如初，大僚推而不用，庶官缺而不补。不料，这篇猛文呈上去之后，却并没激起任何浪花。神宗用实际行动支持了谢杰的慧眼观察，将其留中不发，权当是听鸟叫了。

我觉得，这句话十分中肯。

此外，他还针对当时的朝廷，说了许多意见和看法，为万历提供了借鉴。

然后，他把这些内容写成了密疏，派人送给万历。

这是一封极为机密的信件，其内容如果被曝光，后果难以预料。

所以王锡爵很小心，不敢找邮局，派自己家人携带这封密信，并反复嘱托，让他务必亲手交到朝廷，绝不能流入任何人的手中，也算是吸取之前申时行密疏曝光的教训。

但他做梦也没想到，这一次，他的下场会比申时行还惨。

话说回来，这位送信的同志还是很敬业的，拿到信后立即出发，日夜兼程赶路，一路平安，直到遇见了一个人。

当时他已经走到了淮安，准备停下来歇脚，却听说有个人也在这里，于是他便去拜访了此人。

这个人的名字，叫做李三才。

李三才，字道甫，陕西临潼人，时任都察院右佥都御史，凤阳巡抚。

这个名字，今天走到街上，问十个人估计十个都不知道，但在当年，却是天下皆知。

关于此人的来历，只讲一点就够了：

二十年后，魏忠贤上台时，编了一本《东林点将录》，把所有跟自己作对的人按照水浒一百单八将称号，以实力排序，而排在此书第一号的，就是托塔天王李三才。

总而言之，这是一个十分厉害的人物。

因为淮安正好归他管，这位送信人原本认识李三才，到了李大人的地头，就去找他叙旧。

两人久别重逢，聊着聊着，自然是要吃饭，吃着吃着，自然是要喝酒，喝着喝着，自然是要喝醉。

送信人心情很好，聊得开心，多喝了几杯，喝醉了。

李三才没有醉，事实上，他非常清醒，因为他一直盯着送信人随身携带的那个箱子。

在安置了送信人后，他打开了那个箱子，因为他知道，里面必定有封密信。

得知信中内容之后，李三才大吃一惊，但和之前那位泄露申时行密疏的罗大竑不同，他并不打算公开此信，因为他有更为复杂的政治动机。

手握着这封密信，李三才经过反复思考，终于决定：篡改此信件。

在他看来，篡改信件，更有利于达到自己的目的。

所谓篡改，其实就是重新写一封，再重新放进盒子里，让这人送过去，神不知鬼不觉。

可是再一细看，他就开始感叹：王锡爵真是个老狐狸。

古代没有加密电报，所以在传送机密信件时，往往信上设有暗号，两方约定，要么多写几个字，要么留下印记，以防被人调包。

李三才手中拿着的，就是一封绝对无法更改的信，倒不是其中有什么密码，而是他发现，此信的写作者，是王时敏。

王时敏，是王锡爵的孙子，李三才之所以认定此信系他所写，是因为这位王时敏还有一个身份——著名书法家。

这是真没法了，明天人家就走了，王时敏的书法天下皆知，就自己这笔字，学都没法学，短短一夜时间，又练不出来。

无奈之下，他只好退而求其次，抄录了信件全文，并把信件放了回去。

第二天，送信人走了，他还要急着把这封密信交给万历同志。

当万历收到此信时，绝不会想到，在他之前，已经有很多人知道了信件的内容，而其中之一，就是远在无锡的普通老百姓顾宪成。

这件事可谓疑团密布，大体说来，有几个疑点：

送信人明知身负重任，为什么还敢主动去拜会李三才，而李三才又为何知道他随身带有密信，之后又要篡改密信呢？

这些问题，我可以回答。

送信人去找李三才，是因为李大人当年的老师，就是王锡爵。

非但如此，王锡爵还曾对人说，他最喜欢的学生，就是李三才。两人关系非常好，所以这位送信人到了淮安，才会去找李大人吃饭。

作为凤阳巡抚，李三才算是封疆大吏，而且他本身就是都察院的高级官员，对朝廷的政治动向十分关心，皇帝为什么找王锡爵，找王锡爵干什么，他都一清二楚，唯一不清楚的，就是王锡爵的答复。

最关键的问题来了，既然李三才是王锡爵的学生，还算他的亲信，李三才同志为什么要背后一刀，痛下杀手呢？

因为在李三才的心中，有一个人，比王锡爵更加重要，为了这个人，他可以出卖自己的老师。

万历二年（1574），李三才考中了进士，经过初期培训，他分到户部，当上了主事。几年之后，另一个人考中进士，也来到了户部当主事，这个人叫顾宪成。

这之后他们之间发生了什么事情，史书上没有写，我也不知道。但是我惊奇地发现，顾宪成和李三才在户部做主事的时候，他们的上司竟然叫赵南星。

联想到这几位后来在朝廷里呼风唤雨的情景，我们有理由相信，在那些日子里，他们谈论的应该不仅仅是仁义道德、君子之交，暗室密谋之类的把戏也没少玩。

参考消息 **大师是培养出来的**

王时敏的祖父王锡爵和父亲王衡都曾中过榜眼，王锡爵一生酷爱古玩书画，家中藏品很多，远近闻名，王衡也精通书画之道，颇有才名。王时敏生在这样一个名门世家，再加上他又是两世单传的独子，自然受到了极大的重视。为了让他学习书画，家里为其创造了极其优越的学习环境：在师资上，王锡爵聘请著名书画家董其昌为师，手把手地教他学画；在资金上，只要是喜欢的书画名迹，不论价格，一概买下，以便学习……当然这些都是外因，王时敏自己也很努力，他经常将自己关到屋里，长时间盯着墙上的字画揣摩，一旦有点滴感悟，便绕床大叫，雀跃不已。最后王时敏终成一代大家，开创娄东画派，被誉为清初书画界的“正宗”。

李三才虽然是东林党，但道德水平明显一般，他出卖王老师，只是因为一个目的——利益。

而只要分析一下，就能发现，李三才涂改信件的真正动机。

当时的政治形势看似明朗，实则复杂，新成立的这个三人内阁，可谓凶险重重，杀机无限。

李廷机倒还好说，这个人性格软弱，属于和平派，谁也不得罪，谁也不答理，基本可以忽略。

于慎行就不同了，这人是朱赓推荐的，算是朱赓的人，而朱赓是沈一贯的人，沈一贯和王锡爵又是一路人，所以在东林党的眼里，朱赓不是自己人。

剩下的叶向高，则是一个非同小可的人，此后一系列重大事件中，他起到了极为关键的作用，此人虽不是东林党，却与其有着千丝万缕的联系，是个合格的地下党。

这么一摆，你就明白了，内阁三个人，一个好欺负，两个搞对立，遇到事情，必定会僵持不下。

僵持还算凑合，可要是王锡爵来了，和于慎行团结作战，东林党就没戏了。

虽然王锡爵的层次很高，公开表明自己不愿去，但东林党的同志明显不太相信，所以最好的办法，就是打开那封信，看个究竟。

在那封信中，李三才虽然没有看到重新出山的许诺，却看到了毫无保留地支持，为免除后患，他决定篡改。

然而由于写字太差，没法改，但也不能就此拉倒。为了彻底消除王锡爵的威胁，他抄录并泄露了这封密信，而且特意泄露给言官。

因为在信中，王锡爵说言官发言是鸟叫，那么言官就是鸟人了。鸟人折腾事，是从来不遗余力的。

接下来的事情可谓顺其自然，舆论大哗，言官们奋笔疾书，把吃奶的力气拿出来痛骂王锡爵，言辞极其愤怒。怎么个愤怒法，举个例子你就知道了。

我曾翻阅过一位言官的奏疏，内容就不说了，单看名字，就很能提神醒脑——

三人内阁

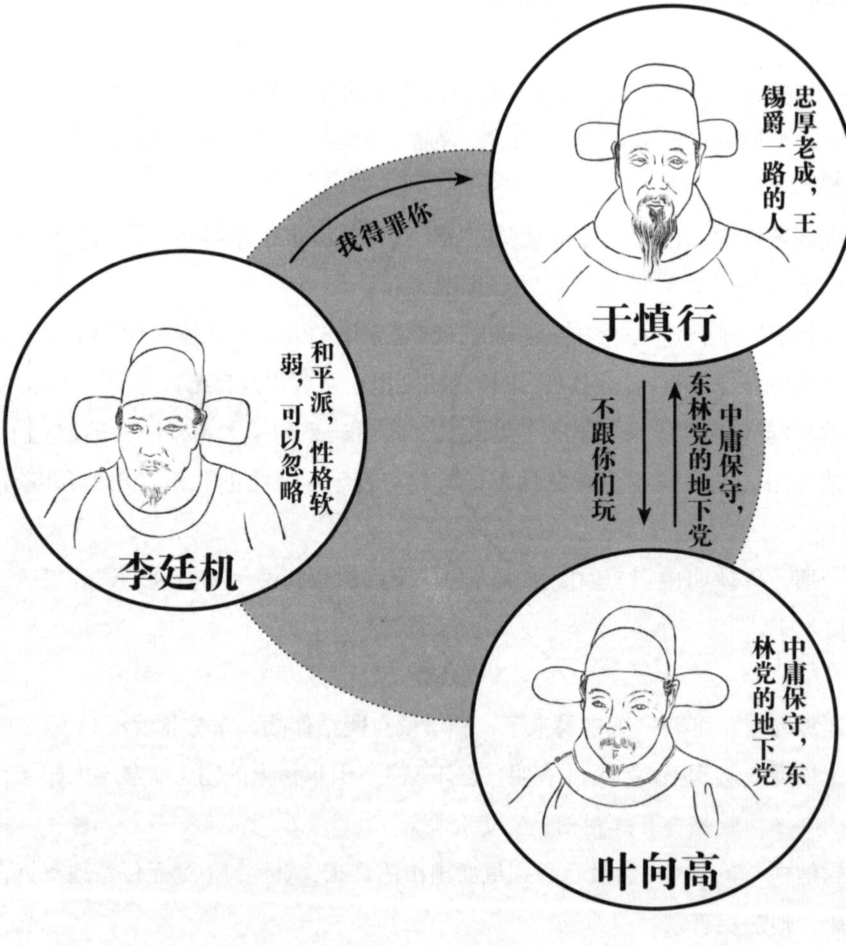

巨奸涂面丧心比私害国疏。

如此重压之下，王锡爵没有办法，只好在家静养，从此不问朝政。后来万历几次派人找他复出，他见都不见，连回信都不写，估计是真的怕了。

事情的发展，就此进入了顾宪成的轨道。

王锡爵走了，朝廷再也没有能担当首辅的人选，于是李廷机当上了首辅。这位兄弟不负众望，上任后不久就没顶住骂，回家休养，谁叫也没用，基本算是罢工了。

而异类于慎行也不争气，刚上任一年就死了。就这样，叶向高成为了内阁的首辅，也是唯一的内阁大臣。

对手被铲除了，这是最好的结局。

必须说明的是，所谓李三才和顾宪成的勾结，并不是猜测，因为在翻阅史料中，我找到了顾宪成的一篇文章。

在文章中，有这样几句话：

“木偶兰溪、四明、婴儿山阴、新建而已，乃在遏娄江之出耳。”

“人亦知福清之得以晏然安于其位者，全赖娄江之不果出……密揭传自漕抚也，岂非社稷第一功哉？”

我看过之后，顿感毛骨悚然。

这是两句惊天动地的话，却不太容易看懂，要看懂这句话，必须解开几个密码。

第一句话中，木偶和婴儿不用翻译，关键在于新建、兰溪、四明、山阴以及娄江五个词语。

这五个词，是五个地名，而在这里，则是暗指五个人。

新建，是指张位（新建人）、兰溪，是指赵志皋（兰溪人）、四明，是指沈一贯（四明人），山阴，是指朱赓（山阴人）。

所以前半句的意思是，赵志皋和沈一贯不过是木偶，张位和朱赓不过是婴儿！

参考消息 **一百二十三封辞职信**

李廷机为官清廉，作风正派，十分低调，但他刚一入内阁，朝廷上下就争相告他的黑状。李廷机脸皮薄，刚干了九个月就扛不住了，毅然决定辞职。他把一家老小打发回老家，将房子捐给了穷人，自己则独自跑到庙里凑合住了下来，然后他就开始写辞职信。一连数封辞呈交上去，皇帝没反应，他并不气馁，又连发多封，皇帝依然没反应，他便告诉自己要忍耐。继续写，皇帝依然淡定，李廷机却抓狂了！在此后的五年多时间里，李廷机就窝在小庙里，隔一段时间就写封辞呈碰碰运气，谁知非但没得到皇帝的批复，反而得到了一顶“庙祝阁老”的光荣称号。终于，在写到第一百二十三封后，李廷机彻底崩溃，冒着杀头的危险，愤然炒了皇帝的鱿鱼，跑回老家哄孩子玩去了。对此，皇帝依然没反应……

而后半句中的娄江，是指王锡爵（娄江人）。

连接起来，我们就得到了这句话的真实含义：

赵志皋、沈一贯、张位、朱赓都不要紧，最为紧要的，是阻止王锡爵东山再起！

顾宪成，时任南直隶无锡县普通平民，而赵、张、沈、朱四人中，除张位外，其余三人都当过首辅，首辅者，宰相也，一人之下，万人之上！

然而这个无锡的平民，却在自己的文章中，把这些不可一世的人物，称为木偶、婴儿。

而从文字语气中可以看出，他绝非单纯发泄，而是确有把握，似乎在他看来，除了王锡爵外，此类大人物都不值一提。

一个普通老百姓能牛到这个份儿上，真可谓是前无古人后无来者。

第二句话的玄机在于两个关键词语：福清和漕抚。

福清所指的，就是叶向高，而漕抚，则是李三才。

叶向高是福建福清人，李三才曾任漕运总督，把这两个词弄清楚后，我们就明白了这句话的意思：

"大家都知道叶向高能安心当首辅，是因为王锡爵不出山……密揭这事是李三才捅出来的，可谓是为社稷立下第一功！"

没有王法了。

一个平民，没有任何职务，远离京城上千里，但他说，内阁大臣都是木偶、婴儿。而现在的朝廷第一号人物能够坐稳位置，全都靠他的死党出力。

纵观二十四史，这种事情我没有听过，没有见过。

但现在我知道了，在看似杂乱无章的万历年间，在无休止地争斗和吵闹里，一股暗流正在涌动，在沉默中集结，慢慢地伸出手，操纵所有的一切。

第九章

谋杀

◎时局似乎毫无变化 万历还是不上朝 内阁还是累得半死 大臣还是骂个不停 但事实真相并非如此

◆ 疯子

王锡爵彻底消停了。万历三十六年（1608），叶向高正式登上宝座，成为朝廷首辅，此后七年之中，他是内阁第一人，也是唯一的人，史称“独相”。

时局似乎毫无变化，万历还是不上朝，内阁还是累得半死，大臣还是骂个不停，但事实真相并非如此。

在表象之下，政治势力出现了微妙的变化，新的已经来了，旧的赖着不走，为了各自利益，双方一直在苦苦地寻觅，寻觅一个致对方于死地的机会。

终于，他们找到了那个最好、最合适的机会——太子。

太子最近过得还不错，自打妖书案后，他很是清净了几年，确切地说，是九年。

万历四十一年（1613），一个人写的一封报告，再次把太子拖下了水。

这个人叫王曰乾，时任锦衣卫百户，通俗点说，是个特务。

这位特务向皇帝上书，说他发现了一件非常离奇的事情：有三个人集会，剪了三个纸人，上面分别写着皇帝、皇太后、皇太子的名字，然后在上面钉了七七四十九个铁钉（真是不容易），钉了几天后，放火烧掉。

这是个复杂的过程，但用意很简单——诅咒，毕竟把钉子打在纸人上，你要说是祈福，似乎也不太靠谱。

这也就罢了，更麻烦的是，这位特务还同时报告，说这事是一个太监指使的，偏偏这个太监，又是郑贵妃的太监。

于是事情闹大了，奏疏送到皇帝那里，万历把桌子都给掀了，深更半夜睡不着觉，四下乱转，急得不行。太子知道后，也是心急火燎，唯恐事情闹大。郑贵妃更是哭天喊地，说这事不是自己干的。

大家都急得团团转，内阁的叶向高却悄无声息。万历气完了，也想起这个人了，当即大骂：

“出了这么大的事，这人怎么不说话？！”（此变大事，宰相何无言）

此时，身边的太监递给他一件东西，很快万历就说了第二句话：

“这下没事了。”

这件东西，就是叶向高的奏疏，事情刚出，就送上来了。

奏疏的内容大致是这样的：陛下，此事的原告（指王曰乾）和被告（指诅咒者）我都知道，全都是无赖混混儿，之前也曾闹过事，还被司法部门（刑部）处理过，这件事情和以往的妖书案很相似，但妖书案是匿名，无人可查，现在原告、被告都在，一审就知道，皇上你不要声张就行了。

参考消息 **默默地干掉你**

在古代，人们愿意相信有一种神秘的超自然力量，可以帮助自己神鬼不觉地除掉仇家。要达到这一目的，常见的有三种手段：其一叫祝诅，就是向鬼鬼神神祷告，请他们显灵来加害别人，说白了就是诅咒别人，这个到现在还很常见；其二叫放蛊，就是将不同种类的毒虫放到一起，使其互相咬杀吞食，直至剩下一只最终胜利者，称为“蛊”，施蛊者就通过操纵蛊来加害于人；其三叫射偶人，也叫偶人厌胜，即用木、布等制成仇家的偶人像，藏于某处，然后或者用箭射之，或用针刺之，据说这样就可以使仇人染病而亡。以上三种，虽然动机阴暗、手段恶毒，但明显缺乏科学依据，效果实在不敢让人恭维，因此很多时候，这些手段对仇家没什么影响，对自己的效果却立竿见影——很多朝代都明令禁止巫蛊之术，抓到后就是杀头！

这段话再次证明了一点：叶向高是个绝顶聪明的人。

叶向高的表面意思，是说这件事情，是非曲直且不论，但不宜闹大，只要你不说，我不说，把这件事情压下去，一审就行。

这是一个不符合常理的抉择，因为叶向高是东林党的人，而东林党，是支持太子的，现在太子被人诅咒，应该一查到底，怎能就此打住呢？

事实上，叶向高是对的。

第二天，叶向高将王曰乾送交三法司审讯。

这是个让很多人疑惑的决定，这人一审，事情不就闹大了吗？

如果这样想，那是相当单纯，因为就在他吩咐审讯的后一天，王曰乾同志就因不明原因，不明不白地死在了监牢里，死因待查。

什么叫黑？这就叫黑。

而只要分析当时的局势，揭开几个疑点，你就会发现叶向高的真实动机。

首先，最大的疑问是：这件事情是不是郑贵妃干的，答案：无所谓。

自古以来，诅咒这类事数不胜数，说穿了就是想除掉一个人，又没胆跳出来，在家做几个假人，骂骂出出气，是纯粹的阿Q精神。一般也就是老大妈干干（这事到今天还有人干，有多种形式，如“打小人”）。而以郑贵妃的智商，正好符合这个档次，说她真干，我倒也信。

但问题在于，她干没干并不重要，反正铁钉扎在假人上，也扎不死人，真正重要的是，这件事不能查，也不能有真相。

追查此事，似乎是一个太子向郑贵妃复仇的机会，但事实上，却是不折不扣的陷阱。

原因很简单，此时朱常洛已经是太子，只要没有什么大事，到时自然接班，而郑贵妃一哭二闹三上吊之类的招数，闹了十几年，早没用了。

但如若将此事搞大，再惊动皇帝，无论结果如何，对太子只有坏处，没有好处。因为此时太子要做的，只有一件事情——等待。

事实证明，叶向高的判断十分正确，种种迹象表明，告状的王曰乾和诅咒的那帮人关系紧密，此事很可能是一个精心策划的阴谋，某些人（不一定是郑贵妃），为了某些目的，想把水搅浑，再浑水摸鱼。

久经考验的叶向高同志识破了圈套，危机成功度过。

但太子殿下一生中最残酷的考验即将到来，在两年之后。

万历四十三年（1615）五月初四黄昏。

太子朱常洛正在慈庆宫中休息，万历二十九年（1601）他被封为太子，住到了这里。但他爹人品差，基础设施一应俱缺，要啥都不给，连身边的太监都是人家淘汰的。皇帝不待见，大臣自然也不买账，平时谁都不上门，十分冷清。

但这一天，一个特别的人已经走到他的门前，并将以一种特别的方式问候他。

他手持一根木棍，进入了慈庆宫。

此时，他与太子的距离，只有两道门。

第一道门无人看守，他迈了过去。

在第二道门，他遇到了阻碍。

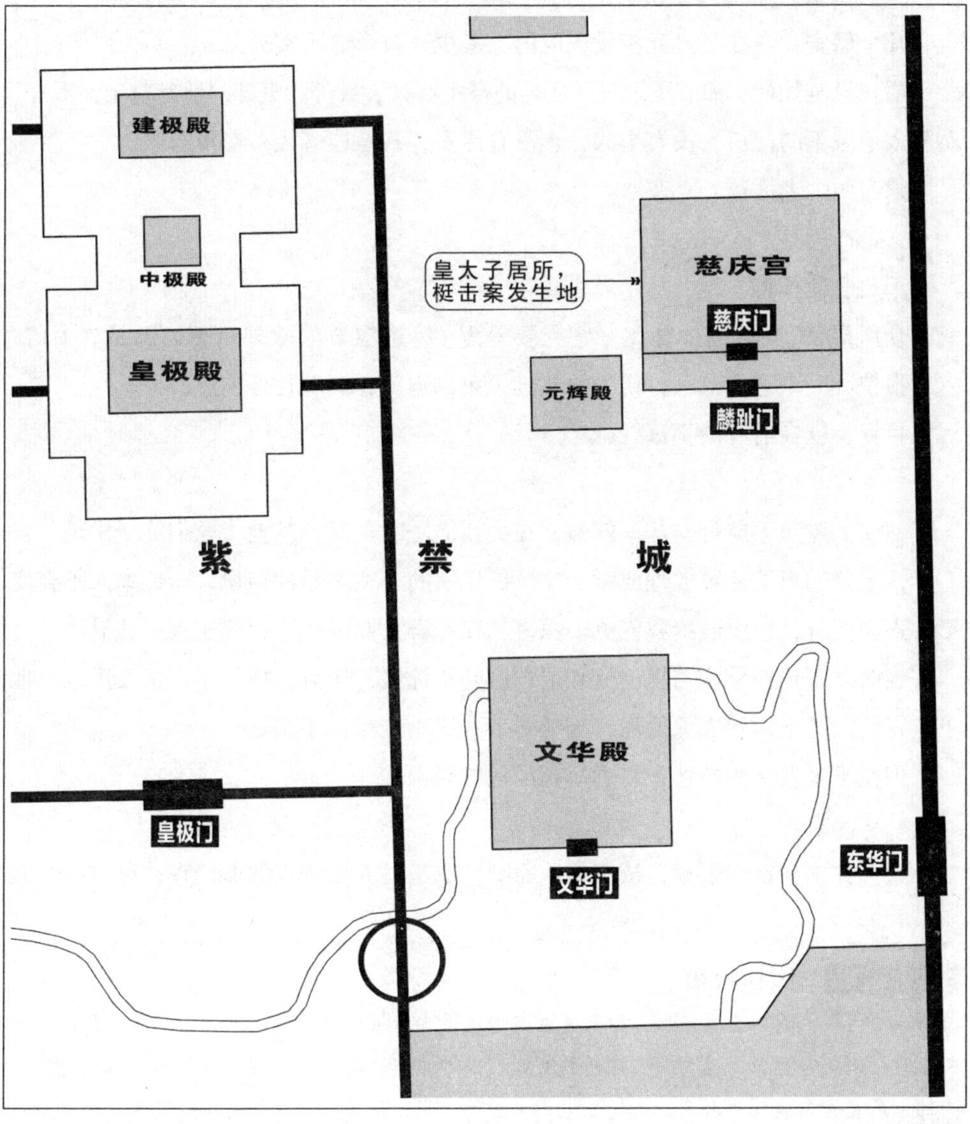

↑ 梃击案地形图

一般说来，重要国家机关的门口，都有荷枪实弹的士兵站岗，就算差一点的，也有几个保安，实在是打死都没人问的，多少还有个老大爷。

明代也是如此，锦衣卫、东厂之类的自不必说，兵部、吏部门前都有士兵看守。然而太子殿下的门口，没有士兵，也没有保安，甚至连老大爷都没有。

只有两个老太监。

于是，他挥舞木棍，打了过去。

众所周知，太监的体能比平常人要差点（练过宝典的除外），更何况是老太监。

很快，一个老太监被打伤，他越过了第二道门，向着目标前进。

目标，就在前方的不远处。

然而太监虽不能打，却很能喊，在尖利的呼叫声下，其他太监们终于出现了。

接下来的事情还算顺理成章，这位仁兄拿的毕竟不是冲锋枪，而他本人不会变形，不会变身，也没能给我们更多惊喜，在一群太监围攻下，终于束手就擒。

当时太子正在慈庆宫里，接到报告后并不惊慌，毕竟人抓住了，也没进来，他下令将此人送交宫廷守卫处理，在他看来，这不过是件小事。

但接下来发生的一切，将远远超出他的想象。

人抓住了，自然要审，按照属地原则，哪里发案由哪里的衙门审，可是这个案

参考消息 **因祸得福**

万历三十九年九月，朱常洛的生母王贵妃辞世，身为丈夫的万历皇帝却表现得异常冷漠，迟迟不予安葬。很多大臣接连上疏急催，万历皇帝不胜其扰，这才派太监去选墓地。一直拖到万历四十年七月，王贵妃才入土为安。葬礼也极其简单：主持葬礼的只有两名侍郎，太子只允许送到玄武门外即止步，其坟墓也无人看管，很快便荒草丛生。万历四十一年十二月，太子妃郭氏不幸病故，灵柩停在宫中却迟迟不举行丧礼，这不由得让人将其与王贵妃之死联系在了一起。一时间朝廷上下议论纷纷，作为公公的万历皇帝却置若罔闻。等到梃击案发生后，太子的凄惨境遇再次成为热门话题，在诸多热心大臣的强烈要求下，皇帝终于下旨安葬太子妃，并承诺打理王贵妃的坟墓，这才平了众怒。

子不同，皇宫里的案子，难道你让皇帝审不成？

推来推去，终于确定，此案由巡城御史刘廷元负责审讯。

审了半天，刘御史却得出个让人啼笑皆非的结论——这人是个疯子。

因为无论他好说歹说，利诱威胁，这人的回答却是驴唇不对马嘴，压根儿就不对路，还时不时蹦出几句谁也听不懂的话，算是个彻头彻尾的疯子。

于是几轮下来，刘御史也不审了，如果再审下去，他也得变成疯子。

但要说一点成就没有，那也不对，这位疯子交代，他叫张差，是蓟州人，至于其他情况，就一无所知了。

这个结果虽然不好，却很合适，因为既然是个疯子，自然就能干疯子的事，他闯进皇宫打人的事情就有解释了。没有背景、没有指使，疯子嘛，也不认路，糊里糊涂到皇宫，糊里糊涂打了人，很好，很好。

不错，不错，这事要放在其他朝代，皇帝一压，大臣一捧，也就结了。

可惜，可惜，这是在明朝。

这事刚出，消息就传开了，街头巷尾人人议论。朝廷大臣们更不用说，每天说来说去就是这事，而大家的看法也很一致：这事，就是郑贵妃干的。

所谓舆论，就是群众的议论。随着议论的人越来越多，这事也压不下去了，于是万历亲自出马，吩咐三法司会审此案。

说是三法司，其实只有刑部，审讯的人档次也不算高，尚书、侍郎都没来，只是两个郎中（正厅级）。

但这二位的水平，明显比刘御史要高，几番问下来，竟然把事情问清楚了。

侦办案件，必须找到案件的关键，而这个案子的关键，不是谁干了，而是为什么干，也就是所谓的：动机。

经过一番询问，张差说出了自己的动机：在此前不久，他家的柴草堆被人给烧了，他气不过，到地方衙门申冤。地方不管，他就到京城来上访，结果无意中闯入了宫里，心里害怕，就随手打人，如此而已。

如果用两个字来形容张差的说法，那就是扯淡。

柴草被人烧了，就要到京城上访，这个说法充分说明了这样一点：张差即使不是个疯子，也是个傻子。

因为这实在不算个好理由，要换个人，怎么也得编一个房子烧光、恶霸鱼肉百姓的故事，大家才同情你。

况且到京城告状的人多了去了，有几个能进宫，宫里那么大，怎么偏偏就到了太子的寝宫，您还一个劲地往里闯？

对于这一点，审案的两位郎中心里自然有数，但领导意图他们更有数，这件事，只能往小了办。

这两位郎中分别是胡士相、岳骏声，之所以提出他们的名字，是因为这两个人，绝非等闲之辈。

于是在一番讨论之后，张差案件正式终结，犯人动机先不提，犯人结局是肯定的——死刑（也算一了百了）。

但要杀人，也得有个罪名，这自然难不倒二位仁兄，不愧是刑部的人，很有专业修养，从大明律里，找到这么一条：宫殿射箭、放弹、投砖石伤人者，按律斩。

为什么伤人不用管，伤什么人也不用管，案件到此为止，就这么结案，大家都清净了。

如此结案，也算难得糊涂，事情的真相，将就此被彻底埋葬。

然而这个世界上，终究还是有不糊涂，也不愿意装糊涂的人。

张差是什么人？

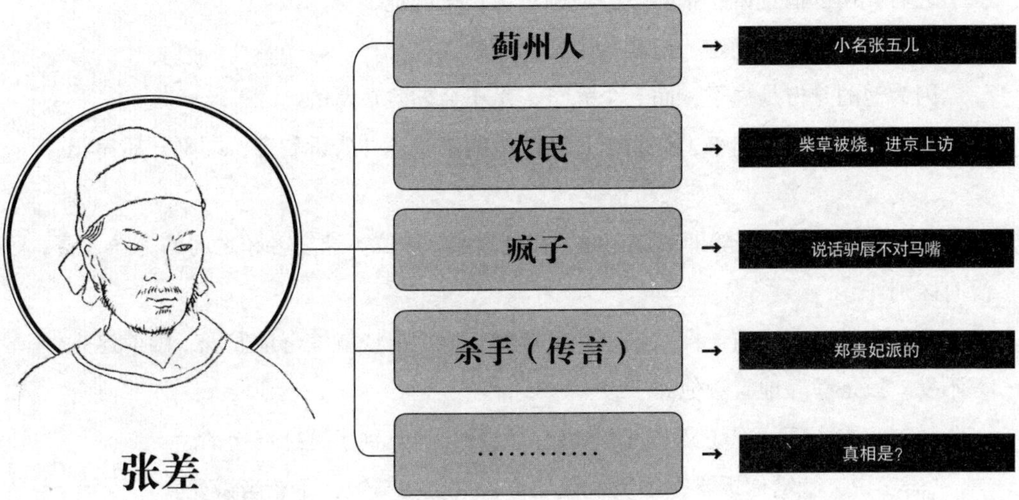

◆ 审讯

五月十一日，刑部大牢。

七天了，张差已经完全习惯了狱中的生活。目前境况，虽然和他预想的不同，但大体正常，装疯很有效，真相依然隐藏在他的心里。

开饭时间到了，张差走到牢门前，等待着今天的饭菜。

但他并不知道，有一双眼睛，正在黑暗中注视着他。

根据规定，虽然犯人已经招供，但刑部每天要派专人提审，以防翻供。

五月十一日，轮到王之寀。

王之寀，字心一，时任刑部主事。

主事，是刑部的低级官员，而这位王先生虽然官小，心眼却不小，他是一个坚定的阴谋论者，认定这个疯子的背后，必定隐藏着某些秘密。

凑巧的是，他到牢房里的时候，正好遇上开饭，于是他没有出声，找到一个隐蔽的角落，静静地注视着那个疯子。

因为在吃饭的时候，一个人是很难伪装的。

之后一切都很正常，张差平静地领过饭，平静地准备吃饭。

然而王之寀已然确定，这是一个有问题的人。

因为他的身份是疯子，而一个疯子，是不会如此正常的。

所以他立即站了出来，打断了正在吃饭的张差，并告诉看守，即刻开始审讯。

张差非常意外，但随即镇定下来，在他看来，这位不速之客和之前的那些大官，没有区别。

审讯开始，和以前一样，张差装疯卖傻，但他很快就惊奇地发现，眼前这人一言不发，只是静静地看着他。

他表演完毕后，现场又陷入了沉寂，然后，他听到了这样一句话：

“老实说，就给你饭吃，不说就饿死你。”（实招与饭，不招当饿死）

在我国百花齐放的刑讯逼供艺术中，这是一句相当搞笑的话，但凡审讯，一般先是民族大义、坦白从宽，之后才是什么老虎凳、辣椒水。即使要利诱，也是升官发财、金钱美女之类。

而王主事的诱饵，只是一碗饭。

无论如何，是太小气了。事实证明，张差确实是个相当不错的人，具体表现为头脑简单、思想朴素，在吃一碗饭和隐瞒真相、保住性命之间，他毫不犹豫地选择了前者。

于是他低着头，说了这样一句话：

“我不敢说。”

不敢说的意思，不是不知道，也不是不说，而是知道了不方便说。

王之寀是个相当聪明的人，随即支走了所有的人，然后他手持那碗饭，听到了事实的真相：

“我叫张差，是蓟州人，小名张五儿，父亲已去世。

“有一天，有两个熟人找到我，带我见了一个老公公（即太监），老公公对我说，

愚蠢的暗杀

杀手？

这位仁兄虽说不是疯子，但说是傻子问题不大。一不是高手，二不是职业杀手，最多也就一彪悍农民。

①

收买？

群众推荐，太监笑纳。一无美女，二无金钱，三无美酒美食，四无其他实惠。就这样都能打入皇宫？

②

武器？

不是泡了剧毒的匕首，不是袖中暗藏的短刀，甚至不是菜刀！抡了根棍子就往皇宫里面打，完全不符合大众对暗杀事件的期望值。

③

提审官员：王之寀

职位：刑部主事

你跟我去办件事，事成后给你几亩地，保你衣食无忧。

“于是我就跟他走，初四（即五月四日）到了京城，到了一所宅子里，遇见另一个老公公。

“他对我说，你只管往里走，见到一个就打死一个，打死了，我们能救你。

“然后他给我一根木棍，带我进了宫，我就往里走，打倒了一个公公，然后被抓住了。”

王之寀惊呆了。

他没有想到，外界的猜想竟然是真的，这的的确确，是一次策划已久的政治暗杀。

但他更没有想到的是，这起暗杀事件竟然办得如此愚蠢，眼前这位仁兄，虽说不是疯子，但说是傻子倒也没错，而且既不是武林高手，也不是职业杀手，最多最多，也就是个彪悍的农民。

过程也极其可笑，听起来，似乎是群众推荐，太监使用，顺手就带到京城，既没给美女，也没给钱，连星级宾馆都没住，一点实惠没看到，就答应去打人，这种傻帽儿你上哪儿去找？

再说凶器，一般说来，刺杀大人物，应该要用高级玩意儿。当年荆轲刺秦，还找来把徐夫人的匕首，据说是一碰就死。退一万步讲，就算是杀个老百姓，多少也得找把短刀，可这位兄弟进宫时，别说那些高级玩意儿，菜刀都没一把，拿根木棍就打，算是怎么回事。

从头到尾，这事怎么看都不对劲，但毕竟情况问出来了，王之寀不敢怠慢，立即上报万历。

可是奏疏送上去后，却没有丝毫回音，皇帝陛下一点反应都没有。

但这早在王之寀的预料之中，他老人家早就抄好了副本，四处散发，本人也四处鼓捣，造舆论要求公开审判。

他这一闹，另一个司法界大腕，大理寺丞王士昌跳出来了，也跟着一起嚷嚷，要三法司会审。

可万历依然毫无反应，这是可以理解的，要知道，人家当年可是经历过争国本的，上百号人一拥而上，那才是大世面，这种小场面算个啥。

照此形势，这事很快就能平息下去，但皇帝陛下没有想到，他不出声，一个不该跳出来的人却跳出来了。

这个人，就是郑贵妃的弟弟郑国泰。

事情的起因，只是一封奏疏。

就在审讯笔录公开后的几天，司正陆大受上了一封奏疏，提出了几个疑问：

“既然张差说有太监找他，那么这个太监是谁？他曾到京城，进过一栋房子，房子在哪里？有个太监和他说过话，这个太监又是谁？”

这倒也罢了，在文章的最后，他还扯了句无关痛痒的话，大意是，以前福王册封的时候，我曾上疏，希望提防奸邪之人，今天果然应验了！

这话虽说有点指桑骂槐，但其实也没说什么，可是郑国泰先生偏偏就蹦了出来，写了封奏疏，为自己辩解。

这就是所谓对号入座，它形象地说明，郑国泰的智商指数，和他的姐姐基本属同一水准。

这还不算，在这封奏疏中，郑先生又留下了这样几句话：

“有什么推翻太子的阴谋？又主使过什么事？收买亡命之徒是为了什么？……这些事我想都不敢想，更不敢说，也不忍听。”

该举动生动地告诉我们，原来蠢字是这么写的。

郑先生的脑筋实在愚昧到了相当可以的程度，这种货真价实的此地无银三百两，言官们自然不会放过。很快，工科给事中何士晋就作出了反应，相当激烈的反应：

“谁说你推翻太子！谁说你主使！谁说你收买亡命之徒！你既辩解又招供，欲盖弥彰！”

郑国泰哑口无言，事情闹到这个地步，已经收不住了。

此时，几乎所有的人都认为，事实真相即将大白于天下，除了王之寀。

初审成功后，张差案得以重审，王之寀也很是得意了几天，然而不久之后，他才发现，自己忽视了一个很重要的问题：

张差装疯非常拙劣，为碗饭就开口，为何之前的官员都没看出来呢？

思前想后，他得出了一个非常可怕的结论：他们是故意的。

第一个值得怀疑的，就是首先审讯张差的刘廷元，张差是疯子的说法，即源自于此，经过摸底分析，王之寀发现，这位御史先生，是个不简单的角色。

此人虽然只是个巡城御史，却似乎与郑国泰有着紧密的联系，而此后复审的两位刑部郎中胡士相、岳骏声，跟他交往也很密切。

这似乎不奇怪，虽然郑国泰比较蠢，实力还是有的，毕竟福王受宠，主动投靠的人也不少。

但很快他就发觉，事情远没有他想象的那么简单。

因为几天后，刑部决定重审案件，而主审官，正是那位曾认定刘廷元结论的郎中，胡士相。

胡士相，时任刑部山东司郎中，就级别而言，他是王之寀的领导。而在审案过程中，王主事惊奇地发现，胡郎中一直闪烁其词，咬定张差是真疯，迟迟不追究事件真相。

一切的一切，给了王之寀一个深刻的印象：在这所谓疯子的背后，隐藏着一股庞大的势力。

而刘廷元、胡士相，只不过是这股势力的冰山一角。

但让他疑惑不解的是，指使这些人的，似乎并不是郑国泰，虽然他们拼命掩盖真相，但郑先生在朝廷里人缘不好，加上本人又比较蠢，要说他是后台老板，实在是抬举了。

那么这一切，到底是怎么回事呢？

王之寀的感觉是正确的，站在刘廷元、胡士相背后的那个影子，并不是郑国泰。

这个影子的名字，叫做沈一贯。

就沈一贯的政绩而言，在史书中也就是个普通角色，但事实上，这位仁兄的历史地位十分重要，是明朝晚期研究的重点人物。

因为这位兄弟的最大成就，并不是搞政治，而是搞组织。

我们有理由相信，在工作期间，除了日常政务外，他一直在干一件事——拉人。

怎么拉，拉了多少，这些都无从查证，但有一点我们是确定的，那就是这个组织的招人原则——浙江人。

沈一贯，是浙江四明人，在任人唯亲这点上，他和后来的同乡蒋介石异曲同工，于是在亲信的基础上，他建立了一个老乡会。

这个老乡会，在后来的中国历史上，被称为浙党。

这就是沈一贯的另一面，他是朝廷的首辅，也是浙党的领袖。

应该说，这是一个明智的决定，因为你必须清楚地认识到这样一点：

在万历年间，一个没有后台（皇帝）、没有亲信（死党）的首辅，是绝对坐不稳的。

所以沈一贯干了五年，叶向高干了七年；所以赵志皋被人践踏，朱赓无人理会。

当然，搞老乡会的绝不仅仅是沈一贯，除浙党外，还有山东人为主的齐党，湖广人（今湖北、湖南）为主的楚党。

此即历史上著名的齐、楚、浙三党。

这是三个能量极大、战斗力极强的组织，因为组织的骨干成员，就是言官。

言官，包括六部给事中，以及都察院的御史，给事中可以干涉部领导的决策，和部长（尚书）平起平坐，对中央事务有很大的影响。

而御史相当于特派员，不但可以上书弹劾，还经常下到各地视察，高级御史还能担任巡抚。

故此，三党的成员虽说都是些六七品的小官，拉出来都不起眼，却是相当的厉害。

必须说明的是，此前明代二百多年的历史中，虽然拉帮结派是家常便饭，但明

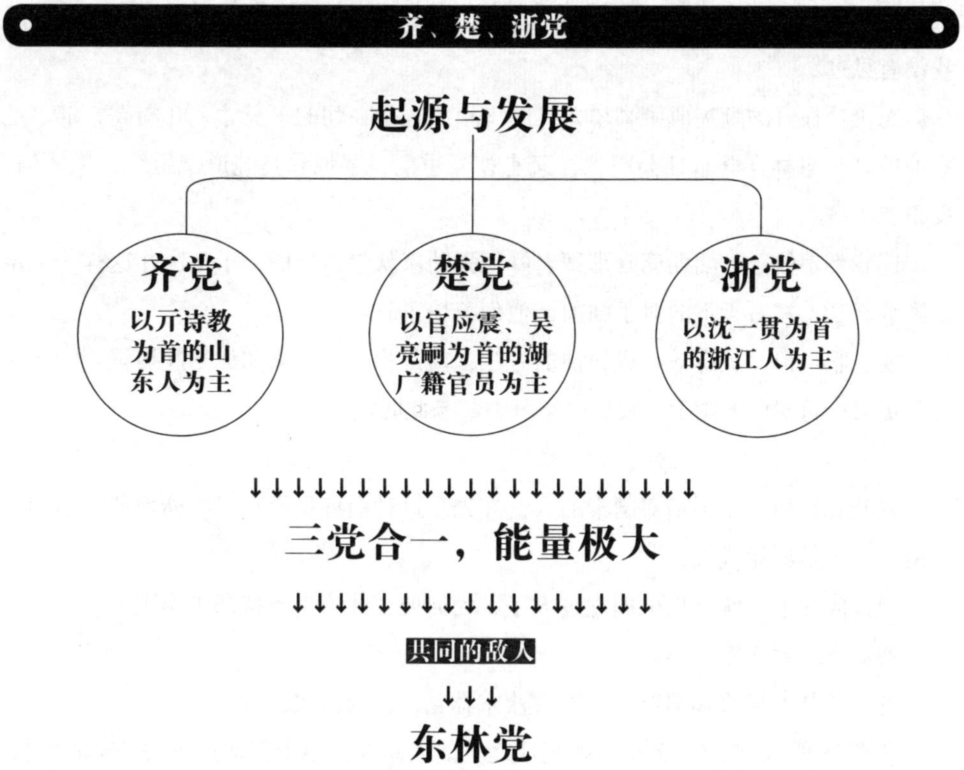

目张胆地搞组织，并无先例，先例即由此而来。

这是一个很有趣的谜团。

早不出来，晚不出来，为何偏偏此时出现？

而更有趣的是，三党之间并不敌对，也不斗争，反而和平互助，这实在是件不符合传统的事情。

存在即是合理，一件事情之所以发生，是因为它有发生的理由。

有一个理由让三党陆续成立，有一个理由让他们相安无事。是的，这个理由的名字，叫做东林党。

无锡的顾宪成，只是一个平民，他所经营的，只是一个书院，但几乎所有人都知道，这个书院可以藐视当朝的首辅，说他们是木偶、婴儿，这个书院可以阻挡大臣复起，改变皇帝任命。

大明天下，国家决策，都操纵在这个老百姓的手中，从古至今，如此牛的老百姓，我没有见过。

无论是在野的顾宪成、高攀龙、赵南星，还是在朝的李三才、叶向高，都不是省油的灯，东林党既有社会舆论，又有朝廷重臣，要说它是纯道德组织，鬼才信，反正我不信。

连我都不信了，明朝朝廷那帮老奸巨猾的家伙怎么会信，于是，在这样一个足以影响朝廷、左右天下的对手面前，他们害怕了。

要克服畏惧，最有效、最快捷的方法，就是找一个人来和你一起畏惧。

史云：明朝亡于党争。我云：党争，起于此时。

刘廷元、胡士相不是郑国泰的人，郑先生这种白痴是没有组织能力的，他们真正的身份，是浙党成员。

但疑问在于，沈一贯也拥立过太子，为何要在此事上支持郑国泰呢？

答案是，对人不对事。

沈一贯并不喜欢郑国泰，更不喜欢东林党，因为公愤。

所谓公愤，是他在当政时，顾宪成之类的人总在公事上跟他过不去，他很愤怒，故称公愤。

不过，他最不喜欢的那个人，却还不是东林党人——叶向高，是因为私仇，三十二年的私仇。

三十二年前，即万历十一年（1583），叶向高来到京城，参加会试。

叶向高，字进卿，福建福清人，嘉靖三十八年（1559）生人。

必须承认，他的运气很不好，刚刚出世，就经历了生死考验。

因为在嘉靖三十八年（1559），倭寇入侵福建，福清沦陷，确切地说，沦陷的那一天，正是叶向高的生日。

据说他的母亲为了躲避倭寇，躲在了麦草堆里。倭寇躲过了，孩子也生出来了，想起来实在不容易。

大难不死的叶向高，倒也没啥后福，为了躲避倭寇，一两岁就成了游击队，鬼子一进村，他就跟着母亲躲进山里。我相信，几十年后，他的左右逢源，机智狡猾，就是在这儿打的底。

倭寇最猖獗的时候，很多人都丢弃了自己的孩子（累赘），独自逃命，也有人劝叶向高的母亲，然而她说：

“要死，就一起死。”

但他们终究活了下来，因为另一个伟大的明代人物——戚继光。

◆ 恩怨

嘉靖四十一年（1562），戚继光发动横屿战役，攻克横屿，收复福清，并最终平息了倭患。

必须说明，当时的叶向高，不叫叶向高，只有一个小名。这个小名在今天看来不太文雅，就不介绍了。

向高这个名字，是他父亲取的，意思是一步一步，向高处走。

事实告诉我们，名字这个东西，有时候改一改，还是很有效的。

隆庆六年（1572），叶向高十四岁，中秀才。

万历七年（1579），叶向高二十一岁，中举人。

万历十一年（1583），叶向高二十五岁，第二次参加会试。考试结束，他的感觉非常好。

结果也验证了他的想法，他考中了第七十八名，成为进士。现在，在他的面前，只剩下最后一关——殿试。

殿试非常顺利，翰林院的考官对叶向高十分满意，决定把他的名次排为第一。远大前程正朝着叶向高招手。

然而，接下来的一切，却发生了出人意料的变化。

因为从此刻起，叶向高就与沈一贯结下了深仇大恨，虽然此前，他们从未见过。

要解释清楚的是，叶向高的第七十八名，并非全国七十八名，而是南卷第七十八名。

明代的进士，并不是全国统一录取，而是按照地域分配名额。具体分为三个区域，南、北、中，录取比例各有不同。

所谓南，就是淮河以南各省，比例为55%。北，就是淮河以北，比例为35%。而中，是指云贵川三省，以及凤阳，比例为10%。

具体说来是这么个意思，好比朝廷今年要招一百个进士，那么分配到各地，就是南部五十五人，北部三十五人，中部十人。这就意味着，如果你是南部人，在考试中考到了南部第五十六名，哪怕你成绩再好，文章写得比北部第一名还好，你也没法录取。

而如果你是中部人，哪怕你文章写得再差，在南部只能排到几百名后，但只要能考到中部卷前十名，你就能当进士。

这是一个历史悠久的规定，从二百多年前，朱元璋登基时，就开始执行了。起因是一件非常血腥的政治案件——南北榜案件。

这个案件是笔糊涂账。大体意思是一次考试，南方的举人考得很好，好到北方没几个能录取的。于是有人不服气，说是考官舞弊，事情闹得很大，搞到老朱那里。他老人家是个实在人，也不争论啥，大笔一挥就干掉了上百人。

可干完后，事情还得解决，因为实际情况是，当年的北方教学质量确实不如南方，你把人杀光了也没辙。无奈之下，只好设定南北榜，谁都别争了，就看你生在哪里，南方算你倒霉，北方算你运气。

到明宣宗时期，事情又变了。因为云贵川一带算是南方，可在当年是蛮荒之地，别说读书，混碗饭吃都不容易，要和南方江浙那拨人对着考，就算是绝户。于是皇帝下令，把此地列为中部，作为特区。而凤阳，因为是朱元璋的老家，还特别穷，特事特办，也给列了进去。

当然了，这也是没办法的事，毕竟基础不同，底子不同。在考试上，你想一夜之间人类大同，那是不可能的，所以现在这套理论还在用。我管这个，叫考试地理决定论。

这套理论很残酷，也很真实，主要是玩概率，看你在哪儿投胎。

比如你要是生在山东、江苏、湖北之类的地方，就真是阿弥陀佛了。这些地方经常盘踞着一群读书不要命的家伙，据我所知，有些“乡镇中学”(地图上都找不到)的学生，高二就去高考（不记成绩)，大都能考六百多分（七百五十分满分)，美其名曰：锻炼素质，明年上阵。

每念及此，不禁胆战心惊，跟这帮人做邻居的结果是：如果想上北大，六百多分，只是个起步价。

应该说，现在还是有所进步的，逼急还能玩点阴招，比如说……更改户口。

不幸的是，明代的叶向高先生没法玩这招，作为南卷的佼佼者，他有很多对手，其中的一个，叫做吴龙徵。

这位吴先生，也是福建人，但他比其他对手厉害得多，因为他的后台叫沈一贯。

按沈一贯的想法，这个人应该是第一，然后进入朝廷，成为他的帮手，可是叶向高的出现，却打乱了沈一贯的部署。

于是，沈一贯准备让叶向高落榜，至少也不能让他名列前茅。

而且他认定，自己能够做到这一点，因为他就是这次考试的主考官。

但是很可惜，他没有成功，因为一个更牛的人出面了。

主考官固然大，可再大，也大不过首辅。

叶向高虽然没有关系，却有实力，文章写得实在太好，好到其他考官不服气，把这事捅给了申时行。申大人一看，也高兴得不行，把沈一贯叫过去，说这是个人才，必定录取！

这回沈大人郁闷了，大老板出面了，要不给叶向高饭碗，自己的饭碗也难保，但他终究是不服气的，于是最终结果如下：

叶向高，录取，名列二甲第十二名。

这是一个出乎很多人意料的结果，因为若要整人，大可把叶向高同志打发到三甲，就此了事。不给状元，却又给个过得去的名次，实在让人费解。

告诉你，这里面学问大了。

叶向高黄了自己的算盘，自然是要教训的。但问题是，这人是申时行保的，申首辅也是个老狐狸，如果要敷衍他，是没有好果子吃的，所以这个面子不但要给，还要给足。而二甲十二名，是最恰当的安排。

因为根据明代规定，一般说来，二甲十二名的成绩，可以保证入选庶吉士，进入翰林院，但这个名次离状元相当远，也不会太风光，恶心一下叶向高，的确是刚刚好。

但不管怎么说，叶向高还是顺顺当当地踏上了仕途。此后的一切都很顺利，直到十五年后。

万历二十六年（1598），就在这一年，叶向高的命运被彻底改变，因为他等到了一个千载难逢的机会。

此时皇长子朱常洛已经出阁读书，按照规定，应该配备讲官，人选由礼部确定。

众所周知，虽说朱常洛不受待见，但按目前形势，登基即位是迟早的事，只要拉住这个靠山，自然不愁前程。所以消息一出，大家走关系拉亲戚，只求能混到这份差事。

叶向高走不走后门我不敢说，运气好是肯定的，因为决定人选的礼部侍郎郭正域，是他的老朋友。

名单定了，报到了内阁，内阁压住了，因为内阁里有沈一贯。

沈一贯是个比较一贯的人，十五年前那档子事，他一直记在心里。讲官这事是

张位负责，但沈大人看到叶向高的名字，便心急火燎跑去高声大呼:

“闽人岂可做讲官？！”

这句话是有来由的，在明代，福建一向被视为不开化地带。沈一贯拿地域问题说事，相当阴险。

张位却不买账，他也不管你沈一贯和叶向高有什么恩怨，这人我看上了，就要用!

于是，在沈一贯的磨牙声中，叶向高正式上任。

叶讲官不负众望，充分发挥主观能动性，在教书的同时，和太子建立了良好的私人关系。

根据种种史料反映，叶先生应该是个相当灵活的人。我们有理由相信，在教书育人的同时，他还广交了不少朋友，比如顾宪成，比如赵南星。

老板有了，朋友有了，地位也有了，万事俱备，要登上最高的舞台，只欠一阵东风。

一年后，风来了，却是暴风。

万历二十六年（1598),首辅赵志皋回家了,虽然没死,也没退,但事情是不管了,张位也走了，内阁，只剩下了沈一贯。

缺了人就要补，于是叶向高的机会又来了。

顾宪成是他的朋友，朱常洛是他的朋友，他所欠缺的，只是一个位置。

他被提名了，最终却未能入阁，因为内阁，只剩下了沈一贯。

麻烦远未结束，内阁首辅沈一贯大人终于可以报当年的一箭之仇了。不久后，叶向高被调出京城，到南京担任礼部右侍郎。

南京礼部的主要工作，除了养老就是养老，这就是四十岁的叶向高的新岗位。在这里，他还要待很久。

很久是多久？十年。这十年之中，朝廷里很热闹，册立太子、妖书案，搞得轰轰烈烈。而叶向高这边，却是太平无事。

整整十年，无人理、无人问，甚至也无人骂、无人整。

叶向高过得很太平，也过得很惨，惨就惨在连整他的人都没有。

叶向高

1559 年生人
福建福清人

1583

中进士

1599–1607

任南京
礼部右侍郎

1608–1614

任内阁首
辅，史称
“独相”

1614–1620

退休
在家

1620–1621

两次复出任内
阁首辅，1621
年七月退休

1627

逝世，
追赠太师，
谥号“文忠”

对于一个政治家而言，最痛苦的惩罚不是免职、不是罢官，而是遗忘。

叶向高，已经被彻底遗忘了。

一个前程似锦的政治家，在政治生涯的黄金时刻，被冷漠地抛弃，对叶向高而言，这十年中的每一天，全都是痛苦地挣扎。

但十余年之后，他将感谢沈一贯给予他的痛苦经历。要想在这个冷酷的地方生存下去，光有同党是不够的，光有后台也是不够的，必须亲身经历残酷的考验和磨砺，才能在历史上写下自己的名字。

因为他并不是一个普通的首辅，在不久的未来，他将超越赵志皋、张位甚至申时行、王锡爵。他的名字将比这些人更为响亮夺目。

因为一个极为可怕的人，正在前方等待着他。而他，将是唯一能与之抗衡的人。这个人，叫做魏忠贤。

万历三十五年（1607），沈一贯终于走了，年底，叶向高终于来了。

但沈一贯的一切，都留了下来，包括他的组织、他的势力，以及他的仇恨。

所以刘廷元、胡士相也好，疯子张差也罢，甚至这件事情是否真的发生过，根本就不要紧。

梃击，不过是一个傻子的愚蠢举动，并不重要，重要的是，通过这件事情，能够打倒什么，得到什么。

东林党的方针很明确，拥立朱常洛，并借梃击案打击对手，掌控政权。

所以浙党的方针是，平息梃击案，了结此事。

而王之寀，是一个找麻烦的人。

这才是梃击案件的真相。

对了，还忘了一件事：虽然没有迹象显示王之寀和东林党有直接联系，但此后东林党敌人列出的两大名单（点将录、朋党录）中，他都名列前茅。

◆ 再审

王之寀并不简单，事实上，是很不简单。

当他发现自己的上司胡士相有问题时，并没有丝毫畏惧，他随即去找了另一个人——张问达。

张问达，字德允，时任刑部右侍郎、署部事。

所谓刑部右侍郎、署部事，换成今天的话说，就是刑部常务副部长。也就是说，他是胡士相的上司。

张问达的派系并不清晰，但清晰的是，对于胡士相和稀泥的做法，他非常不满。接到王之寀的报告后，他当即下令，由刑部七位官员会审张差。

这是个有趣的组合。七人之中，既有胡士相，也有王之寀，可以听取双方意见，又不怕人捣鬼，而且七个人审讯，可以少数服从多数。

想法没错，做法错了。因为张问达远远低估了浙党的实力。

在七个主审官中，胡士相并不孤单，大体说来，七人之中，支持胡士相的有三个人，支持王之寀的，有两个。

于是，审讯出现了戏剧化的场景。

张差恢复了理智，经历了王之寀的突审和反复，现在的张差，已经不再是个疯子。他看上去，十分平静。

主审官陆梦龙发问:

“你为什么认识路？”

这是个关键的问题，一个平民怎样来到京城，又怎样入宫，秘密就隐藏在答案背后。

顺便说明一下：陆梦龙，是王之寀派。

出乎所有人的意料，没有等待、没有反复，他们很快就听到了这个关键的答案:

“我是蓟州人，如果没有人指引，怎么进得去？”

此言一出，事情已然无可隐瞒。

再问：“谁指引你的？”

答：“庞老公、刘老公。”

完了，完了。

虽然张差没有说出这两个人的名字，但大家的心中，都已经有了确切的答案。

庞老公，叫做庞保。刘老公，叫做刘成。

大家之所以知道答案，是因为这两个人的身份很特殊——他们是郑贵妃的贴身太监。

陆梦龙呆住了。他知道答案，也曾经想过无数次，却没有想到，会如此轻易地得到。

就在他惊愕的那一瞬间，张差又说出了更让人吃惊的话:

“我认识他们三年了，他们还给过我一个金壶、一个银壶。”(予我金银壶各一)

陆梦龙这才明白，之前王之寀得到的口供也是假的，真相刚刚开始！

他立即厉声追问道:

“为什么（要给你）？！”

回答干净利落，三个字:

“打小爷！”

声音不大，如五雷轰顶。

因为所有人都知道，所谓小爷，就是太子爷朱常洛。

现场顿时大乱，公堂吵作一团，交头接耳，而此时，一件更诡异的事情发生了。

作为案件的主审官，胡士相突然拍案而起，大喝一声：

“不能再问了！”

这一下大家又蒙了，张差招供，您激动啥？

但他的三位同党当即反应过来，立刻站起身，表示审讯不可继续，应立即结束。

七人之中，四对三，审讯只能终止。

但形势已不可逆转，王之寀、陆梦龙立即将案件情况报告给张问达，张侍郎十分震惊。

与此同时，张差的口供开始在朝廷内外流传，舆论大哗，很多人纷纷上书，要求严查此案。

郑贵妃慌了，天天跑到万历那里去哭，但此时，局势已无法挽回。

然而，此刻压力最大的人并不是她，而是张问达。作为案件的主办人，他很清楚，此案背后，是两股政治力量的死磕，还搭上太子、贵妃、皇帝，没一个省油的灯。

案子如果审下去，审出郑贵妃来，就得罪了皇帝。可要不审，群众那里没法交代，还会得罪东林党、太子。小小的刑部右侍郎，这拨人里随便出来一个，就能把自己整死。

总而言之，不能审，又不能不审。

无奈之下，他抓耳挠腮，终于想出了一个绝妙的解决方案。

在明代的司法审讯中，档次最高的就是三法司会审，但最隆重的，叫做十三司会审。

明代的六部，长官为尚书、侍郎。部下设司，长官为郎中、员外郎。一般说来是四个司，比如吏部、兵部、工部、礼部都是四个司，分管四大业务，而刑部，却有十三个司。

这十三个司，分别是由明朝的十三个省命名，比如胡士相，就是山东司的郎中。审个案子，竟然把十三个司的郎中全都找来，真是煞费苦心。

此即所谓集体负责制，也就是集体不负责。张问达先生水平的确高，看准了法不责众，不愿意独自背黑锅，毅然决定把大家拉下水。

大家倒没意见，反正十三个人，人多好办事，打板子也轻点。

可到审讯那天，人们才真切地感受到，中国人是喜欢热闹的。

明代刑部十三司

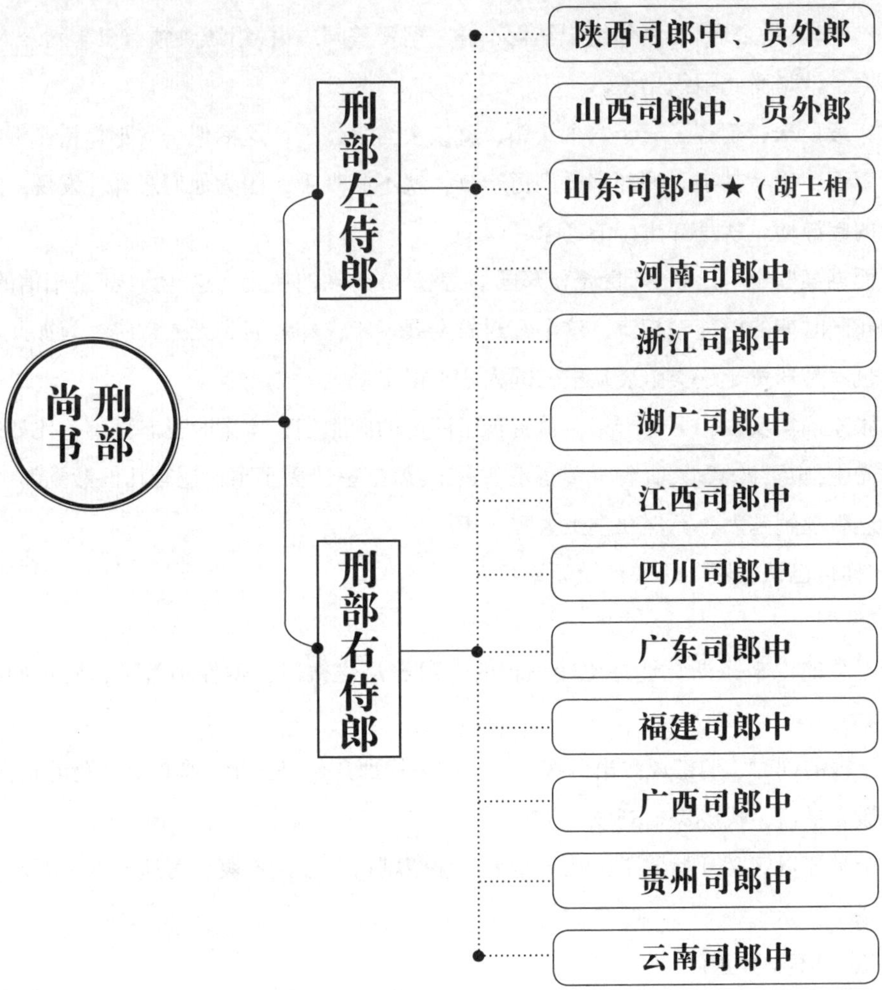

除了问话的十三位郎中外，王之寀还带了一批人来旁听，加上看热闹的，足有二十多人。人潮汹涌，搞得跟菜市场一样。

这次张差真的疯了，估计是看到这么多人，心有点慌。主审官还没问，他就说了，还说得特别彻底，不但交代了庞老公就是庞保，刘老公就是刘成，还爆出了一个惊人的内幕：

按张差的说法，他绝非一个人在战斗，还有同伙，包括所谓马三舅、李外父、姐夫孔道等人，是货真价实的团伙作案。

精彩的还没完，在审讯的最后，张差一鼓作气，说出了此案中最大的秘密：红封教。

红封教，是个邪教，具体组织结构不详。据张差同志讲，组织头领有三十六号人，他作案，就是受此组织指使。

一般说来，凑齐了三十六个头领，就该去当强盗了。这话似乎太不靠谱，但经事后查证，确有其事。刑部官员们再一查，就不敢查了，因为他们意外地发现，红封教的起源地，就是郑贵妃的老家。

而据某些史料反映，郑贵妃和郑国泰，就是红封教的后台。这一点，我是相信的，因为和同时期的白莲教相比，这个红封教发展多年，却发展到无人知晓，有如此成就，也就是郑贵妃这类脑袋缺根弦的人才干得出来。

张差确实实在，可这一来，就害苦了浙党的同胞们，审案时丑态百出。比如胡士相先生，负责做笔录，听着听着写不下去了，就把笔一丢了事。还有几位浙党郎中，眼看这事越闹越大，竟然在堂上大呼一声：

“你自已认了吧，不要涉及无辜！”

但总的说来，浙党还是比较识相的，眼看是烂摊子，索性不管了，同意如实上报。

上报的同时，刑部还派出两拨人，一拨去找那几位马三舅、李外父、孔道姐夫，另一拨去皇宫，找庞保、刘成。

于是郑贵妃又开始哭了，几十年来的保留剧目，屡试不爽，可这一次，万历却对她说：

“我帮不了你了。”

这是明摆着的，张差招供了，他的那帮外父、姐夫一落网，再加上你自己的太监，你还怎么跑？

但老婆出事，不管也是不行的，于是万历告诉郑贵妃，而今普天之下，只有一个人能救她，而这个人不是自己。

“唯有太子出面，方可了结此事。”

还有句更让人难受的话：

“这事我不管，你要亲自去求他。”

郑贵妃又哭了，但这次万历没有理她。

于是不可一世的郑贵妃收起了眼泪，来到了宿敌的寝宫。

事实证明，郑小姐装起孙子来，也是巾帼不让须眉，进去看到太子，一句话不说就下跪。太子也客气，马上回跪。双方爬起来后，郑贵妃就开始哭，一边哭一边说，我真没想过要害你，那都是误会。

太子也不含糊，反应很快，一边做垂泪状（真哭是个技术活），一边说，我明白，这都是外人挑拨，事情是张差自己干的，我不会误会。

然后他叫来了自己的贴身太监王安，让他当即拟文，表明自己的态度。随即，双方回顾了彼此间长达几十年的传统友谊，表示今后要加强沟通，共同进步，事情就此圆满结束。

这是一段广为流传的史料，其主题意境是，郑贵妃很狡诈，朱常洛很老实。性格合理，叙述自然，所以我一直深信不疑，直到我发现了另一段史料，一段截然不同的史料：

开头是相同的，郑贵妃去向万历哭诉，万历说自己没办法，但接下来，事情出现变化——他去找了王皇后。

这是一个很聪明的举动，因为皇后没有帮派，还有威望，找她商量是再合适不过了。

皇后的回答也直截了当：

“此事我也无法，必须找太子面谈。”

很快，老实太子来了，但他给出的，却是一个截然不同的答案：

"此事必有主谋！"

这句话一出来，明神宗脸色就变了，郑贵妃更是激动异常，伸个指头出来，对天大呼：

"如果这事是我干的，我就全家死光！（奴家赤族）"

这句话说得实在太绝，于是皇帝也吼了一句：

"这是我的大事，你全家死光又如何？！（稀罕汝家）"

贵妃发火了，皇帝也发火了，但接下来的一句话，却浇灭了所有人的激情：

"我看，这件事情就是张差自己干的。"

说这句话的人，就是太子朱常洛。虽然几秒钟之前，他还曾信誓旦旦地要求追查幕后真凶。

于是大家都满意了。为彻底平息事端，万历四十三年（1615）五月二十八日，二十多年不上朝的万历先生终于露面了。他召来了内阁大臣、文武百官，以及自己的太子，皇孙，当众训话，大致意思是：自己和太子关系很好，你们该干吗就干吗，少来瞎搅和。此案是张差所为，把他干掉了事。就此定案，谁都别再折腾。

太子的表现也很好，当众抒发父子深情，给这出闹剧画上了圆满句号。

一天后，张差被凌迟处死，十几天后，庞保和刘成不明不白地死在了刑部大牢里，就杀人灭口而言，干得也还算相当利落。

轰动天下的疯子袭击太子事件就此结束，史称明宫三大案之"梃击"。

参考消息 **让你嗓门大**

梃击案后万历突然露面，群臣无不欢欣鼓舞，盛赞曰"四十年来未有之盛事"。为了一睹龙颜，大批官员前来围观，场面十分拥挤，于是便出了漏子。正当万历父子大秀亲情正投入之时，本来鸦雀无声的围观官员中，突然冒出一个大嗓门："天下共仰，皇上极为慈爱，太子非常仁孝……"一下子就吸引了所有人的目光。原来，是御史刘光复，由于他位置靠后，万历听不太清，就询问贴身太监是谁在嚷嚷。刘光复遂上前跪下，大声上奏。被抢了戏的万历大怒："此地靠近皇太后的住所，大声喊叫不敬，而且你越次进奏，有失臣礼。"遂令太监将其绑了，交刑部从重治罪。方从哲率众臣为其求情，被正在气头上的万历拒绝，驸马都尉王昺跟皇帝理论，措辞激烈，结果被削去爵位，驱逐出了公务员的队伍。

梃击是一起复杂的政治案件，争议极大，有很多疑点，包括幕后主使人的真实身份。

因为郑贵妃要想刺杀太子，就算找不到绝顶高手，到天桥附近找个把卖狗皮膏药的，应该也不是问题，选来选去就找了个张差，啥功夫没有，还养了他三年。这且不论，动手时连把菜刀都没有，拿根木棍闯进宫，就想打死太子，相当无聊。

所以有些人认为，梃击案是朝廷某些党派所为，希望浑水摸鱼，借机闹事，甚至有人推测此事与太子有关。因为这事过于扯淡，郑贵妃不傻，绝不会这么干。

但我的看法是，这事是郑贵妃干的，因为她的智商，就是傻子水平。

对于梃击案，许多史书的评价大都千篇一律：郑贵妃狡猾，万历昏庸，太子老实，最后老实的太子在正义的东林党官员支持下，战胜了狡猾的郑贵妃。

这都是蒙人的。

仔细分析就会发现，郑贵妃是个蠢人，万历老奸巨猾，太子也相当会来事，而东林党官员们，似乎也不是那么单纯。

所以事实的真相应该是，一个蠢人办了件蠢事，被一群想挑事的人利用，结果被老滑头万历镇了下来，仅此而已。

之所以详细地介绍此事，是因为我要告诉你：在接下来的叙述中，你将逐渐发现，许多你曾无比熟悉的人，其实十分陌生；许多你曾坚信的事实，其实十分虚伪；而这，不过是个开头。

第十章

不起眼的敌人

○一般说来 朝代晚期 总会出现大量贪官污吏 欺压百姓 摊派剥削 但我可以很负责地讲 万历年间这个问题很不严重 因为压根儿就没多少官

以上，就是万历同志执政四十余年的大致成就。具体说来，就是斗争、斗争、再斗争。

先斗倒张居正，再斗争国本、妖书、梃击，言官、大臣、首辅轮番上阵，一天到晚忙活这些事，几十年不上朝，国家是不怎么管了。山东、山西、河南、江西及大江南北相继告灾，文书送上去，理都不理。而更滑稽的是，最大的受害者不是老百姓，而是官员。

在万历年间，如果你考上进士，也别高兴，因为考上了，未必有官做。

一般说来，朝代晚期，总会出现大量贪官污吏，欺压百姓，摊派剥削。但我可以很负责地讲，万历年间这个问题很不严重，因为压根儿就没多少官。

老子曾经说过，最好的国家，是老百姓不知道统治者是谁。从某个角度讲，万历同志做到了。

按照以往制度，六部给事中的名额，应该是五十余人，而都察院的名额，应该是一百余人。可到了万历三十五年（1607），六部给事中只有四个人，而且其中五个部没有都给事中，连个管事的都没有。都察院的十三道御史，竟然只剩下五个人，干几十个人的活，累得要死。

更要命的是，都察院是监察机构，经常要到全国各地视察。五个人要巡全国十三个省，一年巡到头，连家都回不去。其中最惨的一位兄弟，足足在外巡了六年，才找到个替死鬼，回了京城。

基层御史只有五个，高层御史却是一个都没有，左都御史、右都御史经常空缺。都察院考勤都没人管，来不来，干不干，全都靠自觉。

最惨的，还是中央六部，当时的六部，部长副部长加起来，一共只有四个。礼部没有部长，户部只有一个副部长，工部连副部长都没有，只有几个郎中死顶。

其实候补进士很多，想当官的人也多，可是万历同志就是不批，你能咋办？

最搞笑的是，即使万历批了，发了委任状，你也当不了官。

比如万历三十七年（1609），朝廷实在顶不住了，死磨硬泡，才让万历先生批了几百名官员的上任凭证。可是几个月过去了，竟然无人上任，再一查才知道，凭证压根儿就没发。

因为根据规定，发放凭证的是吏部都给事中，可这个职位压根儿就没人，鬼来发证？

官员倒霉不说，还连累了犯人。到万历三十八年（1610），刑部大牢里已经关了上千名犯人，一直没人管。有些小偷小摸的，审下来也就是个治安处罚，却被关了好几年。原因很简单，刑部长官退了，又没人接，这事自然无人理。

不过犯人还是应该感到幸运，毕竟管牢房伙食的人还在。

当官很难，辞官也难。你今天上完班，说明天我不干了，谁都不拦你，但要等

参考消息 **都是实诚惹的祸**

万历二十四年，明廷“官荒”严重。当时主抓人事工作的吏部尚书孙丕扬忧心如焚，但他的多次人事安排提议都没有得到皇帝的回应，让责任心很强的他备感挫折。不得已，他便派人找到内阁次辅张位，请求在票拟时批准他辞职。第二天，他又给张位送去一封信，再次恳求张位成全。张位信以为真，当即就票拟批准其辞职。在明代官场中，扬言辞职只是一种姿态，多当不得真，这一点，在官场混的都心知肚明。孙丕扬满以为内阁会百般挽留，结果却弄巧成拙，他觉得张位故意跟自己过不去，遂上书弹劾张位。张位也感觉十分委屈，便提出辞职以明志。事情闹大后，皇帝一面安慰张位好好工作，一面批评孙丕扬含血喷人。孙丕扬吃了哑巴亏，只好辞职。吏部尚书一职长期空缺，官荒因此更加严重。

你的辞职报告批下来，估计也得等个几年。如果你等不及了，就这么走也行，没人追究你。

总而言之，万历的这个政府，基本属于无政府。如此看来，他应该属于无政府主义者，思想如此超前，着实不易。

一般说来，史料写到这段，总是奋笔疾书，痛斥万历昏庸腐朽，政府失效，人民生活在水深火热之中。

而在我看来，持这种看法的，不是装蒜，就是无知。

因为事实绝非如此。万历年间，恰恰是明代经济最发达的时期，所谓资本主义萌芽，正是兴盛于此。

而老百姓的生活，那真是滋润，想干什么就干什么。明初的时候，出去逛要村里开介绍信，未经许可乱转，抓住就是充军。万历年间，别说介绍信，连户口（黄册）都不要了，你要有本事，跑到美国都没人管你。

至于日常活动，那就更不用说了。许多地方衙门里压根儿就没官，也没人收苛捐杂税、贪污受贿。许多农民涌入城市打工，成为明代的农民工。

这帮人也很自由，今天给你干几天，明天给他干几天。雇主大都是江浙一带的老板，虽说也有些不厚道的老板拖欠民工工资，但大体而言，还算是守规矩。

久而久之，城市的人越来越多，这些人就是所谓的市民。明代著名的市民文化由此而起，而最受广大市民欢迎的文化读物，就是《金瓶梅》《三言》等等。

按照现在的说法，这些书籍大都含有封建糟粕，应该限制传播，至少也要写个

参考消息 **《金瓶梅》的魅力**

中国历代都有不少情色文学作品，但名气最大、成就最高的，却非《金瓶梅》莫属。这部问世于万历年间的长篇小说，以《水浒传》中武松杀嫂一段为引子，形象地刻画了西门庆、潘金莲等人物形象，为我们展开了了解晚明政治、商业和民风的生动画卷。作者只署名为兰陵（今山东峄县）笑笑生，想必是不想以真面目示人，这也因此为后世留下了诸多的猜想。不过，尽管这本书有很多露骨的描写，但它凭借着高超的文学性和艺术性，备受历代激赏，时人将其与《西游记》《水浒传》《三国演义》并称“明代四大奇书”。不过由于后来《红楼梦》的横空出世，这才落选了“四大名著”。

此处划掉多少字之类的说明。但当时连朝廷都没人管，哪有人理这个，什么足本善本满天飘，肆无忌惮。

穿衣服也没谱。朱元璋那时候，衣服的材料、颜色，都要按身份定，身份不到就不能穿，穿了就要打屁股。现在是没人管了，想穿什么穿什么，还逐渐出现了性别混装，也就是男人穿女装，涂脂抹粉，搞女性化（不是太监），公然招摇过市，还大受欢迎。

穿女装还好，而更耸人听闻的是，经常有些人（不是个把人）什么都没穿，光着身子在市面上走来走去，即所谓“裸奔”。刚奔的时候有人见着还喊，奔久了也就见怪不怪了。

至于思想，那更是没法说。由于王守仁的心学大量传播，特别是最为激进的泰州学派，狂得没边，什么孔子孟子，三纲五常，那都是“放屁”“假道学”。总而言之，打倒一切权威，藐视一切准则。

封建礼教也彻底废了，性解放潮流席卷全国。按照“二言”的说法，女人离异再嫁，是再寻常不过的事情，青楼妓院如雨后春笋，艳情小说极其流行，涌现了许多优秀作者和忠实读者群。今天流传下来的所谓明代艳情文学，大都是那时的产物。

说到这个份儿上，我也无话可说了。

自然经济，这是纯粹的自然经济。

万历年间的真相大抵如此，一个政治纷乱、经济繁荣、文化灿烂、生机勃勃的世界。

然而这个世界，终究被毁灭了。

参考消息 **明代穿衣部分规制**

在明代，不同的人穿着打扮都十分讲究，丝毫马虎不得：官员的衣服，讲究宽窄随身，文官自领至裔去地一寸，武官则去地五寸，官服圆领，两肋各有细钮贯带于巾，一二品钮为金镶犀角，三品花金，四五品花银，六七品素银，八品以下用明角乌角；百姓要短打扮，帽子不准有“顶”，帽珠只许用水晶、香木；商人之家，不能穿绸、纱，再有钱也不能显摆；庶人严禁穿靴，疍民、打鱼的，只能光脚；没有功名的人，不能穿大褂，只有身上有诰命的妇女才能带玉镯子。

自然经济的万历时期

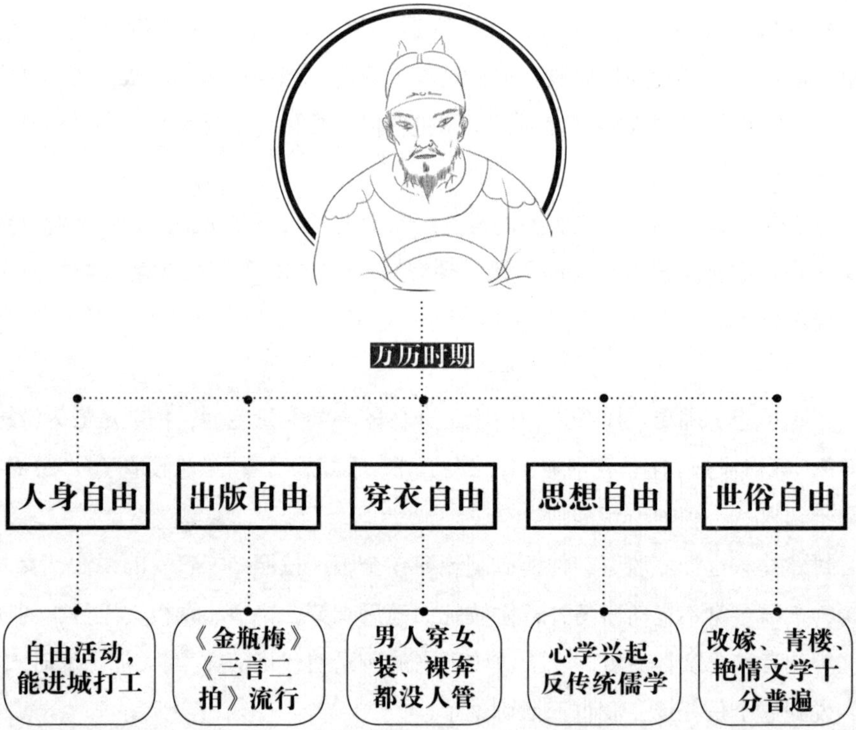

毁灭的起因，是一个人。这人的名字，叫李成梁。

◆ 不世之功臣

李成梁，是一个猛人，还不是一般的猛。

他出生于嘉靖五年（1526），世袭铁岭卫指挥佥事，算是高级军官。可到他这辈，混得相当差劲，家里能卖的都卖了，非常穷，穷得连进京继承官职的路费都没有。

他本人也混得很差，直到四十岁，还是个穷秀才。后来找人借钱，好歹凑了个数（继承官职，是要行贿的），这才捞到官位，还真不是一般的惨。

但此后，他便一发不可收拾。

当时的辽东很乱，虽然俺答部落改行做了生意，不抢了，但其他部落看俺答发了财，自己又没份，更不消停，一窝蜂地来抢。什么插汉部、泰宁部、朵颜部、王杲部，乱得一塌糊涂，以致十年之内，明朝竟然有三位大将战死。

然后李成梁来了。然后一切都解决了。

打仗，实际上和打麻将差不多，排兵布阵，这叫洗牌；掷色子，就是开打。战况多变，就是不知道下一张摸什么牌。而要想赢牌，一靠技术，二靠运气。

靠死运气，怎么打怎么赢，所谓福将。

靠死里打，怎么打怎么赢，所谓悍将。

李成梁，应该是福将加悍将。

隆庆四年（1570），李成梁到辽东接任总兵，却没人办交接手续，因为前任总兵王首道，是被蒙古人干掉的。

当时辽东的形势很乱，闹事的部落很多，要全列出来，估计得上百字，大致说来，闹得最凶的有如下几个：

蒙古方面：插汉部，首领土蛮。泰宁部，首领速巴亥。朵颜部，首领董狐狸。

女真方面：建州女真，王杲部。海西女真，叶赫部、哈达部，首领清佳努、孟

参考消息 **上梁不正下梁歪**

明神宗上朝不积极，算账时却是一把好手，从有件事可见一斑：永乐十五年，苏禄国王来华，归途中病死于山东德州。明成祖赐祭葬，命其次子陪陵守墓，每年从德州仓发给一些米、布还有劳保金，一直到了万历年间，神宗发扬节约精神，下令米从每年75石减少到66石。但即便如此，国库依旧空虚，这是为什么呢？我们来看看苏州织造的苦水吧：万历四年，“进上用（皇上穿的）龙袍四万套”、“万历九年又派十五万套”，“至万历二十七年”即将用完。“龙袍一套，可抵中产之家一家之产，此外又有改造、传派等等，头绪多段，所费不知几万。”有明一代，一提起贪官，就让人想起严嵩、魏忠贤之流，但实际上最大、最贪的人，却高坐在金銮殿内，被人山呼“吾皇圣明”呢。

格部禄。

这些名字很难记，也全都不用记，因为他们很快就会被李成梁干掉。

以上这些人中，最不消停的，是土蛮。他的部落最大，人最多，有十几万人，比较团结。具体表现为抢劫时大家一起来，每次抢的时候，都是漫天烟尘，铺天盖地。明军一看到这些人就跑，压根儿无法抵挡。

所以李成梁来后，第一个要打的，就是这只出头鸟。

自从李大人出马后，土蛮就从没舒坦过。从万历元年（1573）起，李成梁大战五次，小战二十余次，基本上是年年打，月月打。

总打仗不奇怪，奇怪的是，李成梁每次都打赢。

其实他的兵力很少，也就一两万人，之所以每战必胜，大致有两个原因：首先是技术问题，他属下的辽东铁骑，每人配发三眼火铳，对方用刀，他用火枪，明明白白就欺负你。

其次是战术问题，李成梁不但骁勇善战，还喜欢玩阴招，对手来袭时，准备大堆财物，摆在外面，等蒙古人下马抢东西，他就发动攻击。此外，他还不守合同，经常偷袭对手。靠这两大优势，十年之内，他累计斩杀敌军骑兵近五万人，把土蛮折腾得奄奄一息。

看到这段史料，再回忆起他儿子李如松同志的信用问题，不禁感叹：家庭教育，是很重要的。

土蛮歇了，泰宁也很惨，被打得到处跑不说，万历十年（1582），连首领速巴亥都中了埋伏，被砍了脑袋。

蒙古休息了，女真精神了。

女真，世代居住于明朝辽东一带，到万历年间，主要分为四个部落：海西女真、建州女真、黑龙江女真、东海女真。

黑龙江和东海的这两拨人，一直比较穷，吃饭都成问题，连抢劫的工具都没有，基本上可以忽略。

而最让人头疼的，是建州女真。

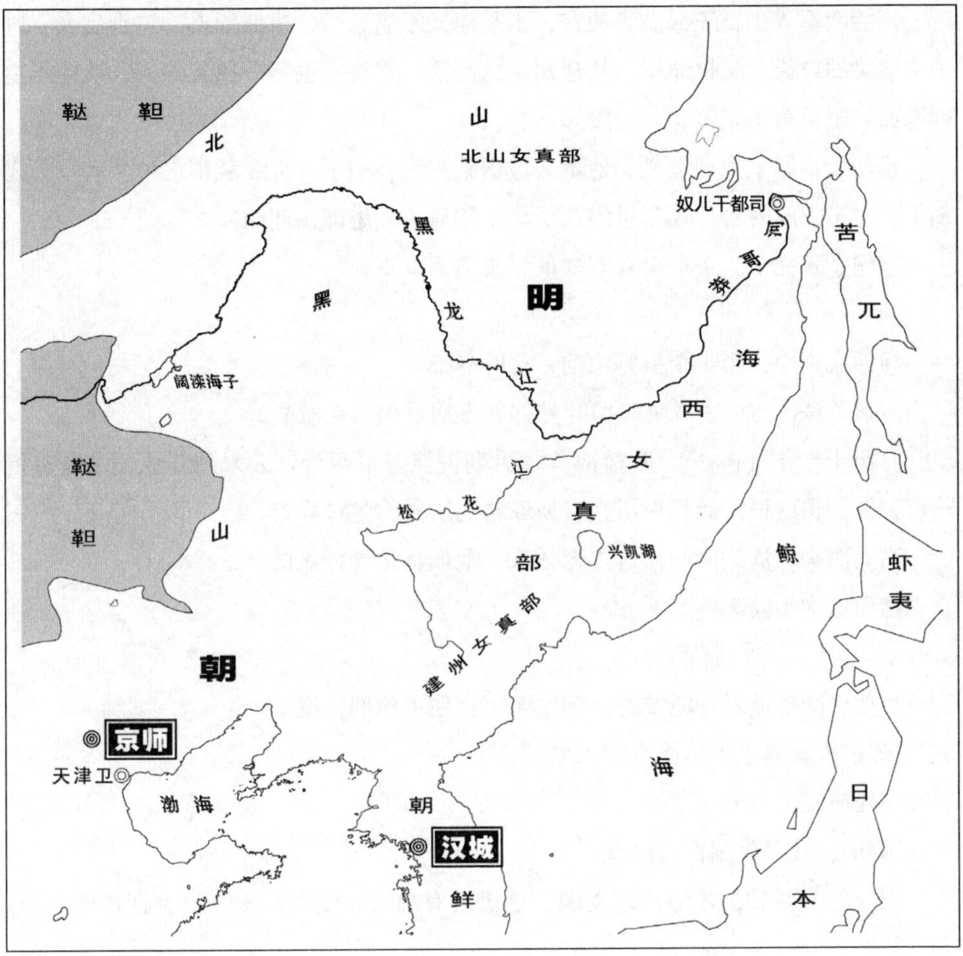

↑ 明末（万历十年）的东北

当时的建州女真，头领叫做王杲。这人用今天的话说，是个给脸不要脸的人。

他原本在这里当地主，后来势力大了，明朝封他当建州卫指挥使，官位不低。这人不满意，自封当了都督。

王杲的地盘靠近抚顺，明朝允许他和抚顺做生意，收入很高。这人不满意，诱杀了抚顺的守将，非要去抢一把。

因为他经常不满意，所以李成梁对他也不满意。万历元年（1573），找个机会打了一仗。

开始明军人少，王杲占了便宜，于是他又不满意了，拼命地追。追到后来，进了李成梁的口袋，又拼命跑，从建州跑到海西。李将军也是个执著的人，从建州追到海西。王杲束手无策，只能投降。

投降后，属下大部被杀，他本人被送到京城，剐了。但在乱军之中，有一个人跑了，这个人叫阿台，是王杲的儿子。十年后，祸患即由此而起。

建州女真完了，下一个要解决的，是海西女真。

海西女真中，第一个被解决的，是叶赫部。

应该承认一点：李成梁除掉叶赫部的方法是相当无耻的。

万历十一年（1583），叶赫部首领贝勒清佳努率两千余人来到开原，准备进行马市贸易。在这里，他们将用牲畜换取自己所需的各种物资。

高兴而来，满载而归，过去无数次，他们都是这样做的。

然而这次不同。

当他们准备进入开原城时，守城明军拦住了他们，说：

“你们人太多了，不能全部入城。”

清佳努想了一下，回答：

“好的，我只带三百人进城。”

但当他入城后，才惊奇地发现，这里没有商人，没有小贩，没有拥挤的人流，

参考消息 **咸鱼翻身**

为了弥补前半生的困窘，李成梁身为主帅，心思不是退敌，而是升官发财。他不仅控制了辽东的军赀、马价、盐课、市赏，还虚报战功，杀良冒级，整个辽东都成了他发财的工具。同时，他又拿着搜刮来的钱财，一掷千金，大肆行贿，朝中显要几乎都被他收买，甘心为他效劳。当然，投入是巨大的，回报也是丰厚的。李成梁因此平步青云，加官太傅、太保兼太子太保，封宁远伯，御赐大红蟒衣、飞鱼斗牛衣十八次，荫世袭锦衣卫同知，改荫升荫十六次，诰券一轴，加衔诰命一次，钦赐御札一道，第宅一区。他的子弟和亲信也全部占据要职，九个儿子中五个做了总兵官，四个当了参将，就连死去的祖先也跟着沾光，往上追溯四代，全部加官封爵。一时间，李成梁家族虽未割据称雄，在辽东也跟土皇帝相差无几了。

只是一片空地。

然后，他听到了炮声。

炮声响起的同时，城内的李成梁下达了攻击令，数千名明军蜂拥而起，短短几分钟之内，清佳努和三百随从全部被杀。城外的明军也很有效率，叶赫部只跑掉了四百四十人。

然后是哈达部。

相对而言，哈达部人数少，也不怎么惹事，李成梁本来也没打算收拾他们。但不幸的是，哈达部有个孟格部禄，孟格部禄又有个想法：和叶赫部联合。

这就有点问题了，因为李成梁先生的目标，并不是蒙古，甚至也不是女真，他选择敌人的唯一标准，就是强大。

强大，强大到足以威胁帝国的程度，就必须消灭。

本着这一指导原则，李成梁偷袭了哈达部，将部落主力歼灭，解决了这个问题。

自隆庆四年（1570）至万历十九年（1591），在二十二年的时间里，李成梁把辽东变成了净土，并不干净，却很安静。

如果各部落团结，他就挑事，挑出矛盾后，就开始分类，听话的，就给胡萝卜吃，不听话的，就用大棒。多年来，他作战上百次，大捷十余次，歼敌十多万人，年年立功受奖，年年升官发财，连戚继光都要靠边站，功绩彪炳，无懈可击。

除了万历十一年（1583）的那一场战役。

万历十一年（1583），李成梁得到了一个消息：阿台出现了。

从战火中逃离的阿台，带着对明朝的刻骨仇恨，开始了他的二次创业。经过十年不懈的杀人抢劫，他成功地由小土匪变成了大强盗，并建立了自己的营寨，继续与明朝对抗。

对付这种人，李成梁的办法有，且只有一个。

万历十一年（1583）二月，他自抚顺出兵，攻击阿台的营寨。

攻击没有想象中顺利，阿台非常顽强，李成梁竭尽全力，放火、强攻全用上，竟然未能攻克。无奈之下，他找来了两个帮手。

这两个帮手，实际上是帮他带路的向导，一个叫尼堪外兰，另一个叫觉昌安。

这两位都是当地部落首领，所以李成梁希望他们出面，去找阿台谈判，签个合同把事情结了。

当然了，遵不遵守合同，那就另说了，先把人弄出来。

两个人就这么去了，但是，李成梁疏漏了一个重要的细节——动机。

同为建州女真，这两个人有着不同的动机和不同的身份。

尼堪外兰是附近的城主，之所以帮助李成梁，是因为除掉阿台，他能够获得利益。

而觉昌安跑过来，只是为了自己的孙女——阿台是他的孙女婿。

当两人来到城寨下时，不同的动机，终将导致不同的行为。

觉昌安对尼堪外兰说，我进去劝降，你在外面等着，先不要动手。

尼堪外兰同意。

觉昌安进入城内，见到了阿台，开始游说。

很可惜，他的口才实在不怎么样，说得口干舌燥，阿台压根儿就没反应。

时间不断逝去，等在城外的尼堪外兰开始不耐烦了。

但他很明白，觉昌安还在里面，无论如何不能动手。

正在这个关键的时刻，李成梁的使者来了，只传达了一句话：

"为何还未解决？"

对李成梁而言，这只是个普通的催促。

但这句话，在尼堪外兰的脑海中，变成了命令。

他之所以跑来，不是为了觉昌安，更不是为阿台，只是为了利益和地盘，为了李成梁的支持。

于是，他打算用自己的方式去解决。

他走到城寨边，用高亢的声音，开始了自己的谈判：

"天朝大军已经到了，你们已经没有出路，太师（指李成梁）有令，若杀掉阿台者，就是此地之主！"

这是一个谎言。

所谓封官许愿，是尼堪外兰的创造，因为李成梁虽不守信用，但一个小小的营寨，打了就打了，还犯不着许愿开支票。

但事实证明，人穷志短，空头支票，也是很有号召力的。

应该说，游牧民族是比较实诚的，喊完话后，没有思想斗争，没有激烈讨论，就有人操家伙奔阿台去了。

谁先砍的第一刀无人知晓，反正砍他的人是争先恐后，络绎不绝，最后被乱刀砍死，连觉昌安也未能幸免。

虽然城外的李成梁不知道怎么回事，但他知道该干什么，趁乱带兵杀了进去。

因为他不知道尼堪外兰的那个合同（估计知道了也没用），所以也就没有什么顾忌，办事也绝了点——城内共计两千三百人，无一生还。

和觉昌安一起进城的，还有他的儿子塔克世，同样死在城里。

不过对于李成梁而言，这实在无关紧要，多死个把人无所谓。在他的战斗生涯中，这只是次微不足道的战斗，打扫战场，捡完人头报功，回家睡觉。

尼堪外兰倒是高兴，虽然觉昌安是惨了点，毕竟讨好了李成梁，也算大功告成。

但在他们看不见的地方，有一个人已经点燃了火种，燎原冲天的烈焰，终将由此而起。他是觉昌安的孙子，他是塔克世的儿子，他的名字，叫做努尔哈赤。

◆ 万世之罪首

努尔哈赤很气愤——他应该气愤，他的祖父、父亲死了，而且死得很冤枉。看起来，李成梁害死了他的两位亲人，实际上，是五个。

如果你还记得，觉昌安之所以入城，是为了阿台的妻子，自己的孙女，当然，也就是努尔哈赤的堂姐，她也死在乱军之中，这是第三个。

而阿台，自然就是努尔哈赤的堂姐夫，他是第四个。然而，他和努尔哈赤的关系，远比你想象的复杂得多。

嘉靖三十八年（1559），努尔哈赤生于赫图阿拉，他的祖父觉昌安和父亲塔克

努尔哈赤

1559

出生，幼年在家干活

1583

祖父、父亲被误杀，接管部落

1593

统一建州女真

1616–1618

建立政权，统一女真

1618–1625

誓师讨明，蚕食东北

1626

宁远之战后去世

世都是女真世袭贵族，曾任建州左卫指挥使。

滑稽的是，虽说家里成分很高，努尔哈赤的生活档次却很低。家里五兄弟，他排行老大，却很像小弟，从小就要帮着干活，要啥没啥。

原因很简单，当时的女真部落，大都穷得掉渣。所谓女真贵族，虽说是不掉渣，但也很穷，所以为了生计，小时候的努尔哈赤曾到他的外祖父家暂住。

他的外祖父，就是我们的老朋友，王杲。

现在，先洗把脸，整理一下他们之间的关系：

努尔哈赤的母亲是王杲的女儿，也就是说，阿台是努尔哈赤的舅舅，但是阿台又娶了努尔哈赤的堂姐，所以他又是努尔哈赤的堂姐夫。这还好，要换到努尔哈赤他爹塔克世这辈，就更乱了，因为阿台既是他的侄女婿，又是他的小舅子。

乱是乱了点，考虑到当时女真族的生存状态，反正都是亲戚，也算将就了。

你应该能理解努尔哈赤有多悲痛了，在李成梁的屠刀之下，他失去了祖父觉昌安、外祖父王杲、父亲塔克世、堂姐伊伊（对不起，没查到）以及舅舅阿台（兼堂姐夫）。

悲痛的努尔哈赤找到了明朝的官员，愤怒地质问道：

“我的祖父、父亲何故被害，给我一个说法！”

明朝的官员倒还比较客气，给了个说法：

“对不住，我们不是故意的，误会！”

很明显，这个说法不太有说服力，所以明朝官员还准备了一份礼物，以安抚努尔哈赤受伤的心灵。

这份礼物是三十份敕书、三十匹马、一份都督的任免状。

马和任免状大家都知道，我解释一下这敕书是个什么玩意儿。

所谓敕书，用今天的话说，就是贸易许可证。

当时的女真部落，住在深山老林，除了狗熊啥都缺，过日子是过不下去了，要动粗，抢劫的经验又比不上蒙古。明朝不愿开放互市，无奈之下，只好找到了这个折中的方式，一道敕书，就能做一笔生意。三十份敕书，就是三十笔生意。

明朝的意思很明白，人死了，给点补偿费，你走人吧。

客观地讲，这笔补偿费实在有点低，似乎无法平息努尔哈赤的愤怒。

然而他接受了。

他接受了所有的一切，回到了自己的家乡。

然后，他召集了族人，杀死了一头牛，举行了祭天仪式，拿出了祖上流传下来的十三副铠甲，宣布起兵。

收了赔偿金再起兵，和收了钱不办事，似乎是异曲同工。但无论如何，努尔哈赤向着自己的未来迈出了第一步。这一年，他二十五岁。

按照许多史料、书籍的说法，下面将是努尔哈赤同志的光荣创业史：先起兵杀死尼堪外兰，然后统一建州女真，打败海西女真最强的叶赫部落，至万历四十六年(1618)，统一女真。

最后是基本类同的几句评价：非常光辉、非常励志、非常艰苦等等。

本人同意以上评语，却也要加上四个字：非常诡异。

据说努尔哈赤从小住在林子里，自己打猎、采集蘑菇，到集市上换东西，生活艰苦，所以意志坚定；渴了喝泉水，饿了啃人参，所以身体强壮；天赋异禀，无师自通，所以极会打仗。

有以上几大优惠条件，所以十三副铠甲起兵，便不可收拾。

这绝不可能。

努尔哈赤起兵时，他的武器是弓箭，不是导弹，他带着十三副铠甲，不是十三件防弹衣，在当时众多的女真部落中，他只不过是个小人物。

然而这个小人物，只用了三十多年，就统一了女真、建立了政权，占据了原本重兵集结的辽东，并正式向明朝挑战。

于是，我得出了一个结论：他得到了帮助。

而帮助他的这个人，就是李成梁。

我并不是阴谋论者，却惊奇地发现，无数的清代史料、书籍中，都详细描述了祖父觉昌安的惨死、李成梁的冷漠残酷、努尔哈赤的无助，却不约而同地忽略了这样一个细节——努尔哈赤的祖父觉昌安，是李成梁的朋友。

据某些笔记的记载，努尔哈赤和李成梁之前很早就认识了，不但认识，努尔哈赤还给李成梁打过下手，他们之间，还有一段极为神秘的纠葛。

据说努尔哈赤少年时，曾经因为闹事，被李成梁抓回来管教。不久之后，努尔哈赤被释放了，不是李成梁放的。

放走努尔哈赤的，是李成梁的老婆（小妾），而她放走努尔哈赤的理由也很简单——这人长得好（奇其貌，阴纵之出）。至于他俩有无其他纠葛，我不知道，也不想知道。

相关的说法还有很多，什么努尔哈赤跟李成梁打过仗，一同到过京城，凡此种种，更不可思议的是，据说努尔哈赤和李成梁还是亲家：努尔哈赤的弟弟，叫做舒尔哈齐，这位舒尔哈齐有个女儿，嫁给了李成梁的儿子李如柏做妾。

而种种迹象表明，勇敢而悲痛的努尔哈赤，除了会打仗、身体好外，似乎还很会来事儿。他经常给李成梁送礼，东西是一车车地拉，拍起马屁来，可谓“无所不用其极”（明史学者孟森语）。

所以，我们有理由认为，努尔哈赤和李成梁家族，有着某种不可告人的联系。

当你知道了这一点，再回头审视此前的几条记录，你就会发现，这个流传久远的故事的第二版本，以及隐藏其后的真正秘密。

万历十一年（1583）二月，努尔哈赤祖父、父亲被误杀，努尔哈赤接受委任，管理部落。

万历十一年（1583）十二月，努尔哈赤部的死敌，海西女真中最强大的叶赫部贝勒清佳努被讨伐，所部两千余人全部被杀，势力大减。

此后不久，努尔哈赤率兵攻打尼堪外兰，尼堪外兰自认有功，投奔李成梁，李成梁把他交给了努尔哈赤。

万历十五年（1587），海西女真哈达部孟格部禄联合叶赫部，被李成梁发现，随即攻打，斩杀五百余人。

万历十六年（1588），叶赫部再度强大，李成梁再次出击，杀死清佳努的儿子那林脖罗，斩杀六百余人，叶赫部实力大损，只得休养生息。

万历二十一年（1593），努尔哈赤终于统一建州女真，成为了女真最强大的部落。

万历二十一年（1593）九月，面对越来越强大的努尔哈赤，海西女真叶赫部联合哈达部、蒙古科尔沁部等九大部落，组成联军，攻击努尔哈赤，失败，被杀四千余人，史称“古勒山之战”。

战后，努尔哈赤将叶赫部首领分尸，一半留存，一半交叶赫部。自此，叶赫部与爱新觉罗部不共戴天。据说其部落首领于战败之时，曾放言如下：

“我叶赫部若只剩一女子，亦将倾覆之！”

叶赫部居住于那拉河畔，故又称叶赫那拉。

这是几条似乎毫无关联的历史记载，其中某些之前还曾提过，但请你联系上下文再看一遍，因为秘密就隐藏其中。

如果你依然不得要领，那么我会给你一个提示——李成梁的习惯。

所谓习惯，是指一个人多年来不会轻易改变的行为方式。比如李成梁，他的习惯，是谁露头就打谁，谁强大就灭谁，蒙古如此，叶赫部如此，哈达部也如此。

然而这个习惯，在努尔哈赤的身上，失效了。

整整十年，努尔哈赤从一个弱小部落逐渐强大，统一了建州女真。对如此庞然大物，李成梁却视而不见，海西女真四分五裂，叶赫、哈达部只是刚刚冒泡，就被他一顿猛打，压制下去。

这种举动，我认为可以用一个术语来形容——选择性失明。

更有意思的是，偶然之间，我还发现了一条这样的史料：万历二十年（1592）朝鲜战争爆发，李如松奉命出征。此时，一个人自动请缨，要求入朝作战，保家卫国，支援李如松。当然了，这位仁兄我不说你也能猜到——努尔哈赤。

综上所述，我们可以得到这样一个结论：他们，是一伙的。

一切都从万历十一年（1583）的那场误会开始，劝降、误解、误杀，但接下来，真相被掩盖了。

等待着努尔哈赤的，并不是陌生、冷漠、孤独，而是交情、歉疚、庇护以及无私的帮助。

打击潜在的对手，给予发展的空间，得到的回应是——服从。

努尔哈赤和李氏家族

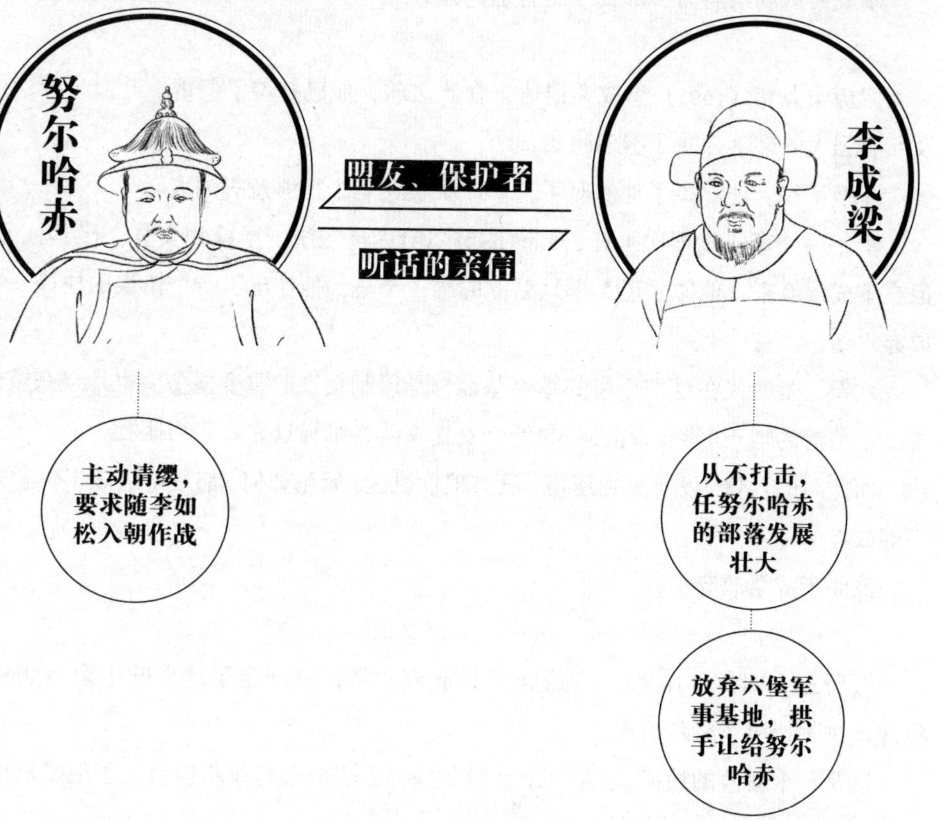

李成梁庇护努尔哈赤，和局势无关，只因为他认定，这是一个听话的亲信。

努尔哈赤主动请战，和明朝无关。只因为他认定，李氏家族是他的盟友。

而当若干年后尘埃落定，重整史料时，他们就会发现，一个得到敌人扶持、帮助的首领，是不太体面的。

所以掩盖和创造就开始了，所以几百年后，历史变成了现在的模样。

李成梁做了件不公道的事情，他扶植了努尔哈赤，培养了明朝的敌人。

但公道地讲，他并不是故意的，更不是所谓的汉奸。

因为在他看来，所谓努尔哈赤，不过是一只柔弱的猫，给它吃穿，让它成长，最后成为一只温顺、听话的猫。

这只猫逐渐长大了，它的身躯变得强壮，叫声变得凄厉，脚掌长出了利爪，最后它亮出了獠牙。至此，我们终于知道，它不是猫，而是老虎，它不是宠物，而是野兽。

李成梁的观察能力，那真不是普通的差。

万历十九年（1591）李成梁退休，在此之前，他已打垮了蒙古、叶赫、哈达以及所有强大的部落，除了努尔哈赤。

非但不打，还除掉了他的对手，李成梁实在是个很够意思的人。

十年后，李成梁再次上任，此时的努尔哈赤已经统一了建州女真，极其强大。但在李成梁看来，他似乎还是那只温顺的猫，于是，他作出了一个错误的抉择——放弃六堡。

六堡，是明代在辽东一带的军事基地，是遏制女真的重要堡垒，也是辽东重镇抚顺、清河的唯一屏障。若丢失此处，女真军队将纵横辽东、不可阻挡。

而此时的六堡，没有大兵压境，没有粮食饥荒，无论如何，都是不应该、不需要、不能放弃的。

然而李成梁放弃了。

万历三十四年（1606），李成梁正式放弃六堡，并迁走了这里的十余万居民，将此地拱手让给了努尔哈赤。

这是一个错误的抉择，也是一个无耻的抉择。李成梁将军不但丢失了战略重地，

参考消息　辽东三患

眼看辽东局势日趋恶化，兵科都给事中宋一韩上疏，痛陈辽东有三患：一是矿税监高淮，为首恶；二是总兵官李成梁，为后台；三是巡抚赵楫，为帮凶。三个人狼狈为奸，其危害甚至在建州女真之上。这其中，李成梁自不必多说，他身为辽东主帅，却养虎为患，穷奢极欲，而赵楫则撺掇李成梁放弃六堡，将八百里疆土拱手让出。首恶高淮作为一名太监，本是无赖出身，业绩更为突出，他对辽东经济进行杀鸡取卵式的搜刮，手段恶劣，令人发指。曾任辽东巡抚的李化龙曾无比痛心地说："辽人无脑，皆淮剜之；辽人无髓，皆淮吸之"，"高淮去则辽东安，高淮在则辽东亡"。对此，万历皇帝显得无动于衷，他只关心高淮能否给自己搜刮更多的金银珠宝。直到辽东爆发多起大规模的民变，他才将其召回，可惜为时已晚了。有此三人在，朝廷人心渐失，大批辽人纷纷逃往努尔哈赤的占领区，时人曰"生于辽，不如走于胡"。

毁灭了十余万人的家园，还以此向朝廷报功，所谓“招抚边民十余万”，实在不知世上还有羞耻二字。

努尔哈赤毫无代价地占领六堡，明朝的繁荣、富饶，以及虚弱全部暴露在他的面前。那一刻，他终于看到了欲望，和欲望实现的可能。

万历四十三年（1615），李成梁去世，年九十。不世之功臣，千秋之罪首。

建功一世，祸患千秋，万死不足恕其罪！

几个月后，万历四十四年（1616），努尔哈赤在赫图阿拉建立政权，年号天命，史称后金，努尔哈赤称天命汗。这说明他还是很给李成梁面子的，至少给了几个月的面子。

海西女真、叶赫部、哈达部，这些名词已不复存在，现在的女真，是唯一的女真，是努尔哈赤的女真，是拥有自己文字（努尔哈赤找人造出来的）的女真，是拥有八旗制度和精锐骑兵部队的女真。

辽东已经容不下努尔哈赤了，他从来不是一个老实本分的老百姓，也不是遵纪守法的好公民。当现有的财富和土地无法满足他的欲望时，眼前这个富饶的大明帝国，将是他的唯一选择。

好了，面具不需要了，伪装也不需要了。唯一要做的，是抽出屠刀，肆无忌惮地砍杀他们的士兵，掳掠他们的百姓，抢走他们的所有财富。

杀死士兵，可以得到装备马匹，掳掠百姓，可以获得奴隶，抢夺财富，可以强大金国。

当然了，这些话是不能明说的。因为一个强盗，杀人放火是不需要借口的，但对一群强盗而言，理由，是很有必要的。

万历四十六年（1618）正月，努尔哈赤在赫图阿拉发出了战争的宣告:

“今岁，必征大明国！”

光叫口号是不够的，无论如何，还得找几个开战的理由。

四月，努尔哈赤找到了理由，七个。

此即所谓七大恨，在文中，努尔哈赤先生列举了七个明朝对不住他的地方。全文就不列了，但值得表扬的是，在挑事方面，这篇文章，还真是下了点工夫。

祖父、父亲被杀，自然是要讲下的，李成梁的庇护，自然是不会提的，某些重大事件，也不能放过。比如边界问题：擅自进入我方边界。经济问题：割了我们这边的粮食。外交问题：十名女真人在边界被害。

其中，最有意思的理由是：明朝偏袒叶赫、哈达部，对自己不公。

对于这句话，明朝有什么看法不好说，但被李成梁同志打残无数次的叶赫和哈达部，应该是有话要讲的。

这个七大恨，后来被包括袁崇焕在内的许多人驳斥过，凑热闹的事我就不干了。我只是认为，努尔哈赤先生有点多余，想抢，抢就是了，想杀，杀就是了，何苦费那么大劲呢？

杀死一切敢于抵抗的人，抢走一切能够抢走的东西，占领一切能够占领的土地，目的十分明确。

抢掠，其实无需借口。

万历四十六年（1618）四月，努尔哈赤将他的马刀指向了第一个目标——抚顺。

有一位古罗马的将领，在与日耳曼军队征战多年后，发出了这样的感叹：

他们不懂军事，却很彪悍，不懂权谋，却很狡猾。

这句简单的话，蕴藏着深厚的哲理。

很多人说过，最好的老师，不是特级教师，不是名牌学校，而是兴趣。

但我要告诉你，这个答案是错误的。

在这个世界上，最优秀的老师，是生存。

为了一块土地，为了一座房子，为了一块肉，为了在这个世界上多活一天，熟悉杀戮的技巧、掌握抢劫的诀窍，无须催促、无须劝说，在每一天生与死的较量中，懂得生存，懂得如何去生存。

生存很困难，所以为了生存，必须更加狡诈、必须更加残暴。

所以在抚顺战役中，我们看到的，并不是纵横驰骋的游牧骑兵，光明正大的英勇冲锋，而是更为阴险狡诈的权谋诡计。

万历四十六年（1618）四月十五日，努尔哈赤抵达抚顺近郊。

抚顺之战策略

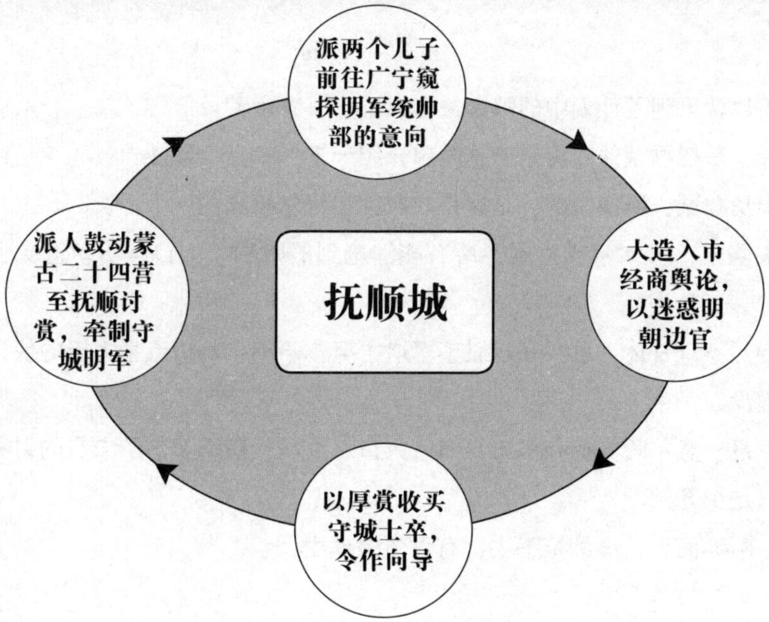

但他并没有发动进攻，却派人向城里散布了一个消息。

这个消息的内容是，明天，女真部落三千人，将携带大量财物来抚顺交易。

抚顺守将欣然应允，承诺打开城门，迎接商队的到来。

第二天（十五日）早晨，商队来了，抚顺打开了城门，百姓商贩走出城外，准备交易。

然后，满脸笑容的女真商队拿出了他们携带的唯一交易品——屠刀。

贸易随即变成了抢掠，商队变成了军队，很明显，女真人做无本生意的积极性要高得多。

努尔哈赤的军队再无须隐藏，精锐的八旗骑兵，在“商队”的帮助下，向抚顺城发动了进攻。

守城明军反应很快，开始组织抵抗，然而没过多久，抵抗就停止了，城内一片平静。

对于这个不同寻常的变化，努尔哈赤并不惊讶，因为这一切，都在他的计划之中。

很快，他就见到了计划中的那个关键棋子——李永芳。

李永芳，是抚顺城的守将之一，简单介绍一下——是个叛徒。

他出卖抚顺城，所换来的，是副将的职称和努尔哈赤的一个孙女。

抚顺失陷了，努尔哈赤抢到了所有能够抢到的财物、人口，明朝遭受了重大损失。

明军自然不肯甘休，总兵张承胤率军追击努尔哈赤，却遭遇皇太极的伏兵，阵亡，全军覆没。

抚顺战役，努尔哈赤掠夺了三十多万人口、牛马，获得了前所未有的财富，但这一切，只是个开始。

对努尔哈赤而言，继续抢下去，有很多的理由。

女真部落缺少日常用品，拿东西去换太麻烦，发展手工业不靠谱，抢来得最快。而更重要的是，当时的女真正在闹灾荒，草地荒芜，野兽数量大量减少，这帮大爷又不耕地，粮食不够，搞得部落里怨声载道，矛盾激化。

所以继续抢，那是一举多得，既能够填补产业空白，又能解决吃饭问题，而且

参考消息 **没钱还想打仗？**

万历四十六年，抚顺轻易陷落，辽东巡抚和蓟辽总督相继向朝廷告急。明神宗立即给兵部下指示，命其配合战局需要，优先发兵给饷。不料，代理兵部尚书薛三才不仅不照办，还转而向神宗大诉苦水，谈起了条件：先说钱，辽军已经缺饷三年，户部应发的饷银，至今已拖欠纹银五十万两，搞得兵部到现在一屁股账，不仅拖欠辽东马价银十一万七千八百两、抚赏银三万两，还欠新兵饷银四万七千一百两，所以只能先发四万两，还缺十万七千八百两；至于人，蓟辽总督已经选调蓟镇兵六千五百名，即日发兵，其他边镇也都有一摊子事儿，因此不便向外征调兵马。所以呢，还是希望皇帝能够动用自己的小金库，拿出十万两给辽东巡抚和总兵，让他们自行招募。神宗没想到还有人敢敲他的竹杠，气得够呛，却只能干瞪眼，要他出钱，杀了他吧。

还能转嫁矛盾。

于是，万历四十六年（1618）七月，他再次出击，这次，他的目标是清河。

清河，就是今天的辽宁本溪，此地是通往辽阳、沈阳的必经之地，战略位置十分重要。

而清河的失陷过程也再次证明，努尔哈赤实在是个狡猾的家伙。

七月月初，他率军出征，却不打清河，反而跑到相反方向去闹腾。对外宣称是去打叶赫部，然后调转方向，攻击清河。

到了清河，也不开打，又是老把戏，先派奸细，打扮成商贩进了城，然后发动进攻，里应外合。清河人少势孤，守军一万余人全军覆没。

之后的事情比较雷同，城内的十几万人口被努尔哈赤全数打包带走。有钱、有奴隶、有粮食，空白填补了，粮食保证了，矛盾缓和了。

但他留下的，是一片彻底的白地，是无数被抢走口粮而饿死的平民，是无数家破人亡的惨剧，痛苦、无助。

无论什么角度、什么立场、什么观点、什么利益、什么目的、什么动机、什么想法、什么情感、什么理念，都应该承认一点，至少一点:

这是抢掠，是自私、无情、带给无数人痛苦的抢掠。

征服的荣光背后，是无数的悲泣与哀号。

第十一章

萨尔浒

○作为一名没有进过私塾 没有上过军校 没有受过系统军事训练的游牧民族首领 努尔哈赤懂得什么是战争 也懂得如何赢得战争

努尔哈赤是一位伟大的军事家，至少我是这样认为。

作为一名没有进过私塾，没有上过军校，没有受过系统军事训练的游牧民族首领，努尔哈赤懂得什么是战争，也懂得如何赢得战争。他的战役指挥水平，已经达到了炉火纯青的地步。

在抚顺、清河以及之后一系列战役中，他表现出了惊人的军事天赋，无论是判断对方动向、选择战机，还是玩阴耍诈，都可谓是无懈可击。

毫无疑问，他是这个时代最杰出的军事将领——在那两个人尚未出现之前。

但对明朝而言，这位十分优秀的军事家，只是一名十分恶劣的强盗。不仅恶劣，而且残忍。

清河、抚顺战役结束后，抢够杀完的努尔哈赤非但没有歉意，不打收条，还做了一件极其无耻的事情。

他挑选了三百名当地平民，在抚顺关前，杀死了二百九十九人，只留下了一个。

他割下了这个人的耳朵，并让他带回一封信，以说明自己无端杀戮的理由：

“如果认为我做得不对，就约定时间作战！如果认为我做得对，你就送金银布帛吧，可以息事宁人！”

绑匪见得多了，但先撕票再勒索的绑匪，倒还真是第一次见。

明朝不是南宋，没有送礼的习惯。他们的方针，向来是不向劫匪妥协，何况是撕了肉票的劫匪。既然要打，那咱就打真格的。

万历四十七年（1619）三月，经过长时间的准备，明军集结完毕，向赫图阿拉发起进攻。

明军共分东、西、南、北四路，由四位总兵率领，统帅及进攻路线如下:

东路指挥官刘綎，自朝鲜进攻。

西路指挥官杜松，自抚顺进攻。

北路指挥官马林，自开原进攻。

南路指挥官李如柏，自清河进攻。

进攻的目标只有一个，赫图阿拉。

以上四路明军，共计十二万人，系由各地抽调而来，而这四位指挥官，也都大有来头。

李如柏的身份最高，他是李成梁的儿子，李如松的弟弟，但水平最低，你要说他不会打仗，比较冤枉，你要说他很会打仗，比较扯淡。

马林的父亲，是马芳。这个人之前没提过，但很厉害，厉害到他的儿子马林，本来是个文人，都当上了总兵。至于马先生的作战水平，相信你已经清楚。

这两路的基本情况如此，就指挥官来看，实在没什么戏。

但另外两路，就完全不同了。

东路指挥官刘綎，也是老熟人了，使六十多斤重的大刀，还“轮转如飞”，先打日本，“万历三大征”后扫西南，打了两大征，让他指挥东路，可谓志在必得。

但四路军中，最大的主力却并不是东路，最猛的将领也并不是刘綎。这两大殊荣，都属于西路军，以及它的指挥官——杜松。

杜松，陕西榆林人，原任陕西参将，外号杜太师。

前面提过，太师是朝廷的正一品职称，拿到这个头衔的，很少很少，除了张居

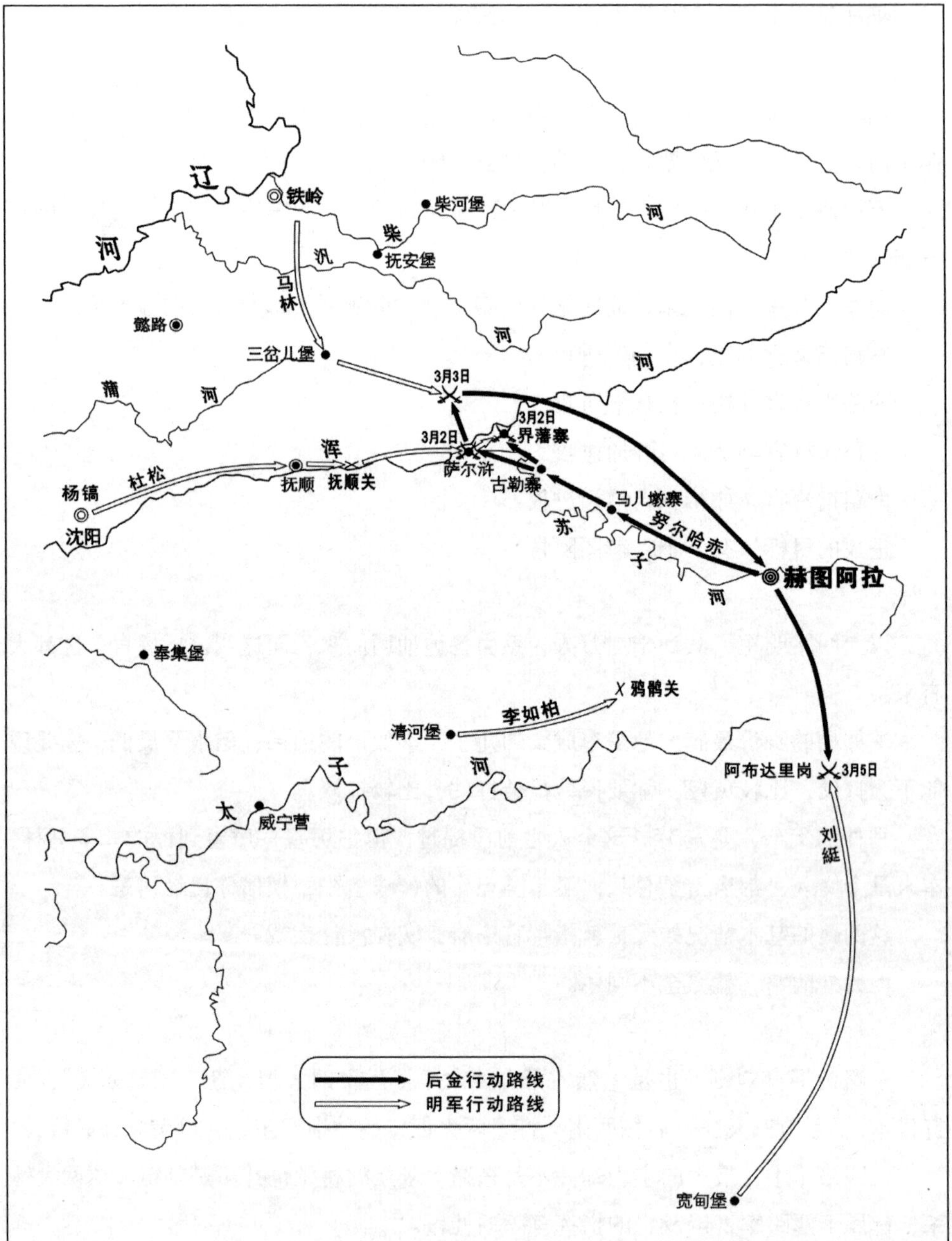

辽
河
铁岭
柴河堡
柴
抚安堡
汎
河
马
林
懿路
三岔儿堡
河
河
3月3日
蒲
河
3月2日
界藩寨
3月2日
浑
萨尔浒
杨镐
杜松
抚顺
抚顺关
古勒寨
马儿墩寨
努尔哈赤
沈阳
苏
子
赫图阿拉
河
奉集堡
鸦鹘关
李如柏
清河堡
子
河
阿布达里岗
3月5日
太
威宁营
刘
綎
后金行动路线
明军行动路线
宽甸堡

↑ 萨尔浒之战

正外，其他获得者一般都是死人、追认。

但杜将军得到的这个头衔，确确实实是别人封的，只不过……不是朝廷。

他在镇守边界的时候，经常主动出击蒙古，极其生猛，前后共计百余战，无一败绩。

蒙古人被他打怕了，求饶又没用，听说明朝官员中太师最大，所以就叫他太师。而杜将军不但勇猛过人，长相也过人。因为他常年冲锋肉搏，所以身上、脸上到处都是伤疤，面目极其狰狞，据说让人看着就不住地打哆嗦。

但这位刘綎都甘拜下风的猛人，这次前来上任，居然是带着镣铐来的，因为在不久之前，他刚犯了错误。

杜松虽然很猛，却有个毛病：小心眼。

所谓小心眼，一般是生气跟别人过不去，可是让人哭笑不得的是，杜松先生小心眼，总是跟自己过不去。

比如之前，他曾经跟人吵架，以武将的脾气，大不了一气之下动家伙砍人，可是杜兄一气之下，竟然出家当和尚了。

这实在是个奇怪的事，让人怎么都想不明白，可还没等别人想明白，杜松就想明白了，于是又还俗，继续干他的杀人事业。

参考消息 **杜松在萨尔浒咸鱼翻身**

带着一身出疹子般创伤又“尚气不能容物”的杜太师，连努尔哈赤的枷具都预备好了，不为别的，就为防止功劳被别人分了去。一天之内百余里急行军，连休息都不让，要知道那年头负重可比现在多多了。将士们累得死去活来，还要在杜太师的催促下连夜渡河。杜太师喝了不少酒，趁着酒气上涌，脱了衣服就要走，他的副将赶紧送盔甲上去，太师很牛，不穿。不但不穿，还狂笑着说：老子从军这么多年，从来没穿过，都不知道这铠甲到底有多沉！此时杜太师假想中的囚犯在上游备下的人手开闸放水，明军死伤惨重，杜松怒火中烧，率军追赶，辎重由于渡河困难终于被自家统帅甩在了身后。在这场你追我赶的体力消耗战中，努尔哈赤利用一切机会不停地削弱杜松的战斗力。夜战连场，杜松意料之外地命人点燃火把，于是明军在明，八旗兵在暗，挨打的是哪一方不言自明。在暴雨般的箭矢之下，杜太师力竭战死，两副将战死，明军完败。

后来他升了官，到辽东当上了总兵，可是官升了，脾气一点没改。上阵打仗吃了亏（不算败仗），换了别人，无非写了检讨，下次再来。

可这位兄弟不知那根筋不对，竟然要自杀，好歹被人拦住还是不消停，一把火把军需库给烧了，论罪被赶回了家。这一次是重返故里。

虽说过了这么多年，经历了这么多事，但他的同事们惊奇地发现，这人一点没改，刚到沈阳（明军总营）报到，就开始咋呼：

“我这次来，就是活捉努尔哈赤的，你们谁都别跟我抢！”

又不是什么好事，谁跟你抢？

事实也证明，这个光荣任务，没人跟他抢，连刘綎都不敢，于是最精锐的西路军，就成为了他的部属。

以上四路明军，共计十二万人，大致情况也就是这样。大明人多，林子太大，什么人都有，什么鸟都飞，混人、文人、猛人，一应俱全。

说漏了，还有个鸟人——辽东经略杨镐。

杨镐，是一个出过场的人。说实话，我不太想让这人再出来，但可惜的是，我不是导演，没有换演员的权力。

作为一个无奈的旁观者，看着它的开幕和结束，除了叹息，只有叹息。

参战明军由全国七省及朝鲜、叶赫部组成，并抽调得力将领指挥，全军共十二万人，号称四十七万，这是自土木堡之变以来，明朝最大规模的军事行动。

要成事，需要十二万人，但要坏事，一个人就够了。

从这个角度讲，杨镐应该算是个很有成就的人。

自从朝鲜战败后，杨镐很是消停了一阵。但这个人虽不会搞军事，却会搞关系，加上他本人还比较老实，二十年后，又当上了兵部左侍郎兼都察院右都御史。此外，他还加入了组织——浙党。

当时的朝廷首辅，是浙党的铁杆方从哲。浙党的首辅，自然要用浙党的将领，于是这个光荣的任务，就落在了杨镐的身上。

虽然后来许多东林党拿杨镐说事，攻击方从哲，但公正地讲，在这件事上，方先生也是个冤大头。

我查了一下，杨镐兄的出生年月日不详，但他是万历八年（1580）的进士，考虑到他的智商和表现，二十岁之前考中的可能性实在很小，三十而立、四十不惑都是有可能的。

如此算来，万历四十七年（1619）的时候，杨大爷至少也有六十多了。在当时的武将中，资历老、打过仗的，估计也就他了。

方首辅没有选择的余地。

所以，这场战争的结局，也没有选择的余地。

万历四十七年（1619）二月二十一日，杨镐坐镇沈阳，宣布出兵。

下令后不久，回报：

今天下大雨，走不了。

走不了，那就休息吧。

这一休息就是四天。二月二十五日，杨镐说，今天出兵。

下令后不久，又回报：

辽东地区降雪，道路模糊，请求延后。

几十年来，杨镐先生虽说打仗是不太行，做人倒还行，很少跟人红脸，对于合理化建议,他也比较接受,既然下大雨延期他能接受,下大雪延期,似乎也没什么问题。

在这个世界上，好人不怕，坏人也不怕，就怕时好时坏、无端抽风的人。

杨镐偏偏就是个抽风的人，不知是那根筋有问题，突然发火了：

“国家养士，只为今日，若临机推阻，军法从事！”

完事把上方宝剑挂在门外，那意思是，谁敢再说话，来一个干一个。

窝囊了几十年，突然雄起，也算可喜可贺。

然而接下来发生的一幕，就让杨先生雄不起来了。

按照惯例，出师之前，要搞个仪式，一般是找个叛徒、汉奸类的人物杀掉祭旗，然后再杀几头牲口祭天。

祭旗的时候，找了抚顺的一个逃兵，一刀下去，干掉了，可祭天的时候，却出了大问题。

事实证明，有时候，宰牲口比宰人要难得多，祭天的这头牛，不知是牛魔王下凡，还是杀牛刀太钝，反正是用刀捅、用脚踹，折腾了好几次，才把这牛干掉。

封建社会，自然要搞点封建迷信，祭天的时候出了这事，大家都议论纷纷，然而杨镐先生却突然超越了时代，表现出了不信鬼神的大无畏精神。他坚定地下达了命令:

出征!

然后，他就干了件蠢事，一件蠢得让人毛骨悚然的事。

在出征之前，杨镐将自己的出征时间、出征地点、进攻方向写成一封信，并托人送了出去，还反复叮嘱，必定要保证送到。

收信人的名字，叫努尔哈赤。

对于他的这一举动，许多后人都难以理解，还有人认为，他有汉奸的嫌疑。

但我认为，以杨镐的智商，做出这样的事情，实在是不奇怪的。

在杨镐看来，自己手中有十二万大军，努尔哈赤下属的全部兵力，也只有六万，手下的杜松、刘綎，身经百战，经验丰富，要对付山沟里的这帮游击队，毫无问题。

基于这种认识，杨镐认为，作为天朝大军，写这封信，是很有必要的。

在成功干掉一头牛，以及写信示威之后，四路大军正式出征，史称“萨尔浒之战”，就此拉开序幕。

但在序幕拉开之前，战役的结局，实际上已经注定。

因为几百年来几乎所有的人都忽略了一个基本的问题：单凭这支明军，是无法消灭努尔哈赤的。

努尔哈赤的军队，虽然只有六万人，却身经百战，极其精锐，且以骑兵为主。明军就不同了，十二万人，来自五湖四海，那真叫一个东拼西凑，除杜松、刘綎部外，战斗力相当不靠谱。

以指挥水平而论，就更没法说了。要知道，这位努尔哈赤先生并不是山寨的土匪，当年跟着李成梁混饭吃，那是见过大世面的，加上这位仁兄天赋异禀，极具军事才能。如果李如松还活着，估计还有一拼，以杜松、刘綎的能力，是顶不住的。

实力，这就是失败的真相。

杨镐的错误，并不是他干了什么，而是他什么也没干。

其实从他接手的那天起，失败就已注定，因为以当时明军的实力，要打赢是不容易的，加上他老人家，那就变成是不可能的。

可惜这位大爷对此毫无意识，还把军队分成了四部。

在这四支部队中，他把最精锐的六万余人交给了杜松，由其担任先锋。其余三部各两万人，围攻努尔哈赤。

这个想法，在理论上是很合理的，但在实践中，是很荒谬的。

按照杨镐的想法，仗是这么打的：努尔哈赤要待在赫图阿拉，不许随便乱动，等到明朝四路大军压境，光荣会师，战场上十二万对六万（最好分配成两个对一个），也不要骑马，只能步战，然后决一死战，得胜回朝。

有这种脑子的人，只配去撞墙。

要知道，努尔哈赤先生的日常工作是游击队队长，抢了就分，打了就跑，也从来不修碉堡炮楼，严防死守。

这就意味着，如果努尔哈赤集中兵力，杜松将不具备任何优势，再加上杜将军的脑筋向来缺根弦，和努尔哈赤这种老狐狸演对手戏，必败无疑。

而当努尔哈赤听到明军四路进军的消息后，只说了一句话：

“凭尔几路来，我只一路去。”

我仿佛看见，一出悲剧正上演，剧中没有喜悦。

二月二十八日，明军先锋杜松抵达抚顺近郊。

为了抢头功，他命令士兵日夜不停行军，但由于路上遭遇女真部队阻击，辎重落后。三月一日，他终于停下了脚步，就地扎营。

他扎营的地点，叫做萨尔浒。

◆ 死战

此时的杜松，已经有点明白了，自他出征以来，大仗没有，小仗没完，今天放火明天偷袭，后勤也被切断，只能扎营固守。

多年的战争经验告诉他，敌人就在眼前，随时可能发动进攻，情况非常不利。部下建议，应撤离此地。

但他并未撤退，却将手下六万人分为两部，分别驻守于吉林崖和萨尔浒。

杜松并未轻敌，事实上，他早已判定，隐藏在自己附近的，是女真军队的主力，且人数至少在两万以上。

以自己目前的兵力，攻击是不可能的，但防守还是不成问题的，所以没有撤退的必要。

应该说，他的判断是准确的，只不过埋伏在这里的，并不是女真部队的主力，而是全部。

四路大军出发的时候，努尔哈赤已经明确，真正的主力，是杜松的西路军。所以他即刻动员全部兵力，向抚顺前进，寻求决战。

当然，在决战之前，他还要玩点老把戏，摸哨、夜袭、偷粮食之类的活没少干，等到杜松不堪骚扰，在萨尔浒扎营的时候，他已然是胜券在握。

接下来发生的一切，已无悬念。

三月二日，努尔哈赤发动八旗中的六旗，共计四万余人，猛攻明军萨尔浒大营。明军寡不敌众，全军覆没。

站在吉林崖大营的杜松，亲眼看到了萨尔浒的覆灭。他一言不发，穿上了自己的盔甲，集合了剩余的士兵，准备迎接最后的战斗。

努尔哈赤再次发动了进攻，这一次，他带齐了八旗的全部兵力，向吉林崖发动了总攻。

面对绝对优势的敌人，杜松毫无畏惧，他率领明军拼死作战，激战直至夜晚，重创敌军。

然而实力就是实力，勇猛无畏的杜松终究还是战死了，和他一起阵亡的，还有上万名宁死不屈的士兵。

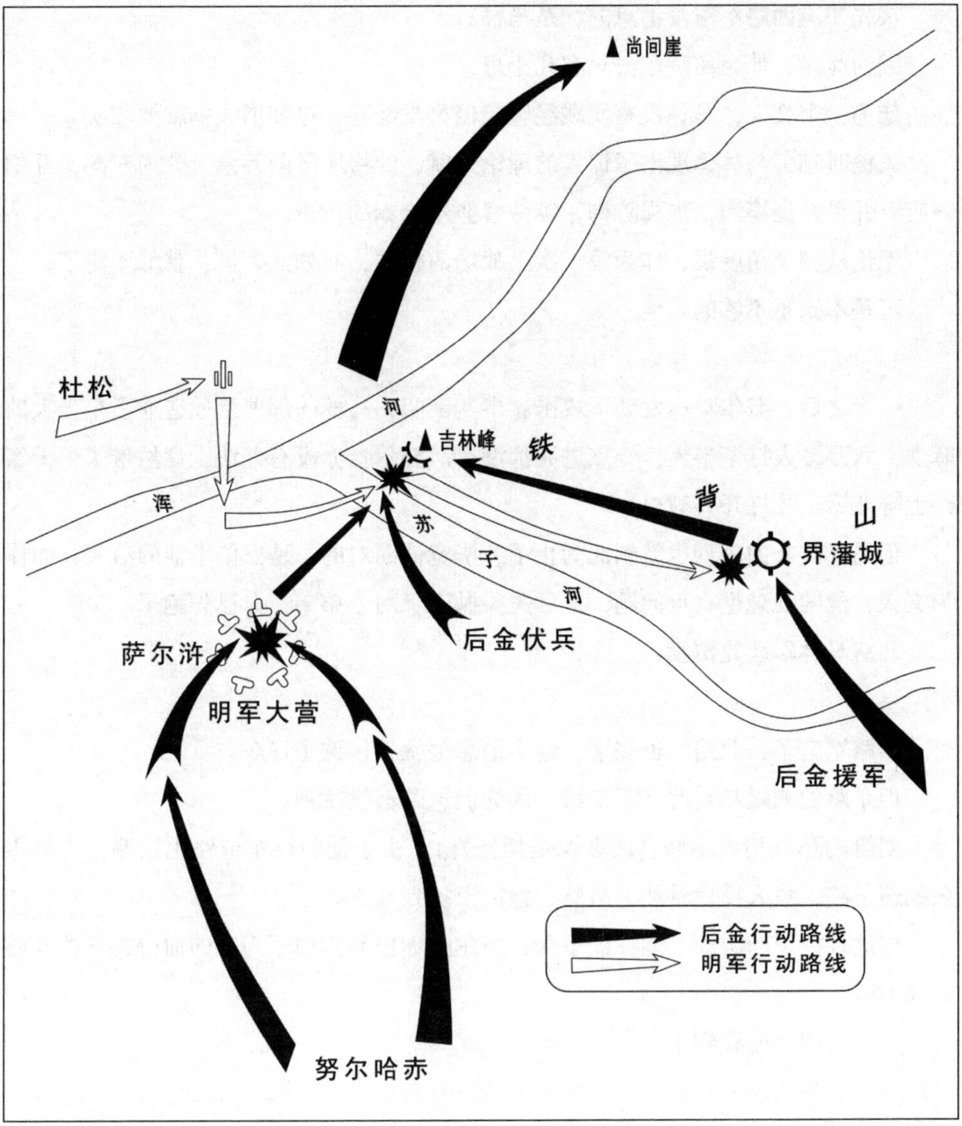

↑ 西路明军的覆灭

西路明军就此全军覆没。

其实无论是决策错误，还是指挥错误，都已经不重要了。作为一名勇敢的将军，杜松已经尽到了自己的职责。

因为，他是战死的。

最先知道西路军覆没消息的，是马林。

因为此时，他距离萨尔浒只有几十里。

作为一个文人，马林没有实践经验，但再没经验，也知道大祸就要临头。

关键时刻，马林体现出了惊人的理论天赋，他将所部两万余人分为三部，互相呼应，并且挖掘壕沟，加强防御，等待着努尔哈赤的攻击。

无论从哪个角度讲，作为第一次上战场的将军，有如此表现，就算不错了。

可是不错是不够的。

一天之后，努尔哈赤发动了攻击。事实证明，马林的部署给他造成了相当大的麻烦，六万多人打了半天，一点进展都没有。努尔哈赤没有办法，竟然带了一千亲兵上阵冲锋，才打开突破口。

但马林同志的表现也就到此为止了，毕竟他面对的，是三倍于他的敌人。而作为文人，他的观念也有点问题，最后关头抛下了两个弟弟，自己先跑了。

北路马林军就此覆没。

西路军完了，北路军也完了，这个消息很快就传遍了辽东。

但东路的刘綎却对此毫不知情，因为他连路都没找到。

刘綎的运气相当不好（或者说是相当好），由于他的行军道路比较偏，走后不久就迷了路，敌人没找着他，当然，他也没找到敌人。

但这种摸黑的游戏没能持续多久。努尔哈赤已经擦掉了刀上的血迹，开始专心寻找刘綎。

三月初四，他找到了。

此时，刘綎的兵力只有一万余人，是努尔哈赤的四分之一。胜负未战已分。

然而还在山谷中转悠的刘綎并没有听到震耳的冲杀声，却等来了一个使者，杜松的使者。

使者的目的只有一个：传达杜松的命令，希望刘綎去与他会合。

此时，杜松已经死去，所以这个使者，是努尔哈赤派人假冒的。

但是刘綎并没有上当，他当即回绝了使者的要求。

不过他回绝的理由，确实有点搞笑：

“我是总兵，杜松也是总兵，他凭什么命令我！”

这下连假使者也急了，连说带比画，讲了一堆好话，刘綎才最终同意，前去与杜松会师。

然后，他依据指引，来到了一个叫阿布达里岗的地方，这里距离赫图阿拉只有几十里。

在这里，他看见了杜松的旗帜和军队。

但当这支军队冲入队列，发动攻击时，刘綎才知道自己上当了。

寡不敌众、深陷重围，必败无疑，必死无疑。

但刘綎仍然镇定地拔出了刀，开始奋战。

之后的一切，史书上是这样介绍的：

阵乱，刘綎中流矢，伤左臂，又战。

复伤右臂、犹鏖战不已。

内外断绝，面中一刀，截去半颊，犹左右冲突。

歼数十人而死。

用今天的话说，大致是这样：

阵乱了，刘綎中箭，左臂负伤，继续作战。

在战斗中，他的右臂也负伤了，依然继续奋战。

身陷重围无援，他的脸被刀砍掉了一半，依然继续奋战，左冲右杀。

最后，他杀死了数十人，战死。

这就是一个身陷绝境的将领的最后记录。

这是一段毫无感情，也无对话的文字，但在冷酷的文字背后，我听了刘綎最后的遗言和呼喊：

宁战而死，绝不投降！

刘綎战死，东路军覆灭。

现在，只剩下南路军了。

南路军的指挥官，是李如柏。

因为他的部队速度太慢，走了几天，才到达预定地点，此时其他三路军已经全军覆没。

于是在坐等一天之后，他终于率领南路军光荣回朝，除因跑得过快，自相践踏死了点人外，毫发无伤。

就军事才能而言，他是四人之中最差的一个，但他的运气却实在很好，竟然能够全身而退。

或许这一切，并不是因为运气。

因为许多人都依稀记得，他是李成梁的儿子，而且他还曾经娶过一个女子，可这位女子偏偏就是努尔哈赤的弟弟舒尔哈齐的女儿。

无论是运气太好还是太早知道，反正他是回来了。

但在战争，尤其是败仗中，活下来的人是可耻的，李如柏终究还是付出了代价。

回来后，他受到了言官的一致弹劾，而对于这样一个独自逃跑的人，所有人的态度都是一致的——鄙视。

偷生的李如柏终于受不了了，在这种生不如死的环境中，他选择了自尽，结束自己的生命。

萨尔浒大战就此结束，此战明军大败，死伤将领共计三百一十余人，士兵死伤四万五千八百七十余人，财物损失不计其数。

消息传回京城，万历震怒了。

我说过，万历先生不是不管事，是不管小事，打了这么个烂仗，实在太窝囊。

觉得窝囊了，自然要找人算账，几路总兵都死光了，自然要找杨镐。

杨镐倒是相当镇定，毕竟他的关系搞得好。自他回来后，言官弹劾不绝于耳，但有老上级兼老同党方从哲保着，他也不怎么慌。

可这事实在是太大了，皇帝下旨追查，言官拼命追打，特别是一个叫杨鹤的御史，三天两头上书，摆明了是玩命的架势。那边努尔哈赤还相当配合，又攻陷了铁岭。几棍子抡下来，实在是扛不住了。

不久后，他被逮捕，投入诏狱，经审讯判处死刑，数年后被斩首。

责任追究完了，但就在追究责任的时候，努尔哈赤也没歇着，还乘势攻下了全国比较大的城市——铁岭。

至此，辽东北部全部被努尔哈赤占领，明朝在辽东的根据地，只剩下了沈阳和辽阳。

看上去，局势十分危急，但事实上，是万分危急。

萨尔浒之战后，明军陷入了彻底的混乱。许多地方不见敌人，听到风声就跑，老百姓跑，当兵的也跑，个别缺德的骑兵为了不打仗，竟然主动把马饿死。

而由于指挥系统被彻底打乱，朝廷的军饷几个月都无法发放，粮食也没有，对努尔哈赤而言，此地已经唾手可得。

但他终究没有得到，因为接替杨镐的人已经到任。他的名字，叫做熊廷弼。

熊廷弼，是个不讨人喜欢的家伙。

熊廷弼，字飞白，江夏（今湖北武汉）人，自小聪明好学，乡试考中第一，三十岁就成为进士，当上了御史。

可此人脾气太坏，坏到见谁和谁过不去，坏到当了二十年的御史都没升官。

他还有个嗜好——骂人，且骂得很难听，后来连他都察院的同事都受不了，压根儿不答理他，基本算是人见人厌。

但如果没有这个人见人厌的家伙，相信明朝差不多就可以收摊，下场休息去了。

万历四十七年（1619），萨尔浒大战后，在一片混乱之中，新任经略熊廷弼带着几个随从，进入了辽东。

他从京城出发的时候，开原还没有失陷，但当他到达辽东的时候，连铁岭都丢掉了。

等他到达辽阳的时候，才发现，明朝仅存的沈阳和辽阳，已几乎是一座空城。

他命令下属前往沈阳，稳定局势，叫来一个，竟然吓得直哭，打死都不敢去，再换一个，刚刚走出城，就跑回来了，说打死也不敢再走。

于是熊廷弼说:

“我自己去。”

他从辽阳出发，一路走一路看，遇到逃跑的百姓，就劝他们回去，遇到逃跑的士兵，就收编他们，遇到逃跑的将领，就抓起来。

就这样，到沈阳的时候，他已经集结了上万平民，数千名士兵，还有王捷、王文鼎等几位逃将。

安置了平民，整顿了士兵，就让人把逃将拉出去，杀头。

逃将求饶，说我们逃出来已经不容易了，何必要杀我们。

熊廷弼说：如果不杀你们，怎么对得起那些没有逃跑的人？

然后，他去见了李如桢。

李如桢是铁岭的守将，但后金军队进攻的时候，他却一直待在沈阳。

不但一直待在沈阳，铁岭被敌军攻击的时候，他连救兵都不派，坐视铁岭失守，让人十分费解，不知是反应迟钝，还是另有密谋。

熊廷弼倒不打算研究这个问题，他只是找来这位仁兄，告诉他：你给我滚。

李如桢当时还是总兵，不是说免就能免的，可熊廷弼实在太过凶恶，李总兵当即就滚了，回去后又挨了熊廷弼的弹劾，最后被关入监狱，判处死刑（后改充军）。

至此，一代名将李成梁的光荣世家彻底完结，除李如松外，都没啥好下场，连老家铁岭都被当年手下的小喽啰努尔哈赤占据，可谓是干干净净、彻彻底底。

在当年的史料记载中，李成梁的事迹可谓数不胜数，和他同时期的戚继光，几乎完全被他的光芒所掩盖。

但几百年后，戚继光依然光耀史册，万人景仰，而李成梁，却几乎已不为人知。

我知道，历史只会夸耀那些值得夸耀的人。

当所有人都认为，熊廷弼的行动已告一段落时，他却又说了一句话：

“我要去抚顺。”

大家认为熊廷弼疯了。

当时的抚顺，已经落入努尔哈赤的手中，以目前的形势，带几个人去抚顺，无疑就是送死。

但熊廷弼说，努尔哈赤认定我不敢去，所以我现在去，反而是最安全的。

说是这么说，但敢不敢去，那是另外一码事。

熊廷弼经略辽东

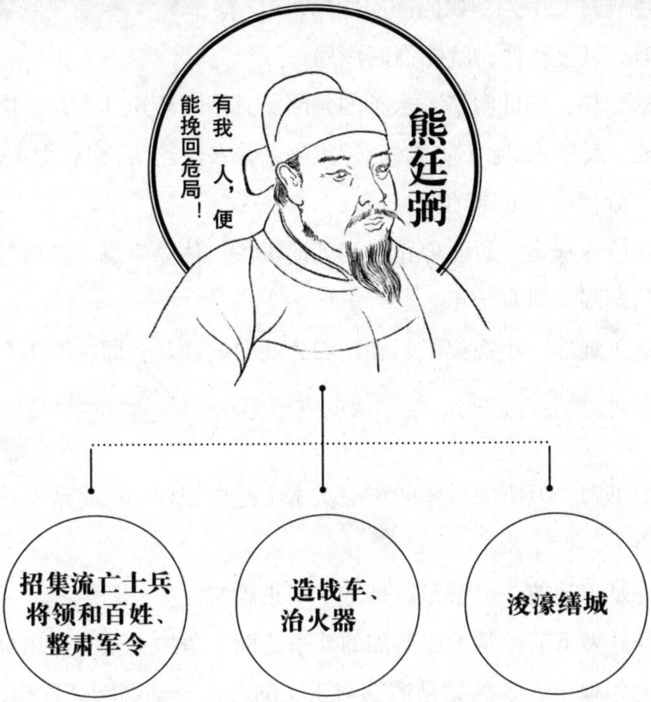

熊廷弼去了，大家战战兢兢，他却毫不惊慌，优哉游哉地转了一圈。

当所有人都胆战心惊的时候，他又下了个让人抓狂的命令：吹号角。

随行人员快要疯了，这就好比是孤身闯进山贼的山寨，再大喊抓贼。偷偷摸摸地来，你还大声喧哗，万一人家真的冲出来，你怎么办？

但命令是必须执行的，人来了，号角吹了，后金军却一动不动。熊廷弼大摇大摆回了家。

几天后，努尔哈赤得知了事情的真相，非但不恼火发动进攻，反而派人堵住了抚顺进出的关口，严令死守，不得随意出击。

努尔哈赤之所以表现得如此低调，只是因为他和头号汉奸李永芳的一次对话。

当熊廷弼到来的消息传到后金时，李永芳急忙跑去找努尔哈赤，告诉他，这是个猛人。

努尔哈赤不以为然：辽东已经到了这个地步，这蛮子（后金对明朝将领的通称）就是再厉害，也只有一个人，如何挽回危局？

李永芳回答：只要有他，就能挽回危局！

此后发生的一切，都证明了李永芳的判断。只用了短短几个月，熊廷弼就稳定了局势。此后他一反常态，除了防御外，还组织了许多游击队，到后金占领地区骚扰，搞得对方疲于奔命，势头非常凶猛。

于是，努尔哈赤决定，暂时停止对明朝的进攻，休养生息，等待时机。

这个时机的期限，只有一年。

然而正是这关键的一年挽救了明朝。因为此时的朝廷，即将发生几件惊天动地的大事。

在很多的史书中，万历中后期的历史基本上是这个样子：皇帝老休息，朝政无人管，大臣无事干。

前两条或许是正确的，但第三条是绝对不正确的。

隐藏在平静外表下的，是无比激烈的斗争。而斗争的主角，是东林党。

在许多人的印象中，东林党是道德与正义的象征，一群胸怀理想的知识分子，为了同一个目标，走到一起来了。他们怀揣着抱负，参与政治，并曾一度掌控政权，却因为被邪恶的势力坑害，最终失败。

我认为，这是一个比较客观的说法。但是，很多人都忽略了一个问题，一个很有趣的问题：

一群只会读书的书呆子、知识分子，是如何掌控政权的呢？

正义和道德是值得景仰的，值得膜拜的，值得三拜九叩的。但是，正义和道德不能当饭吃，不能当衣服穿，更不可能掌控朝廷。

因为掌控朝廷的唯一方式，就是斗争。

第十二章

东林党的实力

○一直以来 东林党的指导思想 是我很道德 强大之后 就变成了你不道德 工作方针原先是党同伐异 强大之后 就变成了非我族类 其心必异

道德文章固然有趣，却是无法解决问题的。

最先认识到这一点的人，应该是顾宪成。

在万历二十一年（1593）的那次京察中，吏部尚书孙鑨——撤职了，考功司郎中赵南星——回家了，首辅王锡爵——辞职了。而这事幕后的始作俑者，从五品的小官，考功司员外郎顾宪成——升官了（吏部文选司郎中）。

升官了还不说，连他的上级，继任吏部尚书陈有年，也都是他老人家安排的，甚至后来回无锡当老百姓，他依然对朝廷动向了如指掌，李三才偷看信件，王锡爵打道回府。朝廷的历任首辅，在他眼中不是木偶，就是婴儿。

这是一团迷雾，迷雾中的一切，似乎和他有关系，又似乎没有关系。

拨开这团迷雾之后，我看到了一样东西——实力。

顾宪成的实力，来自于他的官职。

在吏部中，最大的是尚书（部长）、其次是侍郎（副部长），再往下就是四个司的郎中（司长），分别是文选司、验封司、稽勋司、考功司。

但是，这四个司的地位是不同的，而其中最厉

明代吏部组织架构

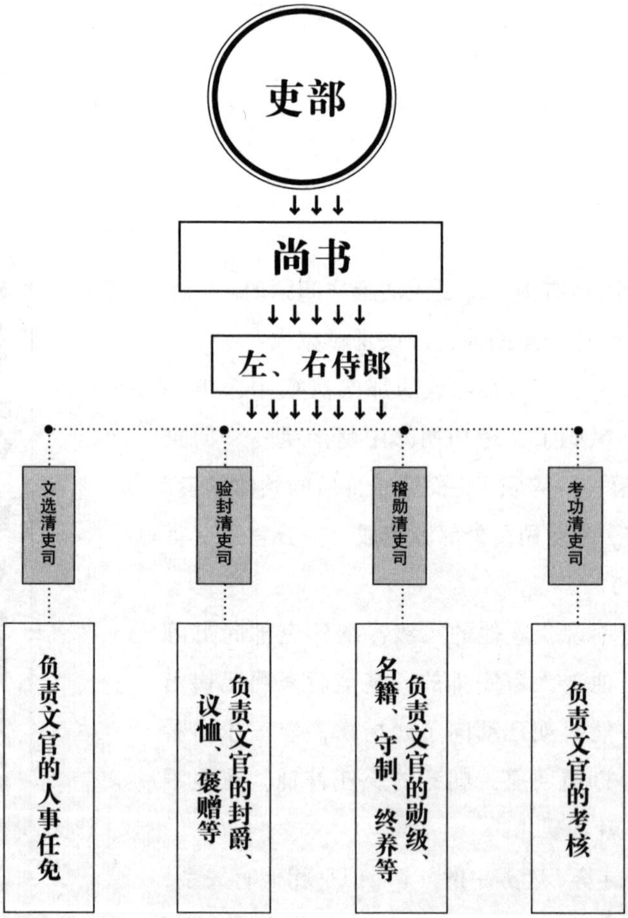

害的，是文选司和考功司，文选司负责人事任免，考功司负责官员考核。这两个司的官员向来无人敢惹，升官还是免职，发达还是破产，那就是一句话的事。

相对而言，验封司、稽勋司就一般了，一般到不用再介绍。

有鉴于此，明代的吏部尚书和侍郎，大都由文选司和考功司的郎中接任。

而顾宪成先生的升迁顺序是：吏部考功司主事——考功司员外郎（副职）——文选司郎中。

这就意味着，那几年中，大明的所有官员（除少数高官），无论是升迁，还是考核，都要从顾宪成手底下过，即使不过，也要打个招呼，就算不打招呼，也得混个脸熟。

此外，我们有理由相信，顾宪成大人也是比较会来事的，因为一个不开窍的书呆子，是混不了多久的。

在这个世界上，实力和道德，经常是两码事。

东林之中，类似者还有很多，比如李三才。

李三才先生的职务，之前已经说过，是都察院佥都御史，巡抚凤阳，兼漕运总督。

都察院佥都御史多了去了，凤阳是个穷地方，不巡也罢，真正关键的职务，是最后那个。

自古以来，漕运就是经济运转的主要途径，基本算是坐地收钱，肥得没边。普天之下，唯一可以与之相比的，只有盐政。

坐在这个位置上，要想不捞外快，一靠监督，二靠自觉。

很可惜，李三才不自觉。从种种史料分析，他很有钱，有钱得没个谱，请客吃饭，都是大手笔。

至于监督，那就更不用说了。这位李先生本人就是都察院的御史，自己去检举自己，估计他还没这个觉悟。

作为东林党的重量级人物，李三才在这方面的名声，那真是相当的大。大到几十年后，著名学者夏允彝到凤阳寻访，还能听到相关事迹，最后还叹息一声，给了个结论——负才而守不洁。

列举以上两人，只是为了说明一点:

东林，是书院，但不仅仅是书院；是道德，但不仅仅是道德。它是一个有实力、有能力、有影响力、有斗争意识的政治组织。

事实上，它的能量远远超出你的想象。

明白了这一点，你就会发现，那段看似平淡无奇的历史，每一分、每一秒，都是你死我活的争斗。

争斗的方式，是京察。

万历二十一年（1593），顾宪成失望地回家了，他虽费尽气力，却终究未能解决对手，京察失败。

但这一切，仅仅是个开始。

十二年后，即万历三十三年（1605），京察开始，主持者杨时乔，他的公开身份，是吏部左侍郎，他的另一个公开身份，是东林党。

当时的首辅，是浙党首领沈一贯，对于这位东林党下属，自然很不待见，于是，他决定换人。

沈一贯是朝廷首辅，杨时乔只是吏部二把手，然而意外发生了，虽然沈大人上蹿下跳，连皇帝的工作都做了，却依然毫无用处。杨侍郎该怎么来，还怎么来，几板斧抡下来，浙党、齐党、楚党、宣党……反正非东林党的，统统下课，沈一贯拼了老命，才算保住几个亲信。

那么现在，请你再看一遍之前列举过的几条史料，玄机就在其中：

万历三十三年（1605），京察，沈一贯亲信以及三党干将被逐。

万历三十五年（1607），沈一贯退休回家。

同年，王锡爵的密信被李三才揭发，复出无望。

一年后，东林党叶向高成为首辅，开始执掌朝廷大权。

是的，这一切的一切，不是偶然。

而最终要获得的，正是权力。

权力已经在握，但还需要更进一步。

万历三十九年（1611），辛亥京察，主持人吏部尚书孙丕杨，东林党。

此时的首辅已经是叶向高了，东林党人遍布朝廷，对于那些非我族群而言，清理回家之类的待遇估计是免不了了。

然而一个人的掺和，彻底改变了这一切。这个人就是李三才。

此时的李三才已经升到了户部尚书，作为东林党的干将，他将进入内阁，更进一步。

算盘大致如此，可打起来就不是那么回事了。

听说李三才要入阁，朝廷顿时一片鸡飞狗跳，闹翻了天，主要原因在于李先生的底子不算干净，许多人对他有意见。

而更重要的是，这人实在太猛，太有能力，东林党已经如此强大，如果再让他入阁，三党的人估计就只能集体歇业了。

于是，一场空前猛烈的反击开始。

明代的京察，按照地域，分为南察和北察。北察由尚书孙丕杨负责，而南察的主管者，是吏部侍郎史继楷，三党成员。他选定的考察对象都是同一个类型——支持李三才的人。

很快，浙、楚、齐三党轮番上阵，对李三才发起了最后的攻击。他们的动机十分明确，明确到《明神宗实录》都写了出来——“攻淮（李三才）则东林必救，可布一网打尽之局”。

在集中火力打击之下，李三才没能顶住，回家养老去了。

但就整体而言，此时的东林党依然占据着优势，叶向高执政，东林党掌权，非常强大，强大得似乎不可动摇。

然而就在此时，强大的东林党，犯了一个致命的错误。

一直以来，东林党的指导思想，是我很道德，强大之后，就变成了你不道德。工作方针，原先是党同伐异，强大之后，就变成了非我族类，其心必异。

总而言之，不是我的同党，就是我的敌人。

这种只搞单边主义的混账做法，最终导致了一个混账的结果：

在东林党人的不懈努力下，齐、浙、楚三党终于抛弃了之前的成见，团结一

参考消息　有需求，就有进步咸鱼翻身

连年的灾荒、征战造就了医学的伟业。朝廷的大小官员因京察而提心吊胆的时候，一本超级论著发行了，这本书叫《外科正宗》，该书凝结医者陈若虚四十多年的苦心造诣。全书四卷，摘录了包括脱疽肺痈、疔疮、瘰疬、痔疮、杨梅、金疮、雀斑、冻疮、肾囊、汤疮、火烧、痄腮、癫疯、白癜风、白秃疮、悮谷针铁骨哽咽喉、自刎断喉等在内的一百多种外科常见病，从病原、诊断、治疗到调理、禁忌，图文并茂，被后世引为经典。到现在，我国大部分医科大学中医学院的必修课中，还包含这门《外科正宗》。

致跟东林党死磕了。

他们的折腾，得到了立竿见影的回报：

万历四十二年（1614），叶向高退休回家。

万历四十五年（1617），京察开始，主持京察的，分别是吏部尚书郑继之、刑部尚书李志。

郑继之是楚党，李志是浙党。

有冤报冤，有仇报仇的时候到了，但凡是东林党，或者与东林党有关的人，二话不说，收包袱走人，这其中，还包括那位揭发了梃击案真相的王之寀。

萨尔浒之战前，朝廷斗争情况大致如此，这场斗争的知名度相当小，但在历史上的地位相当重要，对明朝而言，其重要程度，基本等于努尔哈赤＋皇太极＋李自成＋张献忠。

因为这是一场延续了几十年的斗争，是一场决定明朝命运的斗争。

因为在不久之后，东林党将通过一个人的帮助，彻底击败浙、齐、楚三党。

然后，土崩瓦解的三党将在另一个人的指挥下，实现真正的融合，继续这场斗争，而那时，他们将有一个共同的名字——阉党。

万历四十五年（1617）的京察，标志着东林党的没落，所谓东林党三大巨头，顾宪成已经死了，邹元标到处逛，赵南星家里蹲。

两大干将也全部消停，叶向高提早退休，李三才回家养老。

此时的首辅，是浙党的方从哲，此时的朝廷，是三党的天下。对东林党而言，前途似乎一片黑暗。

但新生的机会终会到来，因为一个人的死去。

万历四十八年（1620）七月二十一日，万历不行了。

高拱、张居正、申时行、李成梁、东林党、朝鲜、倭寇、三大征、萨尔浒、资本主义萌芽、不上朝、太子、贵妃、争国本、打闷棍。

我只能说，他这辈子应该比较忙。

关于这位兄弟的评论，我想了很久，很久，却是很久，很久，也想不出来。

明神宗 朱翊钧

在位时间
1563—1620

一个热血沸腾的青年

一个励精图治的君主

一个理想主义者

一个与这个世界达成和解的牺牲品

你说他没干过好事吧，之前二十多年，似乎干得也不错。你说他软弱吧，他还搞了三大征，把日本鬼子赶回了老家。你说他不理朝政吧，这几十年来哪件大事他不知道？

一个被张居正压迫过的人，一个勤于政务的人，一个被儿子问题纠缠了几十年的人，一个许多年不见大臣、不上班的人，一个终生未出京城，生于深宫、死于深宫的人。

一个复杂得不能再复杂的人，一个简单得不能再简单的人。

于是，我最终懂得了这个人。

一个热血沸腾的青年，一个励精图治的君主，一个理想主义者，在经历残酷的斗争，无休止的吵闹，无数无效的抗争，无数无奈的妥协后，最终理解了这个世界，理解了现实的真正意义，并最终成为了这个世界的牺牲品。

大致如此吧。

明神宗朱翊钧，万历四十八年（1620）驾崩，年五十八岁。

在这个残酷的世界面前，他还不够勇敢。

◆ 明光宗朱常洛

虽然几十年来，万历都不喜欢自己的长子朱常洛，但在生命的最后一刻，他终于作出了抉择，将皇位传给了这个久经考验的儿子。

担惊受怕几十年的朱常洛终于熬出头了。万历四十八年（1620）八月一日，朱常洛正式登基，即后世所称之明光宗，定年号为泰昌。

由于此时还是万历年间，按照惯例，要等老爹这一年过完，明年才能另起炉灶，用自己的年号。

可几乎所有的人都没有想到，这个年号，竟然没能用上。

因为朱常洛活了三十八年，明光宗却只能活一个月。

一个撑了三十八年，经历无数风雨险阻达到目标的人，却在一个月中意外死亡，是很不幸的。

导致死亡与不幸的罪魁祸首，是郑贵妃。

◆ 郑贵妃

应该说，朱常洛是个好孩子，至少比较厚道。

几十年来，他一直夹着尾巴做人，目睹了父亲的冷漠、朝廷的冷清，感受到了国家的凋敝、时局的危险。

明光宗新政

兑现白条

给辽东前线的士兵发工资，解决长期缺饷的燃眉之急。

①

废除矿税

召回矿税太监，平息民愤。

②

起用大臣

亲自考课大臣，破格提拔人才，补充空缺的官位。

③

他不愿意再忍受下去。于是，当政后的第一天，他用几道谕令显示了自己的决心。

大致说来，他是把他爹没办的事给办了，包括兑现白条——给辽东前线的士兵发工资，废除各地矿税，以及补充空缺的官员。

这几件事情，办得很好，也很及时，特别是最后一条，把诸多被万历同志赶下岗的仁兄们拉了回来，实在是大快官心。于是一时之间，光宗的人望到达了顶点，朝廷内外无不感恩戴德，兴高采烈。

但有一个人不高兴，非但不高兴，而且很害怕。

万历死后，郑贵妃终于明白，自己是多么的虚弱，今日之城内，已是敌人之天下。所谓贵妃，其实也不贵，如果明光宗要对付她，贱卖的可能性是相当的大。

很快，一件事情就证明了她的判断。

考虑到万历死后不好办，之前郑贵妃软磨硬泡，让万历下了道遗嘱，讲明，一旦自己死后，郑贵妃必须进封皇后。

如此一来，等万历死后，她就成了太后，无论如何，铁饭碗是到手了。

明光宗看上去倒也老实，丝毫不赖账，当即表示，如果父皇如此批示，那就照办吧。

但他同时表示，这是礼部的事，我批下去，让他们办吧。

按说皇帝批下来就没问题了，可是礼部侍郎孙如游不知怎么回事，非但不办，还写了个奏疏，从理论、辈分、名分上论证了这件事，最后得出结论——不行。

光宗同志似乎也不生气，还把孙侍郎的奏疏压了下来，但封皇后这事再也没提。

郑贵妃明白了，这就是个托。

很明显，这位看上去很老实的人，实际上不怎么老实。既然如此，必须提前采取行动。经过深思熟虑，她想出了一个计划，而这个计划的第一步，是一件礼物。

十天之后，她将这件礼物送给了朱常洛，朱常洛很高兴地收下了。

光宗皇帝的性命，就丢在了这份礼物上。

这份礼物，是八个美女。

对于常年在宫里坐牢，哪儿都不能去，啥也没有的朱常洛而言，这是一份丰厚的礼物。辛辛苦苦、畏畏缩缩了几十年，终于可以放纵一下了。

古语有云：一口吃不成胖子，但朱常洛应该算是不同凡响，他几天就变成了瘦子。在史料上，含蓄的文言文是这样描述的：

“是夜，连幸数人，圣容顿减。”

白天日理万机，晚上还要辛勤工作，身体吃不消，实在是件十分自然的事情。于是不久之后，朱常洛就病倒了。

这一天是万历四十八年（1620）八月十日。

计划的第二步即将开始实现，四天之后。

万历四十八年（1620）八月十四日。

皇帝的身体依然很差，身体差就该看医生，于是崔文升出场了。

崔文升，时任司礼监秉笔太监，前面曾经讲过，这是一个十分重要的职务，仅次于司礼监掌印太监。

可是这人来，并不是要给皇帝写遗嘱，而是看病。因为这位崔兄多才多能，除了能写外，还管着御药房，搞第二产业。

后来的事情告诉我们，第二产业是不能随便乱搞的。

诊断之后，崔大夫胸有成竹，给病人开了一服药，并且乐观地表示，药到病除。

他开的这服药，叫泻药。

一个夜晚辛勤工作，累垮了身体的人，怎么能服泻药呢？

所以后来很多史书都十分肯定地得出了结论：这是个蹩脚庸医。

虽然我不在现场，也不懂医术，但我可以认定：崔文升的诊断，是正确的。

因为之前的史料中，有这样六个字：是夜，连幸数人。

这句话的意思大家应该知道，就不解释了，但大家也应该知道，要办到这件事情，难度是很大的。对光宗这种自幼体弱的麻秆而言，基本就是个不可能的任务。

但是他完成了。

所以唯一的可能性是，他找了帮手，而这个帮手，就是药物。

是什么药物，大家心里也有数，我就不说了。这类药物在明代宫廷里，从来就是必备药。从明宪宗开始，到天天炼丹的嘉靖，估计都没少用。明光宗初来乍到，用用还算正常。

可这位兄弟明显是用多了，加上身体一向不好，这才得了病。

在中医理论中，服用了这种药，是属于上火，所以用泻药清火，也还算对症下药。

应该说，崔文升是懂得医术的，可惜，是半桶水。

根据当时史料反映，这位仁兄下药的时候，有点用力过猛，手一哆嗦，下大了。

错误是明显的，后果是严重的，光宗同志服药之后，一晚上拉了几十次，原本身体就差，这下子更没戏了，第二天就卧床不起，算彻底消停了。

崔大夫看病经历大致如此，就这么看上去，似乎也就是个医疗事故，虽说没法私了，但毕竟大体上没错，也没在人家身体里留把剪刀、手术刀之类的东西当纪念品，态度还算凑合。

可问题是，这事一冒出来，几乎所有的人都立刻断定，这是郑贵妃的阴谋。

因为非常凑巧，这位下药的崔文升，当年曾经是郑贵妃的贴身太监。

这真是跳进黄河也洗不清，要看病，不找太医，偏找太监，找了个太监，偏偏又是郑贵妃的人，这太监下药，偏又下猛了，说他没问题，实在有点困难。

对于这件事情，你说它不是郑贵妃的计划，我信，因为没准就这么巧。说它是郑贵妃的计划，我也信，因为虽说下药这招十分拙劣，谁都知道是她干的，但以郑贵妃的智商，以及从前的表现，这种蠢事，她是干得出来的。

无论动机如何，结果是肯定的，明光宗已经奄奄一息，一场惊天大变即将拉开序幕。

但这一切还不够，要达到目的，这些远远不够，即使那个人死去，也还是不够。

必须把控政权，把未来所有的一切，都牢牢抓在手中，才能确保自己的利益。

于是在开幕之前，郑贵妃找到了最后一个同盟者。

这位同盟者的名字，不太清楚。

目前可以肯定的是，她姓李，是太子的嫔妃。

当时太子的嫔妃有以下几种：大老婆叫太子妃，之后分别是才人、选侍、淑女等。

而这位姓李的女人，是选侍，所以在后来的史书中，她被称为“李选侍”。

李选侍应该是个美女，至少长得还不错，因为皇帝最喜欢她，而且皇帝的儿子，那个未来的天才木匠——朱由校，也掌握在她的手中。正是因为这一点，郑贵妃找上了她。

就智商而言，李选侍还算不错（相对于郑贵妃），就人品而言，她和郑贵妃实在是相见恨晚，经过一番潜规则后，双方达成协议，成为了同盟，为了不可告人的目的。

现在一切已经齐备，只等待着一个消息。

所有的行动，将在那一刻展开；所有的野心，将在那一刻实现。

◆ 小人物

目标就在眼前，一切都很顺利。

皇帝的身体越来越差，同党越来越多，帝国未来的继承人尽在掌握之中，在郑贵妃和李选侍看来，前方已是一片坦途。

然而她们终究无法前进，因为一个微不足道的小人物。

明光宗即位后，最不高兴的是郑贵妃，最高兴的是东林党。

这是很正常的，从一开始，东林党就把筹码押在这位柔弱的太子身上，争国本、妖书案、梃击案，无论何时何地，他们都坚定地站在这一边。

现在回报的时候终于到了。

明光宗非常够意思，刚上任，就升了几个人的官，这些人包括刘一璟、韩爌、周嘉谟、邹元标、孙如游等等。

这几个人估计你不知道，其实也不用知道，只要你知道这几个人的职务，就能明白，这是一股多么强大的力量。

刘一璟、韩爌，是东阁大学士、内阁成员，周嘉谟是吏部尚书，邹元标是大理寺丞，孙如游是礼部侍郎。当然，他们都是东林党。

在这群人中，有内阁大臣、人事部部长、法院院长，部级高官，然而，在后来那场你死我活的斗争中，他们只是配角，真正力挽狂澜的人，是一个看似微不足道的小人物。

这个人的名字，叫做杨涟。

杨涟，字文孺，号大洪，湖广（湖北）应山人，万历三十五年（1607）进士，任常熟知县，后任户科给事中、兵科给事中。

这是一份很普通的履历，因为这人非但当官晚，升得也不快，明光宗奄奄一息的时候，也才是个七品给事中。

但在这份普通履历的后面，是一个不普通的人。

上天总是不公平的，有些人天生就聪明，天生就牛，天生就是张居正、戚继光，而绝大多数平凡的人，天生就不聪明，天生就不牛，天生就是二傻子，没有办法。

但上天依然是仁慈的，他给出了一条没有天赋，也能成功的道路。

对于大多数平凡的人而言，这是最好的道路，也是唯一的道路，它的名字，叫做纯粹。

纯粹的意思，就是专心致志、认真、一根筋、二杆子等等。

纯粹和执著，也是有区别的。所谓执著，就是不见棺材不掉泪；而纯粹，是见了棺材，也不掉泪。

纯粹的人，是这个世界上最可怕的人。他们的一生，往往只有一个目标。为了达到这个目标，他们可以不择手段，不顾一切，他们无法被收买，无法被威逼，他们不要钱，不要女色，甚至不要权势和名声。

在他们的世界里，只有一个目标，以及坚定的决心和意志。

杨涟，就是一个纯粹的人。

他幼年的事迹并不多，也没有什么砸水缸之类的壮举，但从小就为人光明磊落，还很讲干净，干净到当县令的时候，廉政考核全国第一。此外，这位仁兄也是个不怕事的人。比如万历四十八年（1620），万历生病，半个月不吃饭。杨涟

参考消息　庄户煽一煽，收成翻一番

《东林点将录》里，杨涟以绝对的优势赶超了官位在他之前的东林学子们，排名第十：天勇星大刀手。杨涟死后，很多深受杨涟恩惠的百姓恨死了魏忠贤，但那时正是魏忠贤最为跋扈的时节。百姓们怕两厂，怕锦衣卫，不敢明着招惹，于是想了个办法：扎草人。用草人来假作魏忠贤，竖在田边上，来往的人走过，都狠狠地扇草人一巴掌。这一煽还有个说法：庄户扇一扇，收成翻一番；商贾扇一扇，来往都方便。一时间，扇草人蔚然成风。

听说了，也不跟上级打招呼，就跑去找首辅方从哲：

“皇上生病了，你应该去问安。”

方首辅胆子小，脾气也好，面对这位小人物，丝毫不敢怠慢：

“皇上一向忌讳这些问题，我只能去问宫里的内侍，也没消息。”

朝廷首辅对七品小官，面子是给足了，杨先生却不要这个面子，他先举了个例子，教育了首辅大人，又大声强调：

“你应该多去几次，事情自然就成了（自济）”！

末了，还给首辅大人下了个命令：

“这个时候，你应该住在内阁值班，不要到处走动！”

毫无惧色。

根据以上史料，以及他后来的表现，我们可以认定：在杨涟的心中，只有一个目标——为国尽忠，匡扶社稷。

事实上，在十几天前的那个夜晚，这位不起眼的小人物，就曾影响过这个帝国的命运。

万历四十八年（1620）七月二十一日，夜，乾清宫。

万历就快撑不住了，在生命的最后时刻，他反省了自己一生的错误，却也犯下了一个十分严重的错误——没有召见太子。

一般说来，皇帝死前，儿子应该在身边，除了看着老爹归西、号几声壮胆以外，还有一个重要意义——确认继位。

虽说太子的名分有了，但中国的事情一向难说，要不看着老爹走人，万一隔天突然冒出几份遗嘱，或是几个顾命大臣，偏说老头子临死前改了主意，还找人搞了公证，这桩官司可怎么打？

但不知万历兄是忘了，还是故意的，反正没叫儿子进来。

太子偏偏是个老实孩子，明知老头子不行了，又怕人搞鬼，在宫殿外急得团团转，可就是不敢进去。

关键时刻，杨涟出现了。

在得知情况后，他当机立断，派人找到了一个极为重要的人物——王安。

王安

生年不详

明末重量级人物

职业

太监

雄州人（今河北雄县）

1594

皇太子伴读

1620

司礼秉笔太监

参与移宫案，魏忠贤用事后被杀

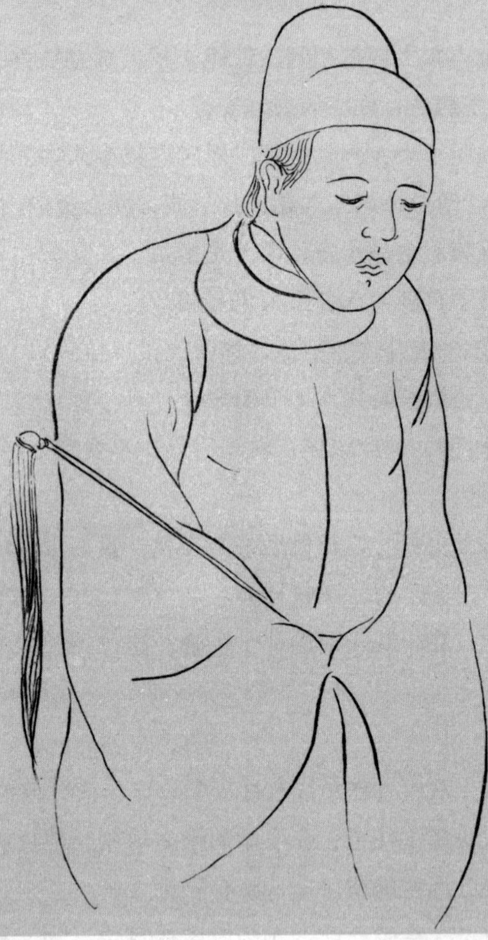

王安，时任太子侍读太监，在明代的历史中，这是一个重量级人物。此后发生的一系列事件里，他都起着极为关键的作用。

而在那个夜晚，杨涟只给王安带去了一句话，一句至关紧要的话：

“皇上已经病得很重了（疾甚），不召见太子，并不是他的本意。太子应该主动进宫问候（尝药视膳），等早上再回去。”

这就是说，太子您之所以进宫，不是为了等你爹死，只是进去看看，早上再回去嘛。

对于这个说法，太子十分满意，马上就进了宫，问候父亲的病情。

当然，第二天早上，他没回去。

朱常洛就此成为了皇帝，但杨涟并没有因此获得封赏，他依然是一个不起眼的给事中。不过，这对于杨先生而言，实在是个无所谓的事。

他平静地回到暗处,继续注视着眼前的一切。他很清楚,真正的斗争刚刚开始。

事情正如他所料，崔大夫开了泻药，皇帝陛下拉得七荤八素，郑贵妃到处活动，李选侍经常串门。

当这一切被组合起来的时候，那个无比险恶的阴谋已然暴露无遗。

形势十分危急，不能再等待了。

杨涟决定采取行动，然而现实很残酷：他的朋友虽然多，却很弱小，他的敌人虽然少，却很强大。

周嘉谟、刘一璟、韩爌这拨人，级别固然很高，但毕竟刚上来，能量不大。而郑贵妃在宫里几十年，根基极深，一手拉着李选侍，一手抓着皇长子，屁股还拼命往皇太后的位置上凑。

按照规定，她应该住进慈宁宫，可这女人脸皮相当厚，死赖在乾清宫不走，看样子是打算长住。

因为乾清宫是皇帝的寝宫，可以监视皇帝的一举一动，一旦光宗同志有啥三长两短，她必定是第一个采取行动的人。那时，一切都将无可挽回。

而要阻止这一切，杨涟必须做到两件事情。首先，他要把郑贵妃赶出乾清宫，其次，他要把郑贵妃当太后的事情彻底搅黄。

这就是说，先要逼郑老寡妇搬家，再把万历同志临死前封皇后的许诺当屁放，把郑贵妃翘首企盼的申请拿去垫桌脚。

杨涟先生的职务，是七品兵科给事中，不是皇帝。

事实上，连皇帝本人也办不了。光宗同志明明不喜欢郑贵妃，明明不想给她名分，也没法拍桌子让她滚。

这就是七品芝麻官杨涟的任务，一个绝对、绝对无法完成的任务。

但是他完成了，用一种匪夷所思的方式。

他的计划是，让郑贵妃自己搬出去，自己撤回当皇太后的申请。

这是一个看上去绝不可能的方案，却是唯一可能的方案。因为杨涟已经发现，眼前的这个庞然大物，有一个致命的弱点，只要伸出手指，轻轻地点一下，就够了。

这个弱点有个名字，叫做郑养性。

郑养性，是郑贵妃哥哥郑国泰的儿子，郑国泰死后，他成为了郑贵妃在朝廷中的联系人，平日十分嚣张。

然而杨涟决定，从这个人入手，因为经过细致的观察，他发现，这是一个外强中干、性格软弱的人。

万历四十八年(1620)八月十六日。杨涟直接找到了郑养性，和他一同前去的，还有周嘉谟等人。

一大帮子人上门，看架势很像逼宫，而事实上，确实是逼宫。

进门也不讲客套，周嘉谟开口就骂：

“你的姑母（指郑贵妃）把持后宫多年，之前争国本十几年，全都是因为她。现在竟然还要封皇太后，赖在乾清宫不走，还给皇上奉送美女，到底有什么企图？！”

刚开始时，郑养性还不服气，偶尔回几句嘴，可这帮人都是职业选手，骂仗的业务十分精湛，说着说着，郑养性有点扛不住了。

白脸唱完了，接下来是红脸：

“其实你的姑母应该也没别的意思，不过是想守个富贵，现在朝中的大臣都在这里，你要听我们的话，这事就包在我们身上。”

红脸完了，又是唱白脸：

“要是不听我们的话，总想封太后，不会有人帮你！你总说没这想法，既然没这想法，就早避嫌疑！”

最狠的，是最后一句：

“如此下去，别说富贵，身家性命能否保得住，都未可知！”

郑养性彻底崩溃了。眼前的这些人，听到的这些话，已经打乱了他的思维。于是，他去找了郑贵妃。

其实就时局而言，郑贵妃依然占据着优势，她有同党、有帮手，如果赖着不走，谁也拿她没办法。什么富贵、性命，这帮闹事的书呆子，也就能瞎嚷嚷几句而已。

然而关键时刻，郑贵妃不负白痴之名，再次显露她的蠢人本色，在慌乱的外甥面前，她也慌乱了。

经过权衡利弊，她终于作出了决定：搬出乾清宫，不再要求当皇太后。

至此，曾经叱咤风云的郑贵妃，正式退出了历史舞台，这位大妈费尽心机，折腾了三十多年，却啥也没折腾出来。此后，她再也没能翻过身来。

这个看似无比强大的对手，就这样，被一个看似微不足道的人，轻而易举地解决了。

但在杨涟看来，这还不够，于是三天之后，他把目标对准了另一个人。

万历四十八年（1620）八月十九日，杨涟上书，痛斥皇帝。

杨先生实在太纯粹，在他心中，江山社稷是第一位的，所以在他看来，郑大妈固然可恶，崔大夫固然可恨，但最该谴责的，是皇帝。

明知美女不应该收，你还要收，明知春药不能多吃，你还要吃，明知有太医看病，你还要找太监，不是脑袋有病吧。

基于愤怒，他呈上了那封改变他命运的奏疏。

在这封奏疏里，他先谴责了蹩脚庸医崔文升，说他啥也不懂就敢乱来，然后笔锋一转，对皇帝提出了尖锐的批评——勤劳工作，不爱惜自己的身体。

必须说明的是，杨先生不是在拍马屁，他的态度是很认真的。

因为在文中，他先暗示皇帝大人忙的不是什么正经工作，然后痛骂崔文升，说他如何没有水平，不懂医术，最后再转回来：就这么个人，但您还是吃他的药。

这意思是说，崔大夫已经够没水平了，您比他还要差。

所以这奏疏刚送上去，内阁就放出话来，杨先生是没有好下场的。

三天后，这个预言得到了印证。

明光宗突然派人下令，召见几位大臣，这些人包括方从哲、周嘉谟、孙如游，当然，还有杨涟。此外，他还命令，锦衣卫同时进宫，听候指示。

命令一下来，大家就认定，杨涟要完蛋了。

因为在这拨人里，方从哲是首辅，周嘉谟是吏部尚书，孙如游是礼部尚书，全都是部级干部，只有杨涟先生，是七品给事中。

而且会见大臣的时候，召集锦衣卫，只有一种可能——收拾他。

由于之前的举动，杨涟知名度大增，大家钦佩他的人品，就去找方从哲，让他帮忙求个情。

方从哲倒也是个老好人，找到杨涟，告诉他，等会儿进宫的时候，你态度积极点，给皇上磕个头，认个错，这事就算过去了。

但是杨涟的回答，差点没让他一口气背过去：

“死就死（死即死耳），我犯了什么错？！”

旁边的周嘉谟连忙打圆场：

“方先生（方从哲）是好意。”

可到杨先生这里，好意也不好使：

“知道是好意，怕我被人打死。要得了伤寒，几天不出汗，也就死了，死有什么可怕！但要我认错，绝无可能！”

就这样，杨涟雄赳赳、气昂昂地进了宫，虽然他知道，前方等待着他的，将是锦衣卫的大棍。

可是他错了。

那位躺在床上，病得奄奄一息的皇帝陛下非但没有发火，反而和颜悦色地说了这样一句话：

“国家的事情，全靠你们尽心为我分忧了。”

虽然称呼是复数，但他说这句话的时候，眼睛只看着杨涟。

这之后，他讲了许多事情，从儿子到老婆，再到郑贵妃。最后，他下达了两条命令：

参考消息 **哪怕死到临头，都还不忘装修**

不论是什么皇帝，对自家宫殿的要求总不肯妥协，哪怕死到临头，都还不忘装修。泰昌元年八月，户部尚书李汝华上疏报告皇帝库无余银，需要留银备荒的同时，光宗竟然批了二百万两银子给素以贪污、吃回扣为看家本领的工部，去装修皇极殿。当时，府库存银大都虚报，光宗不是不知道，但他的态度，仅仅是委婉地表示自己的无能为力，然后不停地给进上的珠宝打收条——一如他身为太子时，两年内就闷不吭声地收了价值一百八十万两的珠宝——真是闷声发大财。

一、赶走崔文升;

二、收回封郑贵妃为太后的谕令。

这意味着，皇帝陛下听从了杨涟的建议，毫无条件、毫无抱怨。

当然，对于他而言，这只是个顺理成章的安排。

但他绝不会想到，他这个无意间的举动，将对历史产生极重要的影响。

因为他并不知道，此时此刻，在他对面的那个人心中的想法。

从这一刻起，杨涟已下定了决心——以死相报。

一直以来，他都只是个小人物，虽然他很活跃，很有抱负，声望也很高，他终究只是小人物。

然而眼前的这个人，这个统治天下的皇帝，却毫无保留地尊重，并认可了自己的情感、抱负，以及纯粹。

所以他决定，以死相报，至死不休。

这种行为，不是愚忠，不是效命，甚至也不是报答。

它起源于一个无可争议，无可辩驳的真理:

士为知己者死。

这一天是万历四十八年（1620）八月二十二日，明光宗活在世上的时间，还有十天。

这是晚明历史上最神秘莫测的十天。一场更为狠毒的阴谋，即将上演。

第十三章

小人物的奋斗

○ 李选侍清醒地意识到 她手中最重要的棋子 就是皇长子 只要控制住这个未来的继承人 她的一切愿望和野心 都将得到满足

八月二十三日。

内阁大学士刘一璟、韩爌照常到内阁上班。在内阁里，他们遇见了一个人。

这个人的名字叫李可灼，时任鸿胪寺丞，他来这里的目的，是要进献“仙丹”。

此时首辅方从哲也在场，他对这玩意儿兴趣不大，毕竟皇帝刚吃错药，再乱来，这个黑锅就背不起了。

刘一璟、韩爌更是深恶痛绝，但也没怎么较真，直接把这人打发走了。

很明显，这是一件小事，而小事是不应该过多关注的。

但某些时候，这个理论是不可靠的。

两天后，八月二十五日。

明光宗下旨，召见内阁大臣、六部尚书等朝廷重臣。此外，他特意叫上了杨涟。

对此，所有的人都很纳闷。

更让人纳闷的是，此后直至临终，他召开的每一次会议，都叫上杨涟。毫无理由，也毫无必要，或许是他的直觉告诉他：这个叫杨涟的人，非常之重要。

他的直觉非常的准。

此时的光宗，已经是奄奄一息，所以，几乎所有的大臣都认定，今天的会议，将要讨论的，是关乎国家社稷的重要问题。

然而他们没有想到，这次内阁会议的议题，只有一个——老婆。

光宗同志的意思是，自己的后妃李选侍，现在只有一个女儿，她伺候自己那么多年，太不容易，考虑给她升官，封皇贵妃。

此外，他还把皇长子朱由校领了出来，告诉诸位大人，这孩子的母亲也没了，以后，就让李选侍照料他。

在场的所有人都目瞪口呆。

明明您都没几天蹦头了，趁着脑袋还管用，赶紧干点实事，拟份遗嘱，哪怕找口好棺材，总算有个准备。竟然还想着老婆的名分，实在令人叹服。

在现场的人们看来，这是一个尊重妇女，至死不渝的模范丈夫。

但是事实并非如此。

八月二十六日。

出乎许多人的意料，明光宗再次下旨，召开内阁会议，与会人员包括内阁大臣及各部部长，当然还有杨涟。

会议与昨天一样，开得十分莫名其妙。这位皇帝陛下把人叫进来，竟然先拉一通家常，又把朱由校拉进来，说我儿子年纪还小，你们要多照顾等等。

这么东拉西扯，足足扯了半个时辰（一个小时），皇上也扯累了。正当大家认为会议即将结束的时候，扯淡又开始了。

如昨天一样，光宗再次提出，要封李选侍为皇贵妃。大家这才明白，扯来扯去不就是这件事吗？

礼部尚书孙如游当即表示，如果您同意，那就办了吧（亦无不可）。

然而就在此时，一件令人震惊的事情发生了。

一个人突然闯了进来，公然打断了会议，并在皇帝、内阁、六部尚书的面前，拉走了皇长子朱由校。

这个人，就是李选侍。

所有人都蒙了，没有人去阻拦，也没有人去制止。原因很简单，这位李选侍毕竟是皇帝的老婆，皇帝大人都不管，谁去管。

而更让人难以置信的是，很快，他们就听见了严厉的斥责声，李选侍的斥责声。她斥责的是皇帝的长子。

于是，一个空前绝后的场面出现了。

大明帝国未来的继承人，被一个女人公然拉走，当众责骂，而皇帝、首辅、各部尚书，全部毫无反应，放任这一切发生。

所有的人静静地站在那里，听着那个女人的责骂，直到骂声结束为止。

然后，尚未成年的朱由校走了进来，他带着极不情愿的表情，走到了父亲的身边，说出了这样一句话：

“要封皇后！”

谜团就此解开，莫名其妙的会议，东拉西扯的交谈，终于有了一个明确的答案——胁迫。

开会是被胁迫的，闲扯是被胁迫的。一个奄奄一息的丈夫，一个年纪幼小的孩子，要不胁迫一把，实在有点说不过去。

李选侍很有自信，因为她很清楚，这个软弱的丈夫不敢拒绝她的要求。

现在，她距离自己的皇后宝座，只差一步。

但是这一步，到死都没迈过去。

因为就在皇长子刚说出那四个字的时候，另一个声音随即响起：

“皇上要封皇贵妃，臣必定会尽快办理！”

说这句话的人，是礼部尚书孙如游。

李选侍太过天真了，和朝廷里这帮老油条比起来，她也就算个学龄前儿童。

孙尚书可谓聪明绝顶，一看情形不对，知道皇上顶不住了，果断出手，只用了一句话，就把皇后变成皇贵妃。

光宗同志也很机灵，马上连声回应：好，就这么办。

李小姐的皇后梦想就此断送，但她是不会放弃的，因为她很清楚，在自己的手中，还有一张王牌——皇长子。

李选侍

明光宗宠妃
移宫案主角之一

人生目标——封皇后

专长——要挟

王牌——皇长子

结局——明朝灭亡后由清廷出资供养至康熙十三年

1674年，八十余岁去世

只要那个奄奄一息的人彻底死去，一切都将尽在掌握。

但她并不知道，此时，一双眼睛已经死死地盯住了她。

杨涟已经确定，眼前这个飞扬跋扈的女人，不久之后，将是一个十分可怕的敌人。而在此之前，必须作好准备。

八月二十九日。

此前的三天里，光宗的身体丝毫不见好转，于是在这一天，他再次召见了首辅方从哲等朝廷重臣。

光宗同志这次很清醒，一上来就直奔主题:

“寿木如何？寝地如何？”

寿木就是棺材，寝地就是坟地，这就算是交代后事了。

可是方从哲老先生不知是不是老了，有点犯糊涂，张口就是一大串，什么你爹的坟好、棺材好，请你放心之类的话。

光宗同志估计也是哭笑不得，只好拿手指着自己，说了一句：

“是我的（朕之寿宫）。”

方首辅狼狈不堪，然后他听到了皇帝陛下的第二个问题：

“听说有个鸿胪寺的医官进献金丹，他在何处？”

对于这个问题，方从哲并未多想，便说出了自己的回答：

“这个人叫李可灼，他说自己有仙丹，我们没敢轻信。”

他实在应该多想想的。

因为金丹不等于仙丹，轻信不等于不信。

正是这个模棱两可的回答，导致了一个错误的判断：

“好吧，召他进来。”

于是，李可灼进入了大殿，他见到了皇帝，他为皇帝号脉，他为皇帝诊断。最后，他拿出了仙丹。

仙丹的名字，叫做红丸。

◆ 红丸

此时，是万历四十八年（1620）八月二十九日上午，明光宗服下了红丸。

他的感觉很好。

按照史书上的说法，吃了红丸后，浑身舒畅，且促进消化，增加食欲（思进饮膳）。

消息传来，宫外焦急等待的大臣们十分高兴，欢呼雀跃。

皇帝也很高兴。于是，几个时辰后，为巩固疗效，他再次服下了红丸。

下午，劳苦功高的李可灼离开了皇宫，在宫外，他遇见了等待在那里的内阁首辅方从哲。方从哲对他说：

"你的药很有效，赏银五十两。"

李可灼高兴地走了，但他并没有领到这笔赏银。

方从哲以及当天参与会议的人都留下了，他们住在了内阁，因为他们相信，明天，身体好转的皇帝将再次召见他们。

六个时辰之后。

凌晨，住在内阁的大臣们突然接到了太监传达的谕令：

即刻入宫觐见。

所有的人都明白，这意味着什么，但当他们尚未赶到的时候，就已得到了第二个消息——皇上驾崩了。

万历四十八年（1620）九月初一，明光宗在宫中逝世，享年三十九，在位一个月。

皇帝死了，这十分正常，皇帝吃药，这也很正常，但吃药之后就死了，这就不正常了。

明宫三大案之"红丸案"，就此拉开序幕。

"红丸案"始末

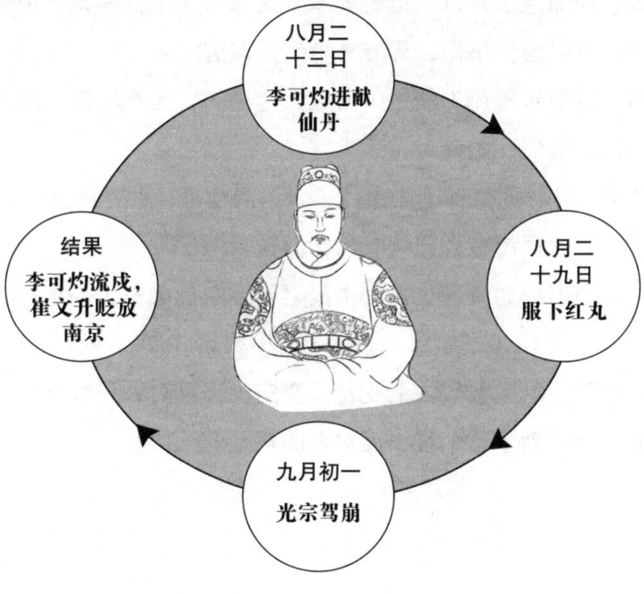

没有人知道，所谓的红丸，到底是什么药，也没有人知道，在死亡的背后，到底隐藏着什么样的阴谋。

此时向乾清宫赶去的人,包括内阁大臣、各部长官,共计十三人。在他们的心中，有着不同的想法和打算，因为皇帝死了，官位、利益、权力，一切的一切都将改变。

只有一个人例外。

杨涟十分悲痛,因为那个赏识他的人,已经死了,而且死得不明不白。此时此刻，他只有一个念头。

查出案件的真相，找出幕后的黑手，揭露恶毒的阴谋，让正义得以实现，让死去的人得以瞑目。

这就是杨涟的决心。

但此时，杨涟即将面对的，却是一个更为复杂、更为棘手的问题。

虽然大家都住在内阁，同时听到消息，毕竟年纪不同、体力不同。比如内阁的几位大人，方从哲老先生都七十多了，刘一璟、韩爌年纪也不小，反应慢点、到得晚点十分正常。

所以首先到达乾清宫的，只有六部的部长、都察院左都御史，当然还有杨涟。

这几个人已经知道了皇帝去世的消息，既然人死了，那就不用急了，就应该考虑尊重领导了，所以他们决定，等方首辅到来再进去。

进不了宫，眼泪储备还不能用，而且大清早的，天都没亮，反正是等人，闲着也是闲着。于是，他们开始商讨善后事宜。

继承皇位的，自然是皇长子朱由校了。但问题是，他的父亲死了，母亲也死了，而且年纪这么小，宫里没有人照顾，怎么办呢？

于是，礼部尚书孙如游、吏部尚书周嘉谟、左都御史张问达提出：把朱由校交给李选侍。

这个观点得到了绝大多数人的支持。事实上，反对者只有一个。

然后，他们就听到了这个唯一反对者的声音：

“万万不可！”

其实就官职和资历而言，杨涟没有发言的资格，因为此时他不过是个小小的七品给事中，说难听点，他压根儿就不该待在这里。

然而在场的所有人，都保持了沉默，静静地等待着他的发言，因为他是皇帝临死前指定的召见者，换句话说，他是顾命大臣。

杨涟十分激动，他告诉所有的人，朱由校很幼稚，如果把他交给一个女人，特别是一个用心不良的女人，一旦被人胁迫，后果将不堪设想。

这几句话，彻底唤起了在场朝廷重臣们的记忆，因为就在几天前，他们亲眼目睹了那个凶恶女人的狰狞面目。

他们同意了杨涟的意见。

但事实上，皇帝已经死了，未来的继承人，已在李选侍掌握之中。

所以，杨涟说出了他的计划：

"入宫之后，立刻寻找皇长子，找到之后，必须马上带出乾清宫，脱离李选侍的操纵，大事可成！"

十三位顾命大臣终于到齐了，在杨涟的带领下，他们走向了乾清宫。

一场你死我活的斗争即将开始。

从大门口开始。

当十三位顾命大臣走到门口的时候，被拦住了。

拦住他们的，是几个太监。毫无疑问，这是李选侍的安排。

皇帝去世的时候，她就在宫内，作为一位智商高于郑贵妃的女性，她的直觉告诉她，即将到来的那些顾命大臣，将彻底毁灭她的野心。

于是她决定，阻止他们入宫。

应该说，这个策略是成功的。太监把住大门，好说歹说就不让进，一帮老头加书呆子，不懂什么"枪杆子里出政权"的深刻道理，只能干瞪眼。

幸好，里面还有一个敢玩命的：

"皇上已经驾崩，我们都是顾命大臣，奉命而来！你们是什么东西！竟敢阻拦！且皇长子即将继位，现情况不明，你们关闭宫门，到底想干什么？！"

对付流氓加文盲，与其靠口，不如靠吼。

在杨涟的怒吼之下，吃硬不吃软的太监闪开了，顾命大臣们终于见到了已经咽气的皇上。接下来是例行程序，猛哭猛磕头，哭完磕完，开始办正事。

大学士刘一璟首先发问:

“皇长子呢？他人在哪里？”

没人理他。

“快点交出来！”

还是没人理他。

李选侍清醒地意识到，她手中最重要的棋子，就是皇长子。只要控制住这个未来的继承人，她的一切愿望和野心，都将得到满足。

这一招很绝,绝到杨涟都没办法。宫里这么大,怎么去找,一帮五六十岁的老头,哪有力气玩捉迷藏?

杨涟焦急万分,毕竟这不是家里,找不着就打地铺,明天接着找。如果今天没戏,明天李选侍弄一道圣旨下来，是死是活都不知道!

必须找到，现在，马上，必须!

在这最为关键的时刻，一个太监走了过来，在大学士刘一璟的耳边，低声说出了两个字:

“暖阁。”

这个太监的名字，叫做王安。

王安，河北雄县人，四十多年前，他进入皇宫，那时，他的上司叫冯保。

二十六年前，他得到了新的任命，到一个谁也不愿意去的地方，陪一个谁也不愿意陪的人。这个人就是没人待见，连名分都没有的皇长子朱常洛。

王安是个好人，至少是个识货的人。当朱常洛地位岌岌可危的时候，他坚定且始终站在了原地，无论是“争国本”，还是“梃击”都竭尽全力，证明了他的忠诚。

朱常洛成为明光宗之后，他成为了司礼监秉笔太监，掌控宫中大权。

这位王安仁兄最喜欢的人，是东林党，因为一直以来，东林党都是皇帝陛下的朋友。

而他最不喜欢的人，就是李选侍，因为这个女人经常欺负后宫的一位王才人，而这位王才人，恰好就是皇长子朱由校的母亲。

此刻还不下烂药，更待何时？

刘一璟大怒，大吼一声：

“谁敢藏匿天子！”

可是吼完了，就没辙了，因为这毕竟是宫里，人躲在里面，你总不能破门而入去抢人吧。

所以最好的方法，是让李选侍心甘情愿地交人，然后送到门口，挥手致意。

这似乎绝不可能，但是王安说，这是可能的。

随后，他进入了暖阁。

面对李选侍，王安体现出了一个卓越太监的素质，他虽没有抢人的体力，却有骗人的智力。

他对李选侍说，现在情况特殊，必须让皇长子出面，安排先皇的丧事，安抚大家的情绪，事情一完，人就能回来。

其实这谎扯得不圆，可是糊弄李选侍是够了。

她立即叫出了朱由校。

然而，就在她把人交给王安的那一瞬间，却突然醒悟了过来！她随即拉住了朱由校的衣服，死死拉住，不肯松手。

王安知道，动粗的时候到了，他决定欺负眼前这个耍赖的女人。因为太监虽说不男不女，可论力气，比李小姐还是要大一些。

王安一把拉过朱由校，冲出了暖阁。当门外的顾命大臣们看见皇长子的那一刻，他们知道，自己胜利了。

于是，在先皇的尸体（估计还热着）旁，新任皇帝接受了顾命大臣们的齐声问候：万岁！

万岁喊完了，就该跑了。

在人家的地盘上，抢了人家的人，再不跑就真是傻子了。

具体逃跑方法是，王安开路，刘一璟拉住朱由校的左手，英国公张维贤拉住朱由校的右手，包括方从哲在内的几个老头走中间，杨涟断后。就这样，朱由校被这群活像绑匪（实际上也是）的朝廷大臣带了出去。

事情正如所料，当他们刚刚走出乾清宫的时候，背后便传来了李选侍尖利的叫喊声:

“哥儿（指朱由校），回来！”

李大姐这嗓子太突然了，虽然没要人命，却把顾命大臣们吓了一跳。他们本来在乾清宫外准备了轿子，正在等轿夫来把皇子抬走，听到声音后，脚一跺，不能再等了！

不等，就只能自己抬，情急之下，几位高干一拥而上，去抬轿子。

这四位高级轿夫分别是吏部尚书周嘉谟，给事中杨涟，内阁大学士刘一璟，英国公张维贤。

前面几位大家都熟，而最后这位张维贤，是最高世袭公爵，他的祖先，就是跟随明成祖朱棣靖难中阵亡的第一名将张玉。

也就是说，四个人里除杨涟外，职务最低的是部长。我又查了一下年龄，最年轻的杨涟，当时也已经四十八岁了，看来人急眼了，还真敢拼命。

就这样，朱由校在这帮老干部的簇拥下，离开了乾清宫。他们的目标，是文华殿，只要到达那里，完成大礼，朱由校就将成为新一代的皇帝。

而那时，李选侍的野心将彻底破灭。

当然，按照电视剧逻辑，坏人们是不会甘心失败的，真实的历史也是如此。

毕竟老胳膊老腿走不快。很快，大臣们就发现，他们被人追上了。

追赶他们的，是李选侍的太监。一个带头的二话不说，恶狠狠地拦住大臣，高声训斥:

“你们打算把皇长子带到哪里去？”

一边说，还一边动手去拉朱由校，很有点动手的意思。

对于这帮大臣而言，搞阴谋、骂骂人是长项，打架是弱项。于是，杨涟先生再

史无前例的轿夫组合

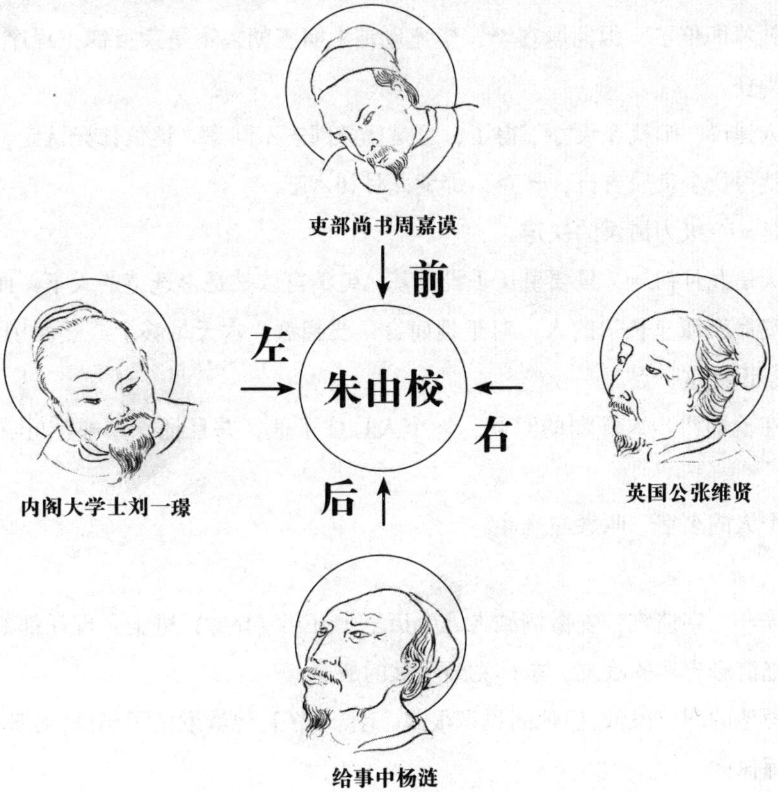

次出场了。

他大骂了这个太监，并且鼓动朱由校：

“天下人都是你的臣子，何须害怕！”

一顿连骂带捧，把太监们都镇住了，领头的人见势不妙，就撤了。

这个被杨涟骂走的领头太监，名叫李进忠，是个不出名的人。但不久之后，他将更名改姓，改为另一个更有名的名字——魏忠贤。

在杨涟的护卫下，朱由校终于来到了文华殿。在这里，他接受了群臣的朝拜，成为了新的皇帝，史称明熹宗。

◆ 明熹宗朱由校

这就算即位了，但问题在于，毕竟也是大明王朝，不是杂货铺，程序还要走，登基还得登。

有人建议，咱就今天办了得了，可是杨涟同志不同意。这位仁兄认定，既然要登基，就得找个良辰吉日，一查，那就九月初六吧。

这是一个极为错误的决定。

今天是九月初一，只要皇长子没登基，乾清宫依然是李选侍的天下。而且，她依然是受命照顾皇长子的人，对于她而言，要翻盘，六天足够了。然而杨涟本人，却没有意识到这一点。

就在他即将步入深渊的时候，一个人拉住了他，并且把一口唾沫吐在了他的脸上。

这个人的名字，叫做左光斗。

左光斗，字遗直，安徽桐城人。万历三十五年（1607）进士。现任都察院巡城御史，杨涟最忠实的战友，东林党最勇猛的战士。

虽然他的职位很低，但他的见识很高。刚一出门，他就揪住了杨涟，对着他的脸，吐了口唾沫：

“到初六登基，今天才初一，如果有何变故，怎么收拾，怎么对得起先皇？！”

杨涟醒了，他终于明白，自己犯下了一个不可饶恕的错误。

皇长子还在宫内，一旦李选侍掌握他，号令群臣，到时必定死无葬身之地！

但事已至此，只能明天再说，毕竟天色已晚，皇宫不是招待所，杨大人不能留宿。无论如何，必须等到明天。

杨涟走了，李选侍的机会来了。

当天傍晚，朱由校再次来到乾清宫。他不能不来，因为他父亲的尸体还在这里。

可是他刚踏入乾清宫，就被李选侍扣住了。尸体没带走，还搭进去一个活人。

眼看顾命大臣们就要完蛋，王安又出马了。

这位太监可谓是智慧与狡诈的化身，当即挺身而出，去和李选侍交涉。说被人抢过一次，总该长点记性吧，可是王安先生几番忽悠下来，李选侍竟然又交出了朱由校。

这是个很难理解的事，要么是李小姐太弱智，要么是王太监太聪明，无论如何最终的结果是，李选侍失去了一个机会，最后的机会。

因为第二天，杨涟将发起最为猛烈的进攻。

九月初二。

吏部尚书周嘉谟和御史左光斗同时上疏，要求李选侍搬出乾清宫。

这是一个十分聪明的战略。因为乾清宫是皇帝的寝宫，只要李选侍搬出去，她将无法制约皇帝，失去所有政治能量。

但要赶走李选侍，自己动手是不行的，毕竟这人还是后妃，拉拉扯扯成何体统？

经过商议，杨涟等人统一意见：让她自己走。

左光斗主动承担了这个艰巨的任务，为了彻底赶走这个女人，他连夜写出了一封奏疏，一封堪称恶毒无比的奏疏。

文章大意是说，李小姐你不是皇后，也没人选你当皇后，所以你不能住乾清宫，而且这里也不需要你。

然后他进一步指出，朱由校才满十六岁，属于青春期少年，容易冲动，和你住在一起是不太合适的。

话说到这里，已经比较露骨了。

更露骨的还在后面。

在文章的最后，左光斗写出了一句画龙点睛的话：

“武氏之祸，再现于今，将来有不忍言者！”

所谓武氏，就是武则天。也就是说，左光斗先生担心，如此下去，武则天夺位的情形就会重演。

如果你认为这是一句非常过分的话，那你就错了。事实上，是非常非常过分，因为左光斗是读书人，有时候，读书人比流氓还流氓。

希望你还记得，武则天原先是唐太宗的妃子，高宗是太宗的儿子。

后来，她又成了唐高宗的妃子。

现在，李选侍是明光宗的妃子，熹宗是光宗的儿子，后来……

所以左光斗先生的意思是，李选侍之所以住在乾清宫，是想趁机勾引她的儿子(名义上的)。

李选侍急了，这很正常，你看你也急，问题在于，你能咋办？

李选侍想出的主意，是叫左光斗来谈话。事实证明，这是个不折不扣的馊主意，因为左光斗的回答是这样的：

"我是御史，天子召见我才会去，你算是个什么东西（若辈何为者）？"

九月初三。

左光斗的奏疏终于送到了皇帝的手中，可是皇帝的反应并不大，原因简单：他看不懂。

拜他父亲所赐，几十年来躲躲藏藏，提心吊胆，儿子的教育是一点没管，所以朱由校小朋友不怎么读书，却很喜欢做木匠，常年钻研木工技巧。

幸好，他的身边还有王安。

王太监不负众望，添油加醋解说一番，略去儿童不宜的部分，最后得出结论：李选侍必须滚蛋。朱由校决定，让她滚。

很快，李选侍得知了这个决定，她决定反击。

九月初四。

李选侍反击的具体形式，是谈判。

她派出了一个使者，去找杨涟，希望这位钢铁战士会突然精神失常，放弃即将到手的胜利，相信她是一个善良、无私的女人，并且慷慨大度地表示，你可以继续住在乾清宫，继续干涉朝政。

人不能愚蠢到这个程度。

但她可以。

而她派出的那位使者，就是现在的李进忠，将来的魏忠贤。

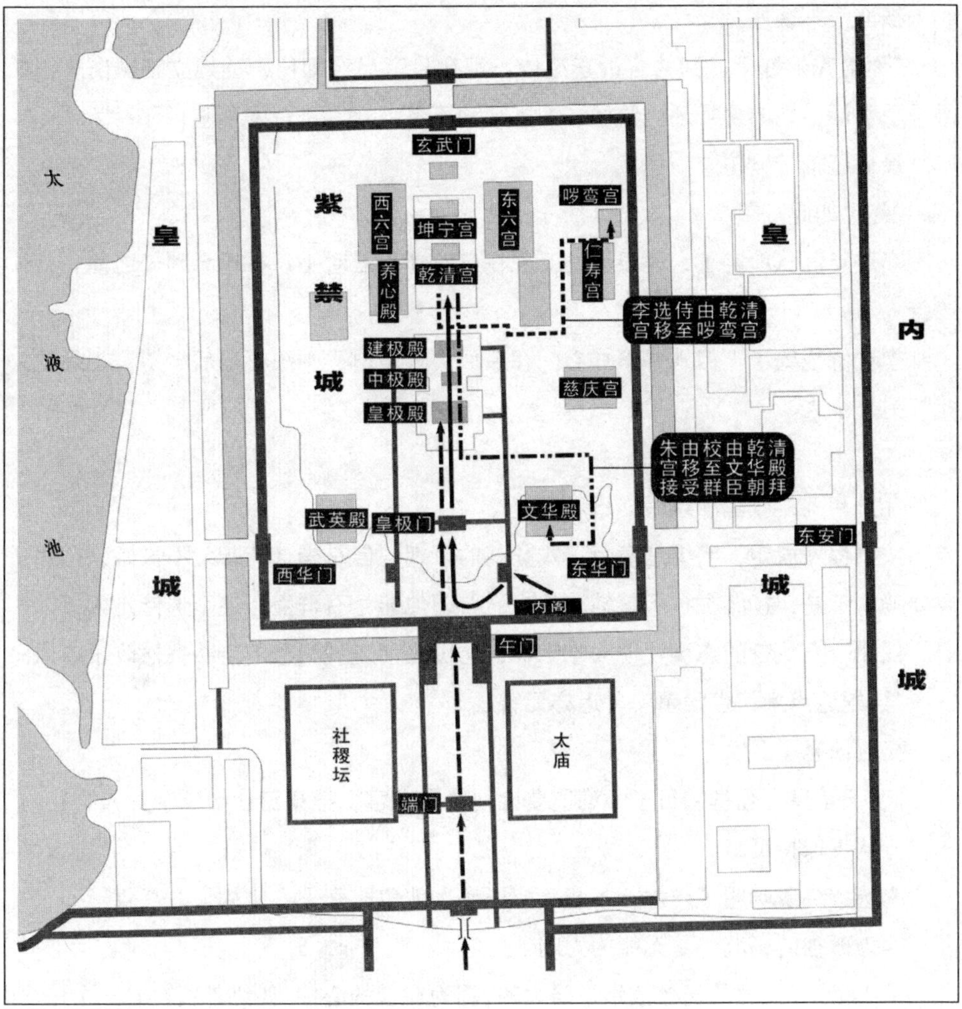

↑ 移宫案始末

这是两位不共戴天的死敌第一次正面交锋。

当然，当时的杨涟并没有把这位太监放在眼里，见面二话不说：

“她（指李选侍）何时移宫？”

李进忠十分客气：

“李选侍是先皇指定的养母，住在乾清宫，其实并没有什么问题。”

杨涟很不客气：

“你给我记好了，回去告诉李选侍，现在皇帝已经即位，让她立刻搬出来，如果乖乖听话，她的封号还能给她，如果冥顽不灵，就等皇帝发落吧！”

最后还捎带一句：

“你也如此！”

李进忠沉默地走了，他很清楚，现在自己还不是对手，在机会到来之前，必须等待。

李选侍绝望了，但她并不甘心。在最后失败之前，她决心最后一搏，于是她去找了另一个人。

九月初五，登基前最后一日。

按照程序规定，明天是皇帝正式登基的日期，但是李选侍却死不肯搬，摆明了要耍赖。于是，杨涟去找了首辅方从哲，希望他能号召群臣，逼李选侍走人。

然而，方从哲的态度让他大吃一惊，这位之前表现积极的老头突然改了口风：

“让她迟点搬，也没事吧（迟亦无害）。”

杨涟愤怒了：

“明天是皇上登基的日子，难道要让他躲在东宫，把皇宫让给那个女人吗？！”

方从哲保持沉默。

李选侍终于聪明了一次，不能争取杨涟，就争取别人，比如说方从哲。

因为孤独的杨涟，是无能为力的。

但她错了，孤独的杨涟依然是强大的，因为在他的心中，始终都留存着一个信念：

参考消息 **大明女将秦良玉**

这时候，还有另外一个女人也在喊打喊杀，只不过地点在很远的边界——辽宁。秦良玉，中国历史上少有的女将之一，因为屡立战功而授三品。作为在男性社会中活跃的女人，她不止骁勇善骑射，更是治军有方、纪律严明。秦家数代效力军中，秦良玉的兄弟都跟她同一部队，不过打架没她猛，布阵没她行，治军没她严明，故而只好甘拜下风。几人每次出征时，都是秦良玉为正，她哥秦民屏为副，而她弟弟秦邦屏（天启元年战死）只能当个小跑腿的。

当我只是个小人物的时候，光宗体谅我的激奋，接受我的意见，相信我的才能，将身后之事托付于我。

所以，我会竭尽全力，战斗至最后一息，绝不放弃。

因为光宗的信任和尊重。

在这最后的一天里，杨涟不停地到内阁以及各部游说，告诉大家形势危急，必须立刻挺身而出。整整一天，即使遭遇冷眼，被人讥讽，他依然不断地说着，不断地说着。

最终，许多人被他打动，并在他的率领下，来到了宫门前。

面对着阴森的皇宫，杨涟喊出了执著而响亮的宣言：

“今日，除非你杀掉我，若不移宫，宁死不离（死不去）！”

由始至终，李选侍都是一个极为贪婪的女人，为达到目的，可以不择手段，不顾一切，虐待朱由校的母亲，逼迫皇帝，责骂皇长子，只为她的野心和欲望。

但现在，她退缩了，她决定放弃。因为她已然发现，这个叫杨涟的人，是很勇敢的，敢于玉石俱焚，敢于同归于尽。

无奈地叹息之后，她退出了乾清宫。从此，她消失了，消失得无影无踪。她或许依然专横、撒泼，她已无关紧要。

随同她退出的，还有她的贴身太监们，时移势易，混口饭吃也不容易。

然而一位太监留了下来，他知道，自己的命运还未终结，因为他已经发现了一个新的目标——另一个女人。从这个女人的身上，他将得到新的前途，以及新的名字。

参考消息 **李选侍**

李选侍搬出乾清宫，成为明宫三大案中的“移宫案”，其中离奇曲折、荒诞怪异之处堪称经典。而李选侍终于在故事接近尾声的时候闹出了最后一个穿越了历史的笑话：她的贴身太监在迈出乾清门的时候，可能被两旁的侍卫搞得太紧张，身上啪唧的掉出来一样东西：金宝。地球人都知道金宝是干嘛的，怀里藏金宝，您什么意思？于是连一贯怕李选侍怕的要死的朱由校也怒了，行了您哪，皇贵妃您也别要了，老实猫着吧！天启二年，李选侍封宸妃，称西李。

朱翊钧大事记

1563 嘉靖四十二年	1岁	出生，母李贵妃，为朱载垕第三子
1568 隆庆二年	6岁	立为皇太子
1572 隆庆六年	10岁	即皇帝位，以次年为万历元年
1573 万历元年	11岁	工部核昭陵之费，除木、石不计，共用银三十九万零九百三十二两
1574 万历二年	12岁	召见廉能官
1575 万历三年	13岁	第一次亲自祭拜太庙
1577 万历五年	15岁	张居正父亲病死，下诏夺情
1578 万历六年	16岁	立皇后王氏
1580 万历八年	18岁	京营险些兵变
1582 万历十年	20岁	张居正去世；为其弟朱翊镠婚礼耗用近二十万块宝石并近四千两黄金打造器具
1583 万历十一年	21岁	舅舅武清侯李伟去世。同年，开始争国本
1587 万历十五年	25岁	封三娘子为忠顺夫人

1589 万历十七年	27岁	免去在京升授官面圣，从此上朝渐少
1590 万历十八年	28岁	永罢日讲
1593 万历二十一年	31岁	诏三皇子并封王，后迫于公议，停此诏
1598 万历二十六年	36岁	妖书案
1600 万历二十八年	38岁	接见意大利传教士利玛窦
1603 万历三十一年	41岁	给最宠爱的儿子福王定下高额俸禄，武昌发生楚王宗室暴乱
1605 万历三十三年	43岁	皇长孙朱由校生
1606 万历三十四年	44岁	进封恭妃王氏为皇贵妃
1610 万历三十八年	48岁	下诏赐葬利玛窦
1611 万历三十九年	49岁	皇贵妃王氏薨
1615 万历四十三年	53岁	张差梃击案
1620 万历四十八年	58岁	驾崩，葬入明十三陵中的定陵

朱常洛大事记

年份	年龄	事件
1582 万历十年	1岁	出生，母恭妃王氏，为朱翊钧长子
1587 万历十五年	5岁	申时行等请朱翊钧立皇太子，“争国本”开始
1592 万历二十年	11岁	李献可等请求皇长子出阁读书
1601 万历二十九年	20岁	被册封为皇太子
1602 万历三十年	21岁	花二百万两银子结婚，妃郭氏
1605 万历三十三年	24岁	长子朱由校出生
1611 万历三十九年	30岁	母王氏病危，手拉朱常洛衣，哭道：“儿长大如此，我死何恨。”
1620 万历四十八年	39岁	七月，即皇帝位，八月开始为泰昌元年
1620 泰昌元年		八月，红丸案 九月初一卒于乾清宫，葬入明十三陵中的庆陵

图书在版编目（CIP）数据

明朝那些事儿．第7部 / 当年明月著．—北京：北京联合出版公司，2017.5（2025.5 重印）

ISBN 978-7-5596-0166-7

Ⅰ．①明… Ⅱ．①当… Ⅲ．①中国历史－明代－通俗读物 Ⅳ．① K248.09

中国版本图书馆 CIP 数据核字（2017）第 079363 号

明朝那些事儿 第7部
作　　者：当年明月
出 品 人：赵红仕
责任编辑：张　萌
特约监制：何　寅
产品经理：冯　倩　夜　莺
特约编辑：刘晨楚
插画制作：阿　涩
地图制作：王晓明
内文设计：typo_design
封面设计：魏　魏

北京联合出版公司出版
（北京市西城区德外大街 83 号楼 9 层　100088）
北京盛通印刷股份有限公司印刷　　新华书店经销
字数 148 千字　710 毫米 ×1000 毫米　1/16　18.5 印张
2017 年 5 月第 1 版　2025 年 5 月第 33 次印刷
ISBN 978-7-5596-0166-7
定价：45.00 元